A Practical Grammar

Introduction to Dutch

Sixth edition
thoroughly revised

by William Z. Shetter

MARTINUS NIJHOFF / LEIDEN 1988

CIP-GEGEVENS
KONINKLIJKE BIBLIO-
THEEK, DEN HAAG

Shetter, William Z.

Introduction to Dutch : a practical grammar / by William Z. Shetter. – Leiden : Nijhoff
Eerder verschenen: 1958.
ISBN 90-6890-221-0
SISO ⋆ 838.5 SVS 9.01.3
UDC 803.931-5-051-054.62
NUGI 101
Trefw.: Nederlandse taal voor buitenlanders.

ISBN 90 6890 221 0

Morssingel 9-13,
2312 AZ Leiden.

Cover and design:
Studio Andries Harshagen, Culemborg

First edition 1958
Second edition 1961
Third edition 1967
Fourth edition 1974
Fifth edition 1984
Sixth edition 1988
Sixth edition, third run 1991
Sixth edition, fourth run 1992

Preface

Nearly thirty years ago, when this grammar was first written, the Netherlands was a very different country from what it is today, and that first edition reflected many aspects of Dutch life that have since suffered to a greater or lesser extent from onrushing modernization: a restful, predominantly pastoral setting, bicycles outnumbering cars, a style of life that to an American eye seemed engagingly unhurried and gracious, the home delivery of nearly everything, and the pre-TV art of domestic conversation. Each succeeding revision between that first edition and the present fifth has not only raised prices all around and made dates current again, but weighed each sentence for its appropriateness to the increasingly rapid pace of a modern urban society, without entirely losing sight of some elusive but special style of life in the Netherlands.
In the mid-50's it was difficult to find any formal instruction in the Dutch language, and those with a need for – or just curiosity about – the language were apt to find themselves making do, as I had once done, on their own. Today the language is taught regularly at more than thirty institutions in the U.S. alone, and many types of language courses and special intensive programs are offered in the Netherlands and Belgium as well. This expansion of opportunities has naturally stimulated the creation of a wide and still-growing selection of pedagogical materials for English speakers, mostly designed for classroom use.
The *Introduction* today is an attempt to meet the need of those both in and out of the classroom. It has long since proven its usefulness as a text for elementary classes, without ever abandoning its loyalty to the independent struggler. The presentation of the grammar makes every effort to remain compact and as self-explanatory as possible, maintaining what has always been acknowledged to be the book's strongest points. The heart of all the practice material is still the 'Practice sentences', the precise uses of which are left up to the needs and ingenuity of the user: simple translation, question and answer practice, or substitution drills. For home use, an English translation of all these sentences is provided in an appendix.
The *Introduction's* cover shows the extent to which the whole grammar has also been overtaken by modernization. The user will find numerous 'Summaries' set off in boxes, an occasional little 'By the way–' comment on some point about language or culture, and a variety of visual schemes, illustrations and cartoons, all done by the author. Each chapter includes a few sample exercises, here and there brightened up with an illustrative scheme or cartoon. Dialogs have been

included in most chapters, good for learning by heart and as a basis for classroom conversation. The English dialog in each chapter can be used for translation back into Dutch or as a set of cues for rapid review. The photographs introduced in this edition add a little extra window onto everyday Dutch life and can also be put to good use in stimulating conversation. But none of this is intended to be fully adequate to teaching needs: introduction of drills, newspaper material, poems and popular songs and the like must be left up to the instructor.

Orderly presentation of grammar and vocabulary in regular steps exacts its price in any elementary text in the resulting 'grammarese' tone of example sentences. The first sentences are unnaturally simple, a trait exploited here for a bit of comic relief in the first few English dialogs. Simplification and adaptation of the Dutch prose steadily yield to the authentic complexity of real speech, until the final chapter presents three short essays that are fully genuine both in style and in the unmistakable Dutchness of their point of view. They provide a concluding invitation to the reader to apply his knowledge of the grammar, but even more to test his increasingly valuable ability to figure out the meanings of new words.

Experience has demonstrated that the grammar works best when used in conjunction with regularly introduced annotated reading material. The successor to *Een goed begin...*, which faithfully accompanied the *Introduction* through two-thirds of its life, is in preparation as this is being written. *Reading Dutch* will offer graded and exhaustively annotated contemporary literary selections and poems. The first stories can be introduced about the time the past tense is covered (Chapters 13 and 14), and it can continue by functioning as a bridge between elementary material and unedited reading.

The use of an elementary grammar will provide constant reminders of how much about the language is not being said. Over the years the *Introduction* has undergone steady expansion but has always resisted the temptation to burden the user with more than is absolutely essential for a 'first acquaintance' with the language. For both a supplement to the grammar and a more advanced and detailed coverage than can be undertaken here, the reader is urged to turn to Bruce Donaldson's *Dutch reference grammar* (Martinus Nijhoff, 1984^2).

All these various improvements come, directly or indirectly, through the practical use of the grammar in situations where very little that is unclear or poorly conceived has much chance of passing unnoticed. Every revision – on an average of one every six years – has owed special gratitude to those with sharp eyes, shrewd assessment of a need and a willingness to offer suggestions. By now this host includes so many colleagues and so many generations of students and other users that individual acknowledgements of indebtedness are not practical. I continue to invite any and all criticisms and suggestions.

Department of Germanic Studies
Indiana University
Bloomington, Indiana 47405

July, 1983

Preface to the sixth edition

Though this edition does not attempt quite such sweeping changes as the preceding one did, there are a number of major improvements. Chapter 18 has been expanded to include a detailed presentation of particles, those little words that make colloquial speech and writing flow smoothly but occasionally baffle a beginner in resisting ready definition in English. Chapter 20 now includes a short folktale that indulges in some playful use of the language. Throughout the grammar, the place of the stress (the 'accent') in a word is now indicated by a line under the vowel in question; for example, *stad'huis* has become *stadhuis*. Taking advantage of the computer's capacities for keeping track of and rearranging vocabulary items, this edition has done considerable shifting about of words, with the general aim of making the chapter vocabularies more equal in length. The computer's unblinking eye has also turned up, in these vocabulary lists, both missing and superfluous words. An English-Dutch vocabulary has been added at the end of the book, to provide all words needed for the translation excercises.

Reading Dutch: Fifteen Annotated Stories from the Low Countries, mentioned in the 5th edition preface as being in preparation, appeared in 1985 and has been demonstrating its usefulness in conjunction with this grammar. For a general picture of the contemporary Netherlands and the main outlines of its culture, users of this grammar and reader might want to take note of a third book available since 1987 from the same publisher, *The Netherlands in Perspective: The Organizations of Society and Environment*.

March, 1988 W.Z. Shetter

Table of contents

Introduction

The Dutch language

The language known to us as Dutch is the official language of the Kingdom of the Netherlands and one of the two official languages of Belgium. Dutch belongs, along with German, the Scandinavian languages and English, to the so-called 'Germanic' group of languages. It did not just come into being as such, but has had a long and interesting development. It had its origin in the speech of the peoples inhabiting northwestern Europe in prehistoric times, when this speech was simply a mass of local or tribal dialects. In the complex of tiny principalities, duchies and other political units that from early historical times down to the Middle Ages made up what we now call the Netherlands, they were closely similar to the dialects spoken farther to the east, in what is now Northern Germany; just as there was as yet no overall political unit, there was no overall standard language[1]. A great variety of these local dialects is still spoken in the Netherlands. Since they have been spoken in the same areas for such long periods of time, constantly diverging more and more, some of them now differ sharply from each other. The local dialects of the eastern part of the country still merge imperceptibly with the local dialects of Germany. The fact that the Dutch and German standard languages are so divergent today is a result of their having developed from widely separated dialects.

The standard Dutch language which we will be studying here can be said to be the product of political, social and cultural developments of only the last few centuries. Toward the end of the Middle Ages, the little states mentioned above began to be unified politically under the counts of Holland (originally just another unimportant duchy), and the explorations by the Dutch and many other nations to the New World and the Indies enormously stimulated trade. For all this a standard language became increasingly necessary in the Netherlands, and since Amsterdam at this time was the flourishing center of Holland, its local speech began to

1 Up until two centuries or so ago the cover term for the languages of the Lowlands was 'Duits' or 'Nederduits', which at the same time also included 'German'. The Dutch word 'Duits' now means only 'German', and corresponds to the German word 'deutsch'. The English word 'Dutch', which originally also included both Dutch and German, has simply been restricted in a different direction.

fill in the gap. The speech of Amsterdam, in turn, was under the strong influence at this time of that of Brabant of the South (now in Belgium); thus the speech spread through the prestige of Amsterdam was made up of northern and southern elements. This dialect came to be the spoken and written language of the upper classes and the government all over the country, and study of it and its pronunciation served to establish standard and 'approved' usages. Although there are many literary masterpieces dating from the Middle Ages, the high point in Dutch literature is usually considered to be the seventeenth century, the 'Golden Age' when the language was molded into a means of literary expression and firmly established as the standard cultural language. Since this time it has been gaining steadily at the expense of the local dialects. This process is nearly completed in the thickly populated, urbanized western area, but in many remoter areas in the eastern provinces, even in the cities of Groningen and Maastricht, the language of everyday life is the local dialect.

The role played by the province of Holland in forming the language is responsible

for the fact that it is referred to by the Dutch themselves as *Hollands*, though today this stands strictly speaking only for the provinces of Noord-Holland and Zuid-Holland. The official name of the language is *Nederlands*. It is the official standard language used by over 14,000,000 people in the Netherlands and over 6,000,000 in Belgium. The differences in pronunciation and word usage between the two countries are no greater than those between British and American English. The term *Vlaams* or 'Flemish' is now usually reserved for reference to dialect speech, as distinguished from standard *Nederlands*, the ideally identical language of both countries. The usual English term is 'Dutch', and recently this has come to be used in Belgian publications to avoid 'Flemish' and emphasize the identity referred to above. Though the term *Nederlands* has long been used in this sense, it remains to be seen whether 'Dutch' can be pried loose in the feeling of English speakers from its association with nothing but 'Holland'. An attempt to escape from this desperate confusion (only worsened by the fact that for many English speakers 'Dutch' means 'German'!) has been the recent coinage of the rather academic-sounding but more exact 'Netherlandic'.

A consequence of superimposing a standard language on many forms of local speech is seen in the variations that arise. We as Americans are accustomed to the fact that a person from another part of the country can sometimes be identified by his accent, even though we are often unaware of it unless it is a striking one. In the Netherlands the characteristic regional accents are striking enough to a Dutch ear that a person can often be placed by his accent as to the section of the country, and occasionally to the very town. This diversity is often due to the fact that the speaker first learned to speak a local dialect and learned standard Dutch only in grammar school. Another variation in the language, of which we are only partially aware in our own language, is a result of the stratification that comes about when a population has inhabited the same area for many centuries. There is considerable such variation in the Netherlands. People of lower classes or who have enjoyed less education usually use certain pronunciations and grammatical features which are frowned upon and avoided by those of another social sphere. Thus the Dutch readily 'place' their fellow countrymen not only regionally but also socially: A house painter, taxi driver or laborer who aspires to an official or responsible position has little chance of success if he fails to eradicate painstakingly the imprint which his origin has left on his speech. Finally, we should take note of the considerable difference that exists in Dutch between the spoken and the written language. Although to a casual observer the language seems to be the same whether it is spoken or written, the student will soon discover that many words and expressions common in writing sound stiff and high-flown when spoken. A person speaking the language just as it is written runs the risk of 'speaking like a book'. On the other hand, many other words and expressions common in the everyday spoken language are too informal to be used in writing. Of course we know such words and expressions in English too, but the cleft between written and spoken is greater in Dutch than in English.[2]

2 Examples of written-language and spoken-language forms are discussed in Chapter 18.

Het Muntplein in Amsterdam, met de Munttoren uit 1620.

1 Pronunciation

The great variety of spoken sounds of a language can by their very nature not be satisfactorily described on paper; the sounds of a new language being learned must be heard at as early a stage as possible. Not only are Dutch speakers to be found in all parts of the country, but an increasing variety of tapes and records is available. The following brief summary is therefore intended only as a rough guide to the pronunciation of the principal Dutch sounds. Such a summary of sounds must necessarily be inexact as well: even though many Dutch sounds can best be identified through comparison with corresponding English sounds, we can say that practically no vowel or consonant of Dutch sounds exactly like any vowel or consonant English. The beginner must beware especially of the misleading cases in which a Dutch letter or combination of letters represent a sound entirely different from the one they represent in English, for example *ch*, *sch*, *g*, *r*. In Dutch, as in English and all other languages, nearly all sounds vary slightly depending upon the nature of the surrounding sounds, though in most cases the speaker is not aware of this. In our discussion of Dutch sounds only the most important of such variations will be mentioned, for example the divergent pronunciation of certain vowels before *r*.
First let us look at a few terms that will be used.

Front, rounded, front-rounded vowels

When we speak of front vowels, we mean those pronounced with the tongue more or less raised in the front of the mouth; examples are the vowels of *eat*, *it*, *end*. Similarly, back vowels are those pronounced with the tongue raised in the back of the mouth: *ooze*, *oh*. In the pronunciation of most back vowels, the lips are rounded at the same time (watch your mouth in the mirror as you pronounce the last two examples). Front-rounded vowels are vowels which are pronounced with the tongue raised in the front of the mouth as for front vowels, but with the lips rounded or puckered at the same time as we do when we say *ooze* or *poor*. Front-rounded vowels must be given particular attention, since they do not occur in English but are common in Dutch, as well as in French and German.

High and low

'High' simply means that in the sound in question the tongue approaches closer to the roof of the mouth. 'Low' means then that the tongue is farther from the roof of the mouth, i.e. more relaxed. Accordingly we say that the sound of *eat* is a high vowel, that of *end* a mid vowel, and that of *add* a low vowel.

The vowels

Vowel in Dutch spelling	**Example**		**Notes**
ie	*ziek*	'sick'	A high front vowel: rather short, like Eng. *seek*
	hier	'here'	Has about the same quality as the above, but is about twice as long when before *r*.
i	*dit*	'this'	Resembles the vowel of Eng. *hit*; short.
ee	*been*	'bone'	A mid front vowel less strongly diphthongal than Eng. *bane*.
e	*met*	'with'	Resembles Eng. *met*; short.
oe	*boek*	'book'	A high back vowel, higher and shorter than the vowel in Eng. *boot*.
	boer	'farmer'	Has the same sound as the above, but like Dutch *ie*, is about twice as long before *r*.
oo	*boon*	'bean'	A mid back vowel. like Dutch *ee* it has a less pronounced glide than the vowel of Eng. *bone*.
o	*pot*	'pot'	A mid back vowel, short.
aa	*kaas*	'cheese'	Resembles the vowel of Eng. *father*, but is considerably farther front than the Eng. vowel; always long.
a	*dat*	'that'	A low back vowel, short. Further back than the vowel of Eng. *dot*.

uu	*minuut*	'minute'	A high front-rounded vowel; the tongue in the position for *ie* but the lips rounded as for *oe*. Half-long (compare Fr. *u*, Ger. *ü*).
	buur	'neighbor'	This is the same vowel as the above, but like Dutch *ie* and *oe* it is nearly twice as long before *r*.
u	*bus*	'bus'	A high front-rounded vowel, though lower than the preceding. Short.
eu	*neus*	'nose'	A mid front-rounded vowel, the rounded counterpart of *ee*. Long. (compare Fr. *eu*, Ger. *ö*).

Summary:
Dutch vowels are all distinct from one another by virtue of their differences in quality, not because of differences in duration. Nevertheless, it is useful to know that some of them are always short, others always long, and still others short or long depending upon the surrounding sounds. Thus

a e i o u are always short, like Eng. *pet;*

aa ee oo eu are always long, like Eng. *pool;*

ie oe uu are half-long except before *r*, where they are long.

A vowel which is analogous to the sound spelled *a* in *soda*, *sofa* in English occurs in unstressed (unaccented) syllables of many words. This Dutch vowel is an indistinct vowel like the English one, but closely resembles the Dutch *u*. It has several spellings, the most common of which are

e	*b***e***halv***e**	'except'	This is the most usual spelling. The vowel spelled in this way may occur either before or after the stressed syllable.
ij	*moeil***ij***k*	'difficult'	The sound is spelled in this way only in the suffix *-lijk*.
i	*twint***i***g*		This is the spelling in the common suffix *-ig* and in some other words.

The diphthongs

A diphthong can be defined as the fusion of two different vowels in a single syllable. The diphthong begins with one vowel quality and 'glides' to the other, as in Eng. *high, how, boy*. The nine Dutch diphthongs are, with the exception of the last to be discussed, all combinations of the vowels listed above plus a closer second component resembling Dutch *ie* or *oe*.

Spelling	Example		Components	Notes
ei	*trein* *dijk*	*'train'* 'dike'	*e + ie*	*ei* and *ij* are two spellings for the same sound. Its first sound is a MID vowel, not the low vowel of Eng. *lie*.
oei	*moeite*	'trouble'	*oe + ie*	Some resemblance to Eng. *Louie, gooey*.
ooi	*mooi*	'pretty'	*oo + ie*	The long Dutch *oo* plus a high second sound; much longer than the Eng. sound in *boy*.
aai	*taai*	'tough'	*aa + ie*	Resembles Eng. *tie*, though the first component is opener and longer.
ou	*koud* *blauw*	'cold' 'blue'	*o + oe*	Again two spellings for the same sound, though the second is infrequent. The first sound is a mid vowel, not a low vowel as in Eng. *cow*.
ieu	*nieuw*	'new'	*ie + u*	A high front vowel followed by a **front-rounded** second sound.
eeu	*leeuw*	'lion'	*ee + u*	A mid front vowel followed by a **front-rounded** second sound.
ui	*huis*	'house'		A *front-rounded diphthong*; Dutch *ei* with liprounding, just as *uu* and *eu* are *ie* and *ee* with lip rounding.

The consonants

First, the definition of two necessary terms. A consonant is said to be **voiced** when the production of it requires the vibration of the vocal cords; examples in English are *b d g v z*. A consonant is said to be **voiceless** when it is produced without the vibration of the vocal cords; examples are *p t k f s*. Note that this latter group of consonants differs from the former group only in being **voiceless**; they might thus be termed voiceless counterparts of those of the first group.

Vowel in Dutch spelling	Example		Notes
k	*kat*	'cat'	Resembles Eng. *k* except that it is not followed by the small puff of breath ('aspiration') which characterizes the Eng. consonant.
p	*pot*	'pot'	Like Eng. *p* but without aspiration.
t	*tien*	'ten'	Like Eng. *t* but without aspiration.
b	*been*	'bone'	Exactly like Eng. *b*.
	heb	'I have'	Pronounced as *p* at the end of a word.
d	*dijk*	'dike'	Exactly like Eng. *d*.
	had	'had'	Pronounced as *t* at the end of a word.
f	*fout*	'mistake'	Same as Eng. *f*.
s	*sok*	'sock'	Same as Eng. *s*.
sj *ch*	*sjaal* *machine*	'scarf' 'machine'	These are two spellings for the same sound, the second occurring only in French words. Nearly equivalent to Eng. *sh*, though the tongue is somewhat farther front.
tj	*katje*	'kitten'	Nearly equivalent to Eng. *ch*, though the tongue is somewhat farther front.
ch	*acht*	'eight'	This is the same as the German *ch* in *Bach*, a 'rasping' sound produced in the back of the mouth. It has no equivalent in Eng.
g	*goed*	'good'	Most speakers of Dutch pronounce this exactly the same as Dutch *ch*, though some pronounce it as a voiced counterpart of *ch*. Note that the sound spelled *g* in Dutch is never pronounced like our Eng. *g* as in *go*.
	logies	'lodging'	The letter *g* sometimes represents a sound like the *s* of Eng. *measure;* this sound occurs only in words borrowed from French, and occurrences of it will be pointed out in the text.
sch	*schip*	'ship'	This is a combination of Dutch *s* and *ch*. It is never pronounced like Eng. *sk* or *sh*.

	praktisch	'practical'	In the combination *sch* at the end of a word the *ch* is silent. This occurs principally in the ending *-isch,* which is pronounced as if (and occasionally spelled) *-ies.*
v	*veel*	'much'	Resembles Eng. *v* except that the voicing does not begin immediately; it thus stands between Eng. *v* and Dutch *f.*
z	*zout*	'salt'	*Resembles Eng. z.*
l	*laat*	'late'	Resembles Eng. *l*, though the tongue is generally farther front. At the end of a word, Dutch *l* normally has the same 'dark' quality as Eng. *l* in *all*, *sell* – and is thus very unlike the Fr. or Ger. *l.*
r	*room*	'cream'	The Dutch *r* is either trilled with the tip of the tongue in back of the upper teeth like the Spanish *r* or produced with friction in the back of the mouth like the French *r.* The latter is becoming increasingly frequent, especially in urban areas.
m	*man*	'man'	The same as Eng. *m*.
n	*niet*	'not'	The same as Eng. *n*.
ng	*tong*	'tongue'	Like *ng* in Eng. *singer*, never as in *finger*.
j	*ja*	'yes'	Pronounced like Eng. *y* in *yes*.
w	*wat*	'what'	This is pronounced with the lower lip against the upper teeth like *f* and *v*, but differs from the latter in having a much lighter contact of lip with teeth. It is not Eng. *w*.

Summary:
1 *b d* are pronounced as *p t* at the end of a wordt, i.e. they become voiceless. The voiced sounds (not letters!) *d b v z* never occur at the end of a word.
2 *b d f s m n ng* can be said to be identical with Eng.
3 *ch sch g r* are prarticularly troublesome for speakers of English; they do not have the pronunciation suggested by their spellings.

Assimilation

Two or more consecutive consonants (except *l m n r*) must be pronounced either all voiced or all voiceless. This rule holds true whether the consonants occur within one word or at the end of one word and the beginning of the next.

1 When a 'spirant' consonant (*f s ch g v z*) is combined with one of the 'stop' consonants (voiced *b d,* voiceless *p t k*), the stop consonant controls the voicing or voicelessness of the entire group.
Accordingly

(Spelled)		(Pronounced as if written)
hoofden	'heads'	*hoovden*
ijsbreker	'icebreaker'	*ijzbreker*
opvouwen	'to fold up'	*opfouwen*

Note that a *b* or *d* at the end of a word, in spite of the spelling, is voiceless:

ik heb veel	'I have many...'	*ik hep feel*
ik had zeker	'I had certainly...'	*ik hat seker*

2 When two 'stop' consonants are combined in a group, if one is voiced the group will be voiced:

uitbreiden	'to extend'	*uidbreiden*
op duizenden	'on thousands'	*ob duizenden*

3 When two 'spirant' consonants are combined, the group is voiceless:

afzetten	'to take off'	*afsetten*
het is veel	'it is much...'	*het is feel*

4 Final voiceless consonants often become voiced when followed immediately by a vowel:

heb ik (i.e., *hep* + *ik*)	'have I'	*heb ik*
lees ik	'do I read'	*leez ik*

Stress

The main stress in Dutch is generally on the first syllable, as in English. Prefixes and suffixes containing the unstressed vowel *e*, e.d. *be-, er-, ge-, her-, ver-, -e, -en -er* etc. as well as the prefix *ont-* are not stressed; if there is only one other syllable in the word besides any of these, it is understood to be stressed and need not be specifically marked, e.g. *verstaan, gesproken*. In all cases in which the place of the stress does not follow these rules, it will be indicated by a line under the stressed syllable, e.g. *stadhuis, toevallig.*

2 Spelling

Spelling rules: closed syllable and open syllable

Dutch spelling can be said to be almost entirely consistent. That is, each sound is spelled in only one way and each symbol represents only one sound. A few exceptions to this have been pointed out, and a few other minor irregularities will be discussed in this chapter and in the text as they occur. The spelling rules of Dutch revolve for the most part around the important distinction between closed and open syllables. Since, therefore, in order to learn how Dutch words are represented in writing we must understand what is meant by these two types of syllables, let us first see what closed and open mean.
We call a syllable *closed* when it ends in a consonant, and *open* when it ends in a vowel. When two consonants stand between vowels, the syllable division usually comes between them, e.g. *man-nen* 'men', *ar-men* 'arms'. When one consonant stands between vowels, the syllable division comes before the consonant: it must begin the second of the two syllables, and the first syllable thus ends in a vowel and is therefore said to be open, e.g. *bo-men* 'trees', *deu-ren* 'doors'. Words of one syllable are also said to be closed or open syllables depending upon whether they end in, respectively, a consonant or a vowel. The spelling rules are then as follows.

1 The Dutch vowels *a e i o u*, pronounced short and always written with one letter, can occur in closed syllables:

man	'man'	*pot*	'pot'
bed	'bed'	*bus*	'bus'
pil	'pill'		

When another syllable is added, for instance *-en* to form the plural, the final consonant must be **doubled** so that the syllable remains closed:

mannen	'men'	*potten*	'pots'
bedden	'beds'	*bussen*	'buses'
pillen	'pills'		

When one of the above vowels occurs in a word of one syllable where it is already followed by more than one consonant, no change need be made when a syllable is added:

arm, armen	'arm, arms'	*bord, borden*	'plate, plates'
kerk, kerken	'church, churches'	*kust, kusten*	'coast, coasts'
ding, dingen	'thing, things'		

Summary: The vowels *a e i o u* are always followed by at least one consonant; when another syllable follows, they must be followed by two or more consonants.

2 The rest of the Dutch vowels, including all the diphthongs, can occur in open syllable. All such vowels are spelled with two letters when they happen to stand in closed syllable:

laan	'avenue'	(diphthongs)	
peer	'pear'		
boom	'tree'	*trein*	'train'
buur	'neighbor'	*dijk*	'dike'
dier	'animal'	*fout*	'mistake'
deur	'door'	*tuin*	'yard', 'garden'
boek	'book'		

When these vowels stand in an open syllable (in a word of one syllable without a following consonant or when another syllable is added), one of two things may happen. The vowels spelled with a **double letter** drop one of these, since the single following consonant or the absence of any consonant is enough to show that the syllable is open:

lanen	'avenues'	*sla*	'lettuce'
peren	'pears'		
bomen	'trees'	*zo*	'so'
buren	'neighbors'	*nu*	'now'

An *ee* at the end of a word must be written with two letters (e.g. *zee* 'sea') to distinguish it from the unaccented vowel as in Eng. *soda* which is regularly spelled *e* (e.g. *ze* 'she'). This distinction is not made inside the word, resulting in an occasional ambiguity such as *regeren* (*re-gee-ren*) 'to rule' but *regelen* (*ree-gĕ-len*) 'to adjust'.
Note, however, that in accord with the rule given in the first paragraph under 2 the doubled letters are used whenever the syllable is closed (i.e., when the vowel is followed by two or more consonants), whether or not another syllable follows:

paarden	*(paar-den)*	'horses'
feesten	*(fees-ten)*	'parties'
hoofden	*(hoof-den)*	'heads'
buurten	*(buur-ten)*	'neighborhoods'

The doubled vowels in the diphthongs *aai ooi eeu* are never changed:

taai	'tough'
mooi	'pretty'
leeuw	'lion'

The vowels spelled with **two different** letters remain unchanged when another syllable is added (remember that a spelling with two different letters does not necessarily mean a diphthong!):

dieren	'animals'	*treinen*	'trains'
deuren	'doors'	*dijken*	'dikes'
boeken	'books	*fouten*	'mistakes'
		tuinen	'yards', 'gardens'

Summary:

1 The vowels *aa ee oo uu* are spelled with two letters when in closed syllable but with only one letter when in open syllable.

2 The vowels and diphthongs written with two different letters remain unchanged whether the syllable is closed or open.

3 All the vowels which can occur in an open syllable, with the exception of *ie oe uu* before consonants other than *r*, are pronounced longer than the vowels which occur in closed syllable. For this reason, many texts call *aa ee oo uu ie eu oe* – the vowels which can occur in open syllable – 'long' vowels, and *a e i o u* short vowels.

Note that when by virtue of rule 1 of this summary *aa ee oo* are written with a single letter in open syllable, only the following consonants distinguish them from the closed-syllable, 'short' vowels, for example:

zaken	'affairs'	*zakken*	'pockets'
bomen	'trees'	*bommen*	'bombs'

The relationship of f *to* v *and of* s *to* z *in certain words*

1 When an *f* or *s* at the end of a word, as in *brief* 'letter', *huis* 'house', etc., upon the addition of an ending comes to serve as the first consonant of a following syllable, it is replaced by *v* or *z* respectively:

brief	*brie-ven*	'letters'
wolf	*wol-ven*	'wolves'
werf	*wer-ven*	'shipyards'
huis	*hui-zen*	'houses'
gans	*gan-zen*	'geese'
vers	*ver-zen*	'verses'

Though not when the *s* is preceded by *p, t* or *k*:

rups	*rupsen*	'caterpillars'
fiets	*fietsen*	'bicycles'
heks	*heksen*	'witches'

Observe that this is exactly parallel to what happens in English in *wife wives, wolf wolves* and *house houses* (though in this last example the spelling does not show it).

2 When an *f* or *s* is doubled upon addition of another syllable, no replacement with *v* or *z* is made:

stof	*stoffen*	'materials'
das	*dassen*	'neckties'

3 Some exceptions to the rule given under (1) are:

biograaf	*biografen*	'biographers'
elf	*elfen*	'elves'
kous	*kousen*	'stockings'
dans	*dansen*	'dances'

These rules for the replacement of *f* and *s* apply not only to nouns but are general spelling and pronunciation rules which hold for all parts of speech, especially adjectives and verbs.

The n *of the common ending* -en

In spoken Dutch, especially that of the western part of the Netherlands, the *n* of the common ending *-en* is dropped. Thus

lopen	'to walk' is pronounced as if	*lope*
gesproken	'spoken'	*gesproke*
houten	'wooden'	*houte*
bomen	'trees'	*bome*
gulden	'guilder'	*gulde*
ziekenhuis	'hospital'	*ziekehuis*

These words are, however, never written without the *n*. Observe that the remaining *e* is the very short sound heard in unstressed syllables (see page 21).

Making the spelling adjustments

putting an ending (most often *-e*, *-en*, *-er*) onto a syllable that contains a vowel spelled with two letters –

an ending beginning with *-e* attracts a consonant to it and a two-letter vowel gives one up easily, so the consonant 'turns the corner' –

but now the second of two identical vowels becomes superfluous, so it is stored away (to give back when we take the ending off again).

resulting in this economical spelling.

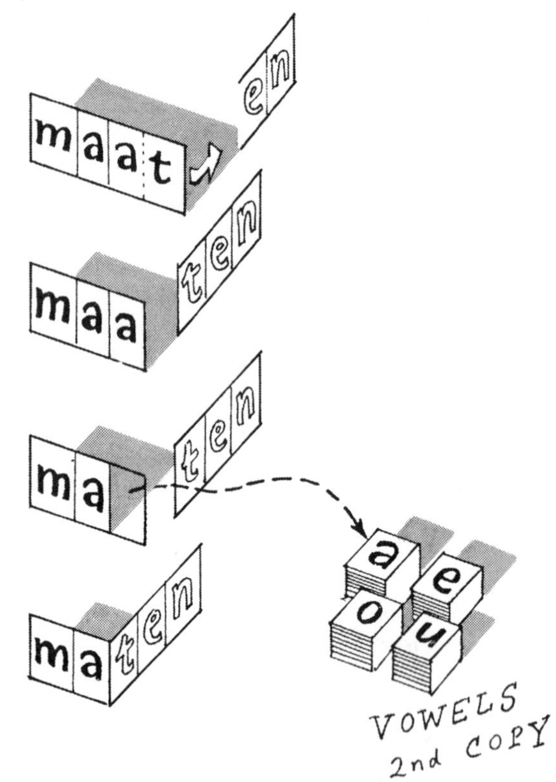

---

putting an ending onto a syllable containing a vowel spelled with one letter –

the ending still attracts a consonant to it, but a one-letter vowel holds onto the consonant –

so a second copy of that consonant is brought in from storage (where we put it back when we take the ending off again).

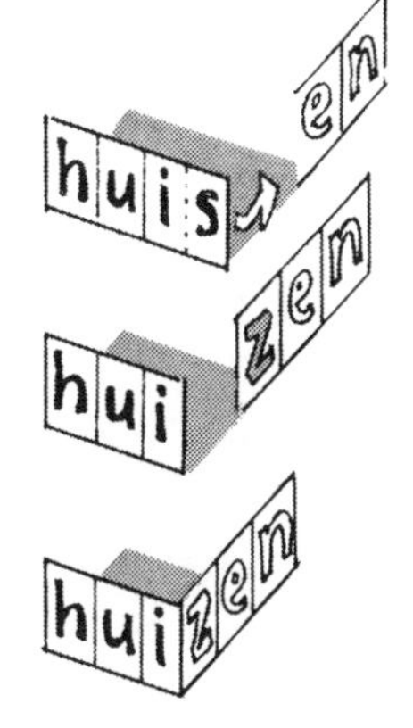

when an *s* or *f* 'turns the corner' (after any two-letter vowel) –

it normally turns into a *z* or *v*.

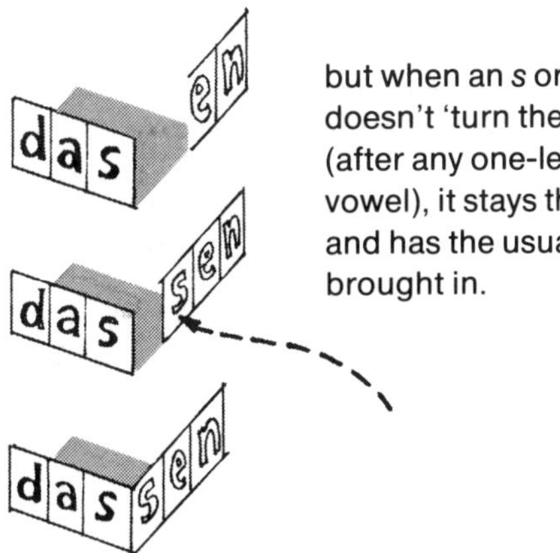

but when an *s* or *f* doesn't 'turn the corner' (after any one-letter vowel), it stays the same and has the usual copy brought in.

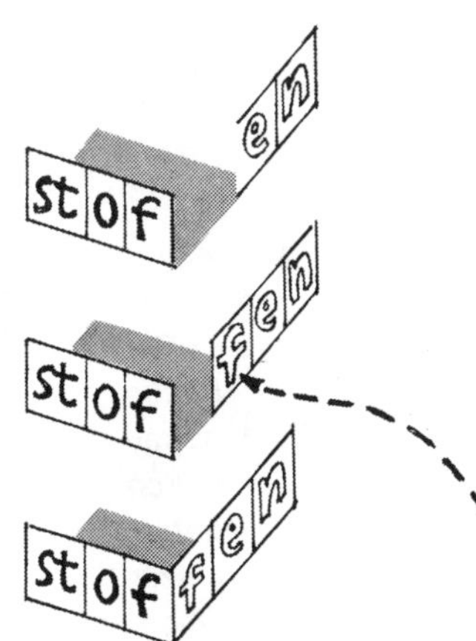

3 The plural

The plural -en

The regular sign of the plural is *-en*. Note carefully the application of the spelling rules given in the preceding chapter.

krant	*kranten*	'newspapers'	(no change)
boer	*boeren*	'farmers'	(no change)
woord	*woorden*	'words'	(no change)
fles	*flessen*	'bottles'	(consonant doubled)
boot	*boten*	'boats'	(one vowel dropped)
prijs	*prijzen*	'prices'	(*s* replaced by *z*)
brief	*brieven*	'letters'	(*f* replaced by *v*)

1 A small number of very frequently-occurring words do not have the same vowel in the plural as in the singular. The open-syllable or long vowel of the plural is marked in such words by the single consonant following it:

bad	*baden*	'baths'
dag	*dagen*	'days'
dak	*daken*	'roofs'
gat	*gaten*	'holes'
glas	*glazen*	'glasses'
weg	*wegen*	'roads'

Two irregular plurals of this type are:

stad	*steden*	'cities'
schip	*schepen*	'ships'

2 Another small group forms the plural by adding *-eren*:

been	*beenderen*	'bones' (note addition of *d*)
blad	*bladeren (blaren)*	'leaves'
ei	*eieren*	'eggs'
kind	*kinderen*	'children'
lied	*liederen*	'songs'
volk	*volkeren (volken)*	'peoples'

When *been* means 'leg' the plural is *benen*, and when *blad* means 'tray', 'sheet' or 'leaf of book' the plural is *bladen*.

The plural -s

Another common sign of the plural is -*s*, used with a considerable number of words. The main groups are as follows:

1 Most words ending in unstressed *-el, -em, -en, -er, -aar*:

tafel	*tafels*	'tables'
bezem	*bezems*	'brooms'
deken	*dekens*	'blankets'
bakker	*bakkers*	'bakers'
leraar	*leraars (leraren)*	'teachers'

2 All diminutives, marked by their ending *-je* (see Chapter 23):

huisje	*huisjes*	'little houses'
kwartje	*kwartjes*	'25-cent pieces'

3 Many words originally of foreign origin, mostly ending in a vowel. When this vowel is *a*, *o* or *u*, an apostrophe is inserted:

auto	*auto's*	'cars'
firma	*firma's*	'firms'
paraplu	*paraplu's*	'umbrellas'
foto	*foto's*	'photos'
garage	*garages*	'garages'
provincie	*provincies*	'provinces'
*tram**	*trams*	'streetcars'
roman	*romans*	'novels'

Two of the common native Dutch words also in this category are:

oom	*ooms*	'uncles'
zoon	*zoons*	'sons'

The older plural *zonen* is still used in company names.

Other plurals

Note, finally, a few minor points. A number of words from a more or less learned sphere form their plural in the Latin way with *-i*:

catalogus	*catalogi*	'catalogues'
historicus	*historici*	'historians'
musicus	*musici*	'musicians'
museum	*musea (museums)*	'museums'
gymnasium	*gymnasia*	'high schools'

* Pronounced (and occasionally spelled) *trem*.

Most words in *-or* form the plural in *-en* and shift the stress one syllable. Many of these have an alternative plural form in *-s*.

professor	*professoren*	*(professors)*	'professors'
motor	*motoren*	*(motors)*	'motors'

Vocabulary

Note: the individual chapter vocabularies list only words not already presented in the grammatical explanations, where each example is accompanied by an English translation. The general vocabulary at the end of the book lists all words used anywhere.

boek	book
bord	plate
broer	brother
broodje	roll
deken	blanket
dier	animal
dijk	dike
dochter	daughter
dorp	village
drie	three
en	and
familie	family
fiets	bicycle
gulden	guilder
hand	hand
hoed	hat
in	in
ja	yes
kamer	room
kerk	church
klok	clock
kopje	cup
lepel	spoon
les	lesson
meisje	girl
mes	knife
met	with
minuut	minute
molen	mill
naam	name
nacht	night
nee	no
of	or
oog	eye
provincie	province
raam	window
schoen	shoe
school	school
sigaret	cigarette
sleutel	key
stoel	chair
taal	language
twee	two
vaas	vase
vader	father
vier	four
vijf	five
voet	foot
vrouw	woman
winkel	store, shop
zuster	sister

Exercises

Form the plurals in Dutch:

naam	boek	school	kopje	boot	minuut
dorp	kerk	auto	huisje	schip	krant
taal	sigaret	paraplu	molen	gulden	sleutel
dochter	familie	tafel	winkel	kind	zuster
stad	moeder	garage	kamer	foto	broodje
been	vader	fles	vaas	nacht	glas
lied	dag	klok	fiets	bord	oog

Practice phrases

Each chapter from here on will include a set of phrases and sentences, to serve as examples of the material covered. English versions of them will be found in an appendix.

Lanen en straten, handen en voeten, huizen en kerken, boeken en kranten, messen of vorken, mannen of dieren, bedden en stoelen; kamers eieren schepen kinderen glazen steden dagen paraplu's; drie sleutels, vier kinderen, broers en zusters, vader en moeders, kopjes of glazen, straten met winkels, families met kinderen, twee garages en twee kerken in drie straten, vier liederen in twee dagen, drie ramen en twee deuren of twee ramen en drie deuren, twee steden en vijf dorpen, drie dagen en drie nachten, vier bedden met twee dekens, steden of dorpen, drie kopjes en drie lepels, vier steden in twee provincies, drie vrouwen en vier meisjes.

Translation practice

The following little dialogue in English, one of which will conclude each chapter as *Translation practice*, creates a situation in which the chapter's grammar and vocabulary are exemplified. They can be used to generate conversation in class or treated as simple translation exercises.

Knife, fork and spoon.

Yes, knives, forks and spoons, with plates and cups.

Glasses or bottles?

Bottles. Ships in bottles? – or bottles in ships?!

No, letters in bottles, and words in letters and newspapers.

And in books?

Yes, books in museums.

No, catalogs in museums. Cities with museums –

and cities with schools.

Tables and chairs in schools; windows and –

– and lessons?

Yes, day and night.

Three days? and two nights?

Four or five days.

4 Articles and demonstratives

The definite article

The definite article in Dutch is either *de* or *het*. *De* is used as the singular definite article with roughly two thirds of Dutch nouns, which can be called 'common' gender. The reason for this proportion is that the former masculine and feminine nouns have merged in gender – as far as the spoken language is concerned – into one.

de man	'the man'	*de straat*	'the street'
de vrouw	'the woman'	*de bloem*	'the flower'

Het, always unstressed and pronounced without the *h*, is the singular definite article used with the remaining nouns:

het boek	'the book'	*het kind*	'the child'
het raam	'the window'	*het meisje*	'the girl'

These are the so-called neuter nouns. Few rules can be given that will help a beginner in telling whether a noun is common or neuter in gender, with one exception: all diminutives are neuter.

de kat	*het katje*	'little cat, kitten'
het huis	*het huisje*	'little house'

The neuter words must be learned by memorizing the definite article with the noun. In the vocabularies all nouns will be preceded by the appropriate article.

The definite article for all nouns in the plural is *de*:

de kat	*de katten*	'the cats'
de straat	*de straten*	'the streets'
het huis	*de huizen*	'the houses'
het huisje	*de huisjes*	'the little houses'

The word for this

The word for **this** follows exactly the same pattern. For the nouns of common gender it is *deze*:

deze man	'this man'	*deze vrouw*	'this woman'

For the nouns of neuter gender it is *dit*:

dit boek	'this book'	*dit meisje*	'this girl'

And all plural nouns of whichever gender use *deze*:

deze mannen	'these men'	*deze vrouwen*	'these women'
deze boeken	'these books'	*deze meisjes*	'these girls'

The word for that

The word for **that** is analogous. For the common nouns it is *die*:

die man	'that man'	*die vrouw*	'that woman'

For neuter nouns it is *dat*:

dat boek	'that book'	*dat meisje*	'that girl'

And for all plurals *die*:

die mannen	'those men'	*die vrouwen*	'those women'
die boeken	'those books'	*die meisjes*	'those girls'

The demonstrative adjectives

The demonstrative adjectives can be used in Dutch without a noun; in these cases English usually adds 'one' in the singular:

(de krant)	*Deze (die) is groot*	(the newspaper) This (that) one is large
(het boek)	*Dit (dat) is goed*	(the book) This (that) one is good
(de boeken)	*Deze (die) zijn goed*	(the books) These (those) are good

When the demonstrative points out but does not directly modify, it is always in the neuter form:

dit is de bibliotheek	this is the library
dat is mijn zoon	that is my son

Dutch often uses a neuter article or demonstrative with a plural verb form when the plural noun referred to is thought of as a group rather than as individuals:

het zijn goede boeken	they are good books
dit zijn goede boeken	these are good books
dat zijn goede boeken	those are good books

The indefinite article

The indefinite article 'a, an' is *een* for both genders, always unstressed and pronounced about like English *an-* in 'another'. As in English, there is no plural.

een man	'a man'	*een boek*	'a book'

The same word stressed means 'one', and is then pronounced with the vowel *ee* and often spelled *één* to distinguish it from the indefinite article.

Vocabulary

de bibliotheek	library
het brood	bread
de doos	box
een	one
het gebouw	building
goed	good
de gracht	canal (in town)
groot	large
heeft	has
hier	here
de hond	dog
is	is
de kat	cat
de keuken	kitchen
klein	small
de koffie	coffee
de lucifer	match
maar	but
de melk	milk
onder	under
het oor	ear
op	on
schoon	clean
het stuk	piece
de thee	tea
de vogel	bird
voor	for
het water	water
de zeep	soap
zijn	are

Neuter nouns with which you have become familiar in previous lessons are:

het bed	bed
het been	bone
het boek	book
het bord	plate
het dak	roof
het dier	animal
het dorp	village
het ei	egg
het glas	glass
het huis	house
het lied	song
het meisje	girl
het mes	knife
het oog	eye
het raam	window
het schip	ship
het volk	people

De krant

By the way –

Note the absence of a word for 'of' in the following:

een glas water	a glass of water
een doos zeep	a box of soap
een kopje koffie	a cup of coffee
een stuk brood	a piece of bread

Exercises

Change to the plural:
de kat, deze kat; het huis, dit huis; deze stad, die stad; die auto, de auto; de vogel, deze vogel, die vogel; de winkel, die winkel; het meisje, dit meisje; deze zoon en dochter; het glas, het kopje en de fles; de krant op de tafel; het bord op de tafel; het mes, de vork en de lepel; dit schip, dat schip; de hond; die hond, deze hond; een kind, het kind, dit kind, dat kind.

Practice sentences

1. Die eieren zijn klein.
2. De man is in het huis.
3. De melk is in de fles, en de fles melk is in de keuken.
4. Dit huis heeft twee ramen en twee deuren.
5. De lucifers zijn in de doos op de tafel.
6. Hier is een doos lucifers.
7. Deze stad is groot, maar die is klein.
8. Vijf glazen en vijf kopjes zijn schoon.
9. Die man heeft vier kinderen: drie dochters en één zoon.
10. De bibliotheek is in deze straat.
11. De koffie is in een kopje, maar de melk is in een glas.
12. Een kopje koffie of een glas melk?
13. Een man heeft twee ogen en twee oren.
14. Koffie voor moeder en vader, maar melk voor de kinderen.
15. De gebouwen in deze stad zijn groot.
16. De kat is in de keuken.
17. Dit mes is voor het brood.
18. De vrouw heeft een stuk zeep.
19. Deze stad heeft een bibliotheek en vier kerken.
20. Dit huis is groot, maar de kamers zijn klein.

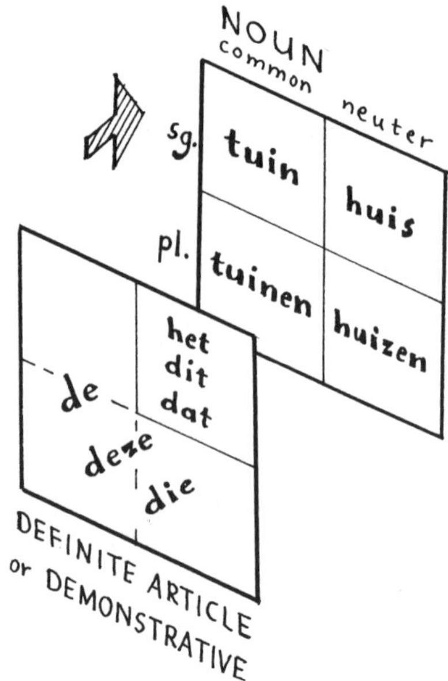

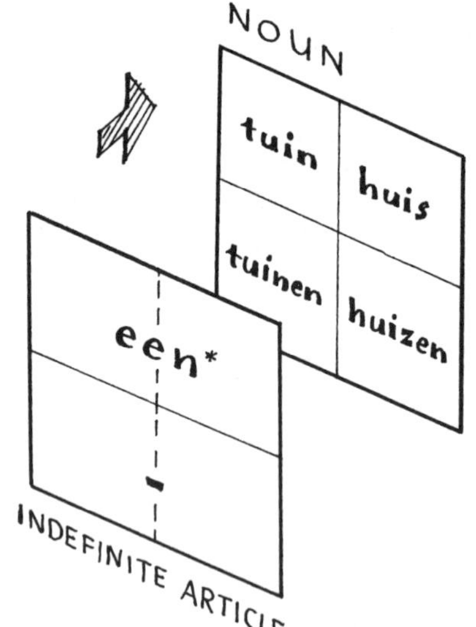

* may be missing in sing.: 'mass' nouns

'count' nouns: tuin-tuinen, huis-huizen, dag-dagen, reis-reizen . . .

'mass' nouns: water, melk, bier, zand, verkeer, schoonheid . . .

Translation practice

The bird and the cat are on the roof!

Animals on the roof? Are the dogs on the roof?

No, no. That animal under the windows is the dog –

And one dog is in the kitchen.

In the kitchen? Under the table?

Yes, under the table. And on the table is the milk.

Is this milk here for the dog or the cat?

No, that milk is for the girls.

The three daughters? But the mother has five children.

Yes, two sons.

The kitchen is small, and the house is small.

But the rooms are clean!

Two sons and three daughters, and the house is clean?!

Yes, the mother has water and a box of soap . . .

5 Personal pronouns; the verb

The subject forms

The subject forms of the personal pronouns are:

Singular			Plural		
ik,	*'k*	I	*wij,*	*we*	we
jij,	*je*	you (fam.)	*jullie,*	*(je)*	you (fam.)
hij,	*ie*	he			
zij,	*ze*	she	*zij,*	*ze*	they
het,	*'t*	it			
u		you (pol.)	*u*		you (pol.)

Most of the pronouns have two forms. The first is the emphatic or stressed form, used regularly in writing, but used in speaking only for particular emphasis on the person. The second is the non-emphatic or unstressed form, the one used in speaking where the emphasis is usually not on the pronoun but on the accompanying verb. The non-emphatic forms are often used in less formal writing. The pronoun forms *'k, 't, je, ze, we* are pronounced with the very short *e*-sound heard in unstressed syllables; the first two usually merge almost completely with the following word, as in English *'twas.*
The pronoun *u* is used as a polite form to casual acquaintances, strangers, superiors and in general to older persons. Like English 'you' it can refer to one person or several persons. The familiar *jij, jullie* are used to relatives, close friends and any persons below about 18. Generally speaking it is advisable to translate English 'you' by *u* unless there is a specific reason for using *jij* or *jullie.*

Use of pronouns

Since things in Dutch may have one of two genders, *het* must be used only for those nouns which are neuter and *hij* for all others, even though to a speaker of English this seems to violate a feeling that inanimate objects cannot be personalized with the word 'he':

de *auto:*	**hij (die)** *is bruin*	the car:	it is brown
het *huis:*	**het** *is wit*	the house:	it is white

However, *het* is used in the introductory phrase 'it is', 'they are', when the object(s) or person(s) have not been specifically named as yet:

het is mijn auto	it is my car
het zijn onze vrienden	they are our friends

Present tense

Dutch verbs are always cited in the infinitive form. This, with a few exceptions to be discussed in the following chapter, regularly ends in *-en*. In order to conjugate a verb this ending is removed, leaving the **stem**, to which the appropriate personal endings are then added. In the present tense the verb assumes only three different forms.

	helpen 'to help' stem *help-*	(endings)
ik help	*help ik?*	–
jij helpt	*help je?*	*t*
hij }	*helpt hij?*	
zij } *helpt*	*helpt ze?*	*t*
het }	*helpt het?*	
u helpt	*helpt u?*	*t*
wij helpen	*helpen we?*	*en*
jullie helpen	*helpen jullie?*	*en*
zij helpen	*helpen ze?*	*en*

Note the following:

1 The pronoun *u*, referring to one or more persons, always takes a singular form of the verb.

2 When *jij (je)* follows the verb form, for instance in asking a question, the verb always drops the ending *-t*.

3 *When hij* follows the verb it is pronounced *ie* (e.g. *helpt* is pronounced *helpt-ie*) in ordinary speech, unless the pronoun receives special emphasis, but is not usually written this way.

4 The pronouns for 'she' and 'they' are identical. But the form of the accompanying verb always serves to indicate which is intended.

Spelling

Many verbs change their spelling in the various forms of the conjugation, following regularly the spelling rules given in Chapter 2:

leggen 'to lay'	*maken* 'to make'	*schrijven 'to write'*	*lezen* 'to read'
stem *leg-*	stem *maak-*	stem *schrijf-*	stem *lees-*

ik leg	*ik maak*	*ik schrijf*	*ik lees*
jij legt	*jij maakt*	*jij schrijft*	*jij leest*
hij legt	*hij maakt*	*hij schrijft*	*hij leest*
wij leggen	*wij maken*	*wij schrijven*	*wij lezen*
jullie leggen	*jullie maken*	*jullie schrijven*	*jullie lezen*
zij leggen	*zij maken*	*zij schrijven*	*zij lezen*

Yes-no-question

In asking a yes-no-question (English: 'do you help?') the position of subject and verb in Dutch are simply inverted; questions are never asked with an equivalent of the English 'do' plus verb:

maak ik ?	*schrijft hij?*	do I make?	does he write?
lezen jullie?	*helpen zij?*	do you read?	do they help?

Dutch never uses an equivalent of the English 'do' as a helper to another verb, and there is no verbal form equivalent to what we call the 'progressive' form[1]. Accordingly 'he helps', 'he is helping', 'he does help' are all rendered alike in Dutch:

ik schrijf	I write, I am writing, I do write, I'll write
wij lezen	we read, we are reading, we do read, we'll read

A verb is negated simply by the additon of the adverb *niet:*

hij helpt niet	he does not help
ik schrijf niet	I do not write
leest hij niet?	doesn't he read?

Observe carefully from now on **where** the word *niet* is apt to stand in the sentence. A few general rules for this will be summarized in Chapter 21.

Vocabulary

aan	to, on
al	all[2]
allemaal	all[2]
alles	everything
alstublieft	please
altijd	always
bijna	nearly
bijna nooit	hardly ever
blijven	to stay
bouwen	to build
breken	to break
danken	to thank
dank u wel	thank you
drinken	to drink
genoeg	enough
gooien	to throw
groen	green
de grond	floor, ground
hangen	to hang
hiernaast	next door
horen	to hear
huren	to rent

1 A construction somewhat analogous to the English progressive will be discussed in Chapter 17.

2 'All' before a noun is *al: al de kinderen.* 'All' after a noun or pronoun is *allemaal: de kinderen zijn allemaal klein.*

iets	something
kloppen	to knock
het koekje	cookie, cake, biscuit
kopen	to buy
lachen	to laugh
lopen	to walk
meneer	sir
mevrouw	ma'am
naar	to
naar de stad	down town; to town
niet	not
niets	nothing
niets te danken	you're welcome
ook	also

de pijp	pipe
de radio	radio
roken	to smoke
de spiegel	mirror
de student	student
de suiker	sugar
thuis	at home
uit	out of; from
vallen	to fall
van	from
vandaag	today
de vriend	friend
wonen	to live
zonder	without

[1]
talking

[2]
talking to

[3]
talking about

ELLY

HAN

MEVROUW
VAN SLUIS

REIN

MIEKE

Exercises

Here is a little social model that will allow any amount of practice of pronouns and verb forms, either in class or individually. Since it gets us directly into Dutch social situations, no translation from English is needed.

Place yourself in this social situation and identify with the person speaking at the left. Point to or look at the other persons and practice the forms of any verbs in this chapter. Here are some things to work on:

1 When you have become the *ik* in the picture, how are you going to address Elly? Mevrouw Van Sluis? Elly and Han together? Keep practicing this until it feels natural to use three different words where we are used to only one in English.

2 Practice both stressed and unstressed forms of all combinations: *jij* schrijft, je *schrijft.*

3 Practice turning these phrases into questions. When you apply (2) to this, remember to use the right unstressed form of *hij*; and don't forget what happens to the verb form when *jij* follows it.

Give the infinitive form of the following verbs and translate:
jij helpt, hij leest, loop je? horen we? jullie kopen, hangt het? valt ze? val je? zij lachen, zij lacht, help ik? wij spreken, jij schrijft, leest u? ik hoor, jullie lachen, zij roken, hij bouwt, zij gooit, rook ik? het hangt, zij wonen, woont zij? ik gooi, zij blijft, blijven zij? hij klopt, klop je? jij klopt, jullie bouwen.

Practice sentences

1 Hij blijft twee dagen.
2 De kinderen kloppen op de deur.
3 Hij is student in Amsterdam.
4 Wij lezen de boeken niet thuis, maar in de bibliotheek.
5 Zij bouwen een huis in de stad.
6 Lees je de krant?
7 Ik huur een kamer in de Molenstraat. Hij is niet groot.
8 Wij wonen niet in de stad.
9 Hoor je de radio?
10 Ja, ik hoor iets. Nee, ik hoor niets.
11 Hij drinkt een glas water.
12 Wij zijn altijd thuis.
13 De spiegel valt op de grond.
14 Ik drink koffie en thee zonder melk, maar met suiker.
15 Hij schrijft een brief aan een vriend.
16 Zij loopt naar de stad.
17 Rook je sigaretten of een pijp?
18 Dank je voor de koffie. Dank u voor alles.
19 Dank u wel, meneer![1] Dank u wel voor al die boeken, mevrouw![1] Niets te danken, meneer![1]
20 De bakker heeft vandaag brood, broodjes en koekjes. Twee broodjes alstublieft.
21 Ik klop op de deur, maar hij is niet thuis.
22 Zij koopt thee en koffie in de stad.
23 Het water in de grachten is groen.
24 Zijn de kinderen allemaal thuis?
25 Ik loop van het huis naar de bibliotheek.
26 Wij kopen brood, maar bijna nooit broodjes of koekjes.
27 Wij huren twee kamers, maar zij zijn niet groot.
28 Die kopjes zijn niet groot genoeg.
29 Hij gooit het boek op de stoel.
30 Zij koopt dekens voor de bedden.

1 Notice in these sentences that Dutch often uses terms of direct address equivalent to our 'sir' and 'ma'am' where they would not be used in English.

Translation practice

I hear something. Is he knocking at the door?

No, he lives next door. And he's staying in the store today.

But I hear –

Yes, she always knocks at the door. Today she has books from the library.

Does she read a lot?

Yes. Now she has the books in her room. Do you hear?

The books are falling on the floor. Or is she throwing the books on the floor?

No, they always fall. Everything falls in that room. –

And he lives next door. Does he read a lot too?

He's renting a room next door. No, he never reads – or hardly ever. But he does read the newspapers.

Is he a student?

No, he has a store in Spiegelstraat. I buy cigarettes there.

He smokes but never reads –

– and she reads a lot but never smokes.

(They laugh)

Amsterdam, op de hoek van de Prinsengracht en de Brouwersgracht.

6 The verb; Hebben and zijn. Imperative

Verbs with stems ending in -t *or* -d

When the stem of a verb ends in *-t*, the ending *-t* for the second and third persons singular is not added.

zitten	'to sit'	*weten*	'to know'
ik zit		*ik weet*	
jij zit		*jij weet*	
hij zit		*hij weet*	
wij zitten		*wij weten*	
(etc.)		(etc.)	

Verbs whose stems end in *-d*, however, do add the *-t* in the second and third person singular, even though this makes no difference in pronunciation:

rijden	'to ride'	*houden*	'to hold'
ik rijd, rij		*ik houd, hou*	
jij rijdt		*jij houdt*	
hij rijdt		*hij houdt*	
wij rijden		*wij houden*	
(etc.)		(etc.)	

The verbs *rijden, snijden* and *houden* as spoken and written normally drop the *-d* of the stem as well as the *-t* of the second person singular in the inverted form:

rij je?	do you ride?
snij je?	do you cut?
hou je?	do you hold?

The same is true of *vinden* though normally only in the spoken language:

vind je (spoken *vin je*)	do you think?
vind je niet? (vin je niet)	don't you think so?
but: *je vindt*	you think

The verbs: gaan, staan, slaan, doen, zien

There are five monosyllabic verbs, all of them of very frequent occurrence, whose infinitives do not end in *-en* but in *-n*. Otherwise they are regular:

gaan 'to go'	*doen* 'to do'
ik ga	*ik doe*
jij gaat	*jij doet*
hij gaat	*hij doet*
wij gaan	*wij doen*
jullie gaan	*jullie doen*
zij gaan	*zij doen*

Similar to *gaan* are *staan* 'to stand' and *slaan* 'to strike'; similar to *doen* is *zien* 'to see'.

The verb: komen

The stem vowel of the verb *komen* is short in the singular but long in the plural:

ik kom (not *'koom',* as would be expected)
jij komt
hij komt
wij komen
jullie komen
zij komen

The verbs: hebben *and* zijn

The indispensable *hebben* 'to have' and *zijn* 'to be' show irregularities in their present-tense conjugation:

ik heb	*ik ben*
jij hebt (heb je?)	*jij bent (ben je?)*
hij }	*hij* }
zij } *heeft*	*zij* } *is*
het }	*het* }
u hebt, heeft	*u bent, is*
wij hebben	*wij zijn*
jullie hebben	*jullie zijn*
zij hebben	*zij zijn*

Notice that with *u* both *hebt* and *heeft* are in common use and that the same is true of *bent* and *is*, though the latter is less frequent.

The imperative

The imperative is merely the stem of the verb:

kijk eens [es]!	look!
wacht eens [es] *even!*	wait a minute!
ga weg!	scram!

When the situation calls for more formal politeness, the pronoun *u* is used and *-t* is then added to the verb:

komt u binnen!	come in!
gaat u zitten	have a seat

By the way –

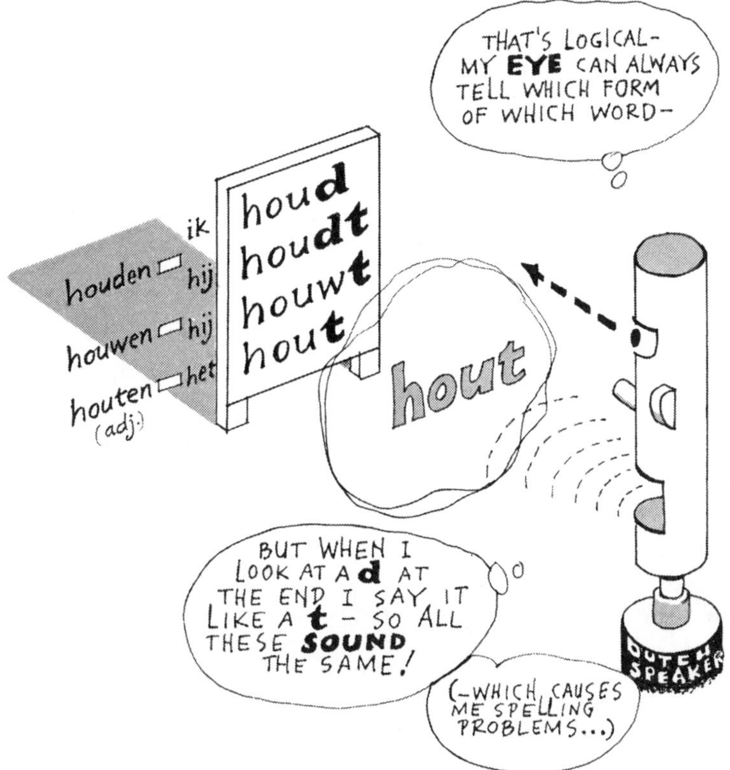

Test for yourself how this works with the verb pairs:

winden	and	*winnen*
laden		*laten*
kruiden		*kruien*
schudden		*(be)schutten*

Vocabulary

achter	behind
al	already
alleen	only
allerlei	all kinds of
de appel	apple
het appelsap	cider
het bier	beer
de boekenplank	bookshelf
de boterham	(open) sandwich
boven	above
het café	café
daar	there
dorst hebben	to be thirsty
duur	expensive
echt	really
de etalage	store window
eten	to eat
even	a moment; just
gebruiken	to use; to take
geen	no (not any)
het geld	money
goedkoop	cheap
de hoek	corner
honger hebben	to be hungry
de jas	coat
de kast	closet; cupboard
kijken naar	to look at
klaar	ready
het klontje	lump
kosten	to cost
langzaam	slow
liever	rather
misschien	perhaps
mooi	nice, pretty
naast	beside
nodig hebben	to need
nog	still
nog een	another
nu	now
ontmoeten	to meet
het ogenblik	moment
ook niet	not either
het paar	pair
een paar	a few
praten	to talk
het schoteltje	saucer
te	too
de tijd	time
de tramhalte	streetcar stop
de tuin	yard; garden
veel	much, a lot
verstaan	to understand
vinden	to find, think
vindt u niet?	don't you think so?
wachten (op)	to wait (for)
wat	what, some
zin	sense
zin hebben in	to feel like (e.g. a cup of coffee, a sandwich)

Exercises

Here are five forms of one of those verbs that require care to get the spelling right:

ik schud – jij schudt – schud je? – hij schudt – wij schudden

For each of the verb forms below, supply the missing four forms. It might be easiest to set them all up in the form of a table, with each verb occupying one line and the given form in its appropriate column.

wij laten
hij scheidt
ik post
raad je?
jij beslaat
jij vermijdt
wij laden
stoot je?
ik versta
hij is

Identify the following by supplying infinitive and meaning:
lees! – u bent – jij staat – sta ik? – praat je? – versta je? – ik doe – ga! – doe je? – zijn jullie? – heeft u? – wacht! – zij houdt – zij houden – rijd je? – jij rijdt – ziet u? – eet! – het kost – hij ontmoet – leest u? – u hebt – zij wacht – zij lacht – jij wacht – jij lacht – wacht je? – lach je?

Practice sentences

1 De tuin is achter het huis.
2 Wij gaan nu naar de stad.
3 Wat heb je nodig? Ik heb een jas nodig.
4 Heb je geld genoeg? Nee, ik heb geen geld. Ik heb een paar gulden nodig.
5 Wij wonen naast de kerk.
6 Praat langzaam, alstublieft. Ik versta u niet.
7 Bent u bijna klaar? Ja, ik ben nu klaar.
8 Hier is de tramhalte. Wij wachten hier op de tram.
9 Ik zie de tram al. Hij is vandaag op tijd.
10 Op de hoek is de winkel, achter de kerk.
11 Het gebouw naast de kerk is de bibliotheek.
12 Kijk daar in die etalage! Die jas is mooi, en niet duur.
13 Wij kijken naar allerlei jassen, maar zij zijn allemaal te duur.
14 Heb je zin in een kopje thee? Ja, ik heb dorst.
15 Hij eet geen appels. Hij eet nooit appels.
16 Die fiets daar in de etalage is niet goedkoop, hij is duur.
17 De kast staat achter die tafel daar.
18 Hij praat veel. Hij praat te veel.
19 Ik vind het niet goedkoop.
20 Ik wacht op een vriend, maar hij is niet op tijd.
21 Naast de kast, boven de tafel, is een boekenplank.
22 Eet je een boterham? Ja, ik heb honger.
23 Ik heb geen tijd. Ik ga naar de stad.
24 Verstaat u het ? Nee, hij verstaat het niet.
25 Ik ontmoet Jan in de winkel.
26 Hij heeft een jas nodig, maar hij heeft niet genoeg geld.
27 Deze boeken zijn allemaal te duur.
28 Achter de deur is een kast, en in deze kast zijn de borden, kopjes en schoteltjes, glazen, messen, vorken en lepels.
29 De kamer heeft twee ramen en één deur.
30 Vindt u het duur?

Dialogue

In het café

Heb je nog dorst?

Ja, ik heb nog wat dorst.

Neem je nog een glas appelsap?

Dank je. Geen appelsap meer.

Een glas bier misschien?

Nee, ook niet.

Echt niet?

Nee, echt niet. Liever wat anders.

Een kopje thee misschien?

Ja, ik heb zin in een kopje thee. En jij?

Ik neem liever een kopje koffie.

Gebruik je melk en suiker?

Alleen suiker, één klontje alsjeblieft.

En een koekje?

Dank je, ik heb helemaal geen honger.

Het café.

Translation practice

What are you doing now?

I'm sitting here in the café.

Are you thirsty?

No, I'm waiting for three friends.

You always meet friends in this café.

Yes, we come to this café, we sit here, we talk a lot –

– and you drink coffee.

Yes. We need a lot of coffee. And a lot of time.

What do you all do here?

We write. Do you see that bookshelf? With all those books?

Really? You write! You need a lot of time, but maybe you don't write slowly.

No, we don't all write slowly... How about a cup of coffee?

I'd like a cup of coffee too, but I don't write anything.

We already have enough books here. Have a seat, here in the corner.

7 Reading selections. The place of the verb

In a Dutch declarative sentence, the main conjugated verb must stand second. If anything but the subject of the verb – usually an adverb or phrase – comes first in the sentence, the order of subject and verb is reversed so that the verb may stand in second place. Note carefully in the following readings how this important rule is illustrated.

Vandaag maken wij een wandeling door de stad. Wij lopen de stad in. Nu komen wij aan een plein in het centrum. Op dit plein staat het stadhuis, en naast het stadhuis is een bank. Op het plein in het centrum van de stad, dichtbij die twee gebouwen, is ook het postkantoor. Niet ver van het postkantoor is een van de twee kerken. Tussen het postkantoor en de kerk is een hotel met een restaurant. Uit het restaurant komt net een man. Hij loopt naar het postkantoor. Misschien werkt hij daar. In het café daar en op het trottoir vóór het café zitten een heleboel mensen. Zij drinken koffie en praten met elkaar. Door de stad loopt een gracht, en langs deze gracht staan bomen. Wij lopen de brug over, en aan de overkant gaan wij naar rechts. In dit deel van de stad zijn veel huizen. Kijk, in al deze huizen zijn winkels. De mensen hebben een winkel in het huis en wonen boven of achter de winkel. Hier in het centrum is het altijd zo. Dat gebouw daar is een van de drie scholen. Het is groot, niet waar? Nu zijn wij buiten het centrum. Dit deel van de stad is nieuw en heeft alleen huizen zonder winkels. Deze huizen zijn groot en vóór de huizen staan bomen. In het centrum zijn de straten erg smal, maar hier zijn ze breed. De stad is wel mooi, vind je niet?

Amsterdam

Amsterdam is de hoofdstad van Nederland, de stad van het Concertgebouw en het Concertgebouworkest. Dichtbij het Concertgebouw staat het Rijksmuseum. Het Rijksmuseum heeft schilderijen van o.a. Rembrandt en Vermeer.
Amsterdam is een stad met veel water. De grachten van de stad zijn ver buiten Nederland bekend. Een rondvaart door Amsterdam duurt ongeveer één uur. Een boot vaart door de grachten en de haven. 's Avonds zijn de grachten en veel bruggen verlicht. Veel huizen uit de Gouden Eeuw staan langs de grachten.
Amsterdam is ook een stad van handel en industrie. Het verkeer in de stad is erg druk. De straten staan vol auto's, en het is vaak moeilijk te parkeren.

Het Concertgebouw en het Rijksmuseum in Amsterdam.

Vocabulary

aan	at	*moeilijk*	difficult
als	as	*Nederland*	the Netherlands
's avonds	in the evening	*net*	just
de bank	bank	*nieuw*	new
bekend	known	*o.a. = onder andere*	among others
bekend staan	to be known	*orkest*	orchestra
de boot	boat	*de overkant*	other side
breed	wide	*parkeren*	to park
de brug	bridge	*het plein*	square
de brug over	over the bridge	*het postkantoor*	post office
het centrum	center	*rechts*	right
het deel	part	*het restaurant*	restaurant
dichtbij	near	*de rondvaart*	boat tour
door	through	*het schilderij*	painting
druk	busy	*de stad in*	into the city, to town
duren	to last	*smal*	narrow
elkaar	each other	*het stadhuis*	city hall, town hall
er is, er zijn	there is, there are	*het trottoir*	sidewalk, pavement
erg	very	*tussen*	between
even	just as	*vaak*	often
De Gouden Eeuw	Golden Age (the 17th century)	*varen*	to go (by water)
		veel	a lot of
de handel	trade	*ver*	far
de haven	harbor	*het verkeer*	traffic
de heleboel	a lot of	*verlicht*	illuminated
de hoofdstad	capital	*vóór*	in front of
het hotel	hotel	*vol*	full (of)
de industrie	industry	*de wandeling*	walk
langs	along	*wel*	probably
mens	person	*werken*	to work
mensen	people	*zo*	that way

Amsterdam vanaf het water.

Amsterdam vanuit de lucht.

Translation practice

Today we're going to Amsterdam.

The capital? Good! What will we see there?

Don't you know? In the center we'll see a lot of canals and bridges –

And maybe we'll take a boat tour through the canals and the harbor.

Yes, the tour lasts about an hour.

Those canals, and the houses from the Golden Age, are known far outside the Netherlands.

You know a lot about Amsterdam.

Amsterdam is a city of industry and trade. And the harbor is busy.

The streets are busy too. Amsterdam has a lot of traffic.

But Amsterdam also has museums – the Rijksmuseum with paintings by Rembrandt.

And the Van Gogh Museum, with paintings by –

Amsterdam also has the Concertgebouw. Do we see that from the boat?

No, we'll walk to the Concertgebouw and look at all those musicians.

8 The adjective. The adverb. Comparison

Adjective ending in -e

An adjective modifying a noun generally stands immediately before it, as in English. When it does, it usually takes the ending *-e:*

de jonge man	the young man
deze jonge mensen	these young people
het jonge meisje	the young girl
hij is een goede leraar	he is a good teacher
dit zijn goede boeken	these are good books
goede morgen!	good morning!

A small number of common adjectives ending in *-d* replace this sound, on addition of an ending, with another one. In *goed* and *rood* the *d* becomes *j:*

(written)	(pronounced)	
goede	*goeie*	good
rode	*rooie*	red

Adjectives with the diphthong *ou* replace such a *d* between vowels with *w:*

oude	*ouwe*	pronounced	*oue*
koude	*kouwe*		*koue*

The written forms are often used in careful or formal speech, and the 'spoken' forms characteristic of colloquial speech are occasionally written this way.

Adjective without ending

There are number of instances in which no ending is added to the adjective. When the adjective follows the noun it modifies:

deze roman is niet interessant	this novel is not interesting
de kinderen zijn klein	the children are small

when the adjective precedes the noun but already ends in *-en:*

een gouden ring	a gold ring

het gebroken glas	the broken glass
de open deur	the open door

when the adjective precedes a *neuter singular* noun and there is no article:

koud water	cold water
mooi weer	good weather

and when the noun is a neuter singular and the adjective is preceded by *een:*

een goed boek	a good book
een bekend orkest	a well-known orchestra
een duur restaurant	an expensive restaurant

The adjective likewise has no ending when it modifies a neuter singular noun and is preceded by *elk, ieder* 'each', 'every', *veel* 'much', *menig* 'many a', *welk* 'which', *zulk* 'such', *geen* 'no':

ieder interessant boek	each interesting book
welk duur restaurant?	which expensive restaurant?
geen bekend orkest	no well-known orchestra
but: *elke tuin, welke leraar*	each garden, which teacher

Note carefully that *geen* is invariable, as is *een*, whether the following noun is neuter singular or not, and that *geen* is likewise invariable in the plural:

een interessante roman	an interesting novel
geen drukke haven	no busy harbor
geen bekende restaurants	no well-known restaurants

Like *geen*, the adjectives of quantity *veel, meer, weinig* and *minder* are invariable, although the formal written language uses the plural form *vele:*

veel sneeuw, veel mensen	a lot of snow, many people
meer zon, meer boeken	more sun, more books
weinig soep, weinig bloemen	not much soup, few flowers
minder regen, minder fietsen	less rain, fewer bicycles

Otherwise the ending *-e* is required when the noun is other than neuter singular:

iedere interessante roman	each interesting novel
welke bekende orkesten?	which well-known orchestras?
elke drukke haven	every busy harbor

Een + *adjective + noun referring to male*

When the noun refers to a male person and the adjective is preceded by *een*, normally an ending is used if the adjective refers to outer qualities but it is without an ending if it refers to innate qualities:

een grote man	a big man
een groot man	a great man
een dikke musicus	a fat musician
een talentvol musicus	a talented musician

een jonge leraar	a young teacher
een bekwaam leraar	a capable teacher

This seemingly minor grammatical distinction is exploited by Dutch speakers and writers for expression of a wide variety of subtle semantic nuances. This very fact, plus the fact that Dutch speakers themselves are not always in agreement about its usage, makes it impossible to deal with satisfactorily here. Its use is best learned by patient observation rather than by rule.

Linker- *and* rechter-

The adjectives formed from *links* 'left' and *rechts* 'right' have an invariable ending -*er* and are often written as one word with the noun they modify:

hij schrijft met de linkerhand	he writes with his left hand
het linkeroog, het rechteroog	the left eye, the right eye
de rechterkant van de straat	the right side of the street

Adverbs

Adverbs have the same form as the uninflected adjective, as they often do in colloquial English[1]:

het zijn aardige mensen	they are nice people
zij zingt aardig	she sings nicely
hij schrijft goede brieven	he writes good letters
hij schrijft goed	he writes well

The adverb *heel* 'very' usually takes on the form of an inflected adjective when it stands before one:

een hele mooie dag	a very nice day
hele grote bloemen	real(ly) large flowers

Comparison of adjectives and adverbs

The endings of the comparative and superlative are *-er* and *-st:*

groot	*groter*	*grootst*	'large'
jong	*jonger*	*jongst*	'young'
aardig	*aardiger*	*aardigst*	'nice'

1 In the vocabularies in this book, the English adverb forms will not be listed separately when they consist simply of the addition of -ly to the adjective. Thus *aardig* 'nice' implies also 'nicely'.

These endings can be added to adjectives of any length:

belangrijk	belangrijker	belangrijkst	'important'
interessant	interessanter	interessantst	'interesting'

Adjectives ending in *-r* insert *-d-* before the comparative *-er:*

zwaar	*zwaarder*	*zwaarst*	'heavy'
duur	*duurder*	*duurst*	'expensive'
ver	*verder*	*verst*	'far'
lekker	*lekkerder*	*lekkerst*	'tasty, delicious'

There are a few irregular comparatives and superlatives:

goed	*beter*	*best*	'good'
veel	*meer*	*meest*	'much'
weinig	*minder*	*minst*	'little'
graag (adv.)	*liever*	*liefst*	'gladly'

This adverb *graag* and its comparative and superlative are used with a verb in a construction equivalent to the English verb 'to like to':

ik ga graag wandelen	I like to go walking, I enjoy walking
ik neem liever koffie	I prefer coffee, I'd rather have coffee
ik lees het liefst een roman	I like best to read a novel

As far as endings are concerned, comparatives and superlatives behave as any other adjectives, with the exception that in the spoken language comparatives with three or more syllables do not add *-e:*

een betere weg	a better road
de belangrijkste man	the most important man
de grootste van de twee	the larger (largest) of the two

but:

een belangrijker man	a more important man
het lekkerder brood	the tastier bread

The superlative used as an adverb

When the superlative is used as an adverb, it sometimes takes the ending *-e* and is always preceded by *het:*

in het voorjaar zijn de vogels het mooist(e)	in the spring the birds are prettiest
zij zingt het best(e)	she sings the best
's winters is het weer het koudst	in the winter the weather is the coldest

Adjectives ending in -s

Adjectives take the ending *-s* when occurring after *iets*, *niets* or *wat:*

iets lekkers	something tasty
iets dergelijks[1]	something like that
niets nieuws	nothing new
wat mooois	something pretty

Adjective endings in Dutch

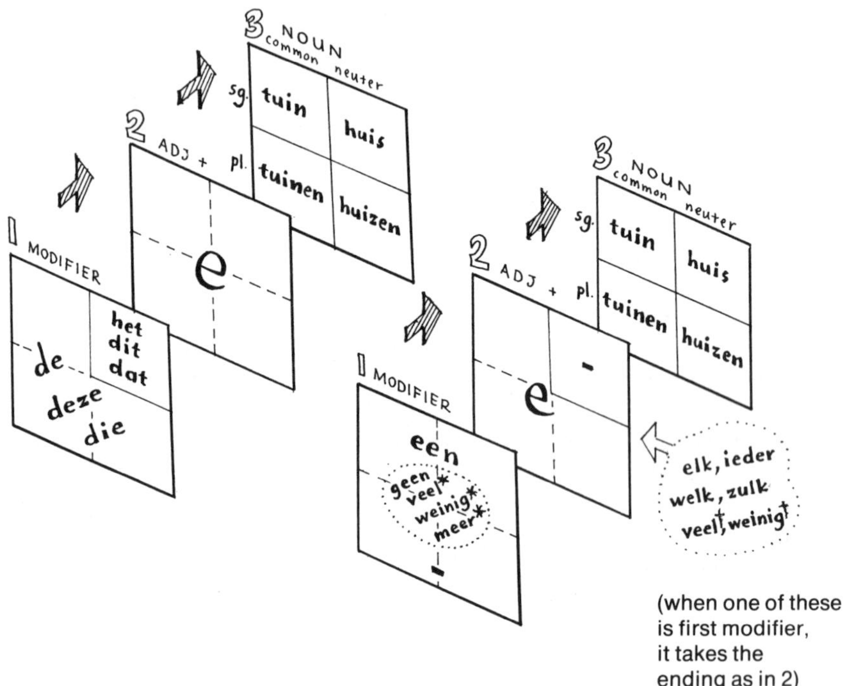

(when one of these is first modifier, it takes the ending as in 2)

* sg: mass nouns only
† formal (written) style, pl only

1 Note that this is not the suffix *-lijk,* but has secondary stress and is pronounced with the diphthong.

Vocabulary

als	as	*de middag*	afternoon
ander	other	*mijnheer (meneer)*	Mr.
de avond	evening	*de morgen*	morning
de bloem	flower	*nat*	wet
dan	than	*nog*	still, even
dik	fat, thick	*nog een*	another
dragen	to wear	*pas*	not until
droog	dry	*de regen*	rain
enkele	a few	*rijk*	rich
even	just as	*de rivier*	river
fietsen	to cycle	*de roman*	novel
geel	yellow	*rood*	red
gewoon	ordinary	*de sinaasappel*	orange
heel	whole	*de sneeuw*	snow
de herfst	fall, autumn	*de soep*	soup
heten	to be called	*steeds*	always
hoe	how	*steeds groter*	bigger and bigger
hoe warmer hoe beter	the warmer the better	*vroeg*	early
hoog	high, tall	*warm*	warm
de jongen	boy, fellow	*het weer*	weather
juffrouw	Miss	*de winter*	winter
kant	side	*'s winters*	in the winter
de kleren	(plural), clothing	*worden*	to become
krijgen	to get	*zeker*	certain
laat	late	*zingen*	to sing
lang	tall (of persons)	*de zomer*	summer
makkelijk	easy	*'s zomers*	in the summer
mevrouw	Mrs.		

By the way –

The words *mevrouw*, *mijnheer (meneer)* and *juffrouw* are all the spoken forms of the titles; note that, unlike English, Dutch can use these either with the name or as independent forms of address without a name. The more formal written language, for instance the usage in letters, requires somewhat different forms:

mijnheer, meneer	*De heer* (occasionally *Dhr.)*
mevrouw	*Mevrouw (Mw.)*
juffrouw	*Mejuffrouw (Mej.)*

Due to a recent movement to eliminate the distinction made in titles used for women, *mevrouw (Mw.)* is now often used for all women regardless of age or marital status.

Exercises

Using this picture, review both your skill in forming adjective phrases and the vocabulary of chapter 7 by making phrases to describe what you see: *een mooie stad, drukke straten, ik zie veel mensen*, and so on.

De Hoogstraat: een drukke winkelstraat in Den Haag.

Supply the appropriate form of the adjective:
(groot) de ...... man, een ...... man, een ...... huis, het huis is ......
(oud) een ...... vrouw, de vrouw is ......, ... mensen, deze ...... mensen.
(aardig) het kind is ......, een ...... kind, ... mensen, een ...... meisje.
(nat) de straten zijn ......, de ...... straten, een ...... straat, die ...... jas.
(bekwaam) de ...... musicus, een ...... musicus, ... musici.

Form the comparative and superlative for

vroeg	nieuw	koud	gemakkelijk
laat	ver	dik	hoog
zeker	mooi	langzaam	goed

Practice sentences

1 Goede middag, meneer Roes! Goedenavond, mevrouw Theunisse.
2 Het is mooi weer vandaag.
3 Ja, het is een mooie dag.
4 Het koude weer komt pas later.
5 De kleine bloemen zijn veel mooier dan de grote.
6 De hele kleine bloemen zijn niet zo mooi.
7 Rode bloemen zijn altijd mooier dan witte bloemen.
8 Ik fiets graag 's zomers, maar nog liever in de herfst.
9 Hij leest het liefst een roman.
10 Dit brood is duur, maar broodjes zijn nog duurder.
11 Het duurdere brood is niet altijd het beste.
12 Die andere bloemen zijn de mooiste.
13 Wordt de soep niet te dik? Nee, hoe dikker hoe beter.
14 Dat is niets nieuws.
15 Hij is een belangrijk man. Ja, hij is een heel bekend musicus.
16 Voor het huis zien wij enkele hoge bomen.
17 Die bomen hebben 's zomers groene bladeren en 's winters geen bladeren.
18 In de herfst hebben ze gele en rode bladeren.
19 Hij heet Theunisse, of iets dergelijks.
20 Rijke mensen dragen dure kleren.
21 Piet is een lange jongen, net zo lang als ik.
22 Nog een glas melk? Ja, alstublieft.
23 De grootste rivieren van Nederland zijn de Rijn, de Maas, de Waal en de IJssel.[1]
24 Het hele boek is erg moeilijk. Nee, het is een makkelijk boek.
25 Eet toch een van die lekkere sinaasappels.
26 Aan de linker kant van de straat ziet u het postkantoor.
27 In de late herfst krijgen wij veel regen.
28 Die grote bomen voor het huis zijn erg mooi.
29 Dit droge brood is niet lekker.
30 Ik heb weinig boeken, maar hij heeft nog minder boeken.

1 When the diphthong *ij* stands at the beginning of a word which must be capitalized, both letters are capitalized: het IJ, IJmuiden, de IJssel.

Translation practice

It's a bit cold today.

Yes, the autumn has come. I think it's a little too cold.

But the autumn is a beautiful time.

It's certainly beautiful here, with all these trees.

The leaves are already turning yellow and red.

The weather is still very dry.

Wait a few days. The autumn is always wet here. In the autumn we get a lot of rain.

Yes, in an ordinary autumn it rains enough. And in the winter we'll get a lot of snow.

Not always. In the winter we often get more rain than snow.

But wear warm clothing. It's often just as cold as in the snow.

The winter lasts a long time, but in the spring –

– it will get warm and everything will turn green. The spring is also a beautiful time.

And then comes summer. I think the summer is the best. The warmer the better!

No, I don't like walking and bicycling in the warm weather. I'd rather have colder weather.

De Maashaven in Rotterdam.

9 Object pronouns. Reflexives

The object forms of the personal pronouns

The personal pronouns used for the object of a verb are:

(singular)			(plural)	
mij,	*me*	me	*ons*	us
jou,	*je*	you (fam.)	*jullie, je*	you (fam.)
hem,	*'m*	him		
haar,	*d'r*	her	*hun (hen), ze*	them
het,	*'t*	it		
u		you (pol.)	*u*	you

Here, too, we have both stressed and unstressed forms of the pronouns. *Mij* and *haar* are the usual written forms; *jou* ordinarily stresses familiarity or is used for special emphasis.
The unstressed form *je* can replace *jullie* but only when the latter has already occurred in the sentence.
The same pronouns are used for the direct and indirect object and with prepositions:

ik zie hem	I see him
zij zien ons	they see us
ik geef hem het geld	I give him the money
zij geven ons het geld	they give us the money
ik doe het voor hem	I am doing it for him
zij doen het voor ons	they are doing it for us

Het, however, is never used after prepositions. For the special construction used in this case, see Chapter 22.
Bear in mind that inanimate objects of common gender must be referred to by *hem:*

hij verkoopt de auto	he is selling the car
hij verkoopt hem	he is selling it

The pronoun used for the third person plural is *hun; hen* is sometimes used in more formal speech or in writing as the direct object and after prepositions:

ik geef hun het geld	I give them the money
ik zie hun (hen)	I see them
wij ontmoeten hun (hen) later	we are meeting them later
wij doen het voor hun (hen)	we are doing it for them

In more familiar speech, the unstressed *ze* can be substituted in all cases; this is the **only** choice when the pronoun refers to things:

Daar staan Piet en Gerrit.	There are Piet and Gerrit.
Ik zie ze niet.	I don't see them.
Ik geef ze het geld.	I give them the money.
Ik heef hun het geld.	I give **them** the money.
Ik woon bij hen (hun).	I live with them.
Heb je de appels?	Do you have the apples?
Ja, ik heb ze.	Yes, I have them.

The subject or object pronoun 'die'

A subject or object pronoun in the third person when stressed often turns up as *die:*

Hij weet het wel	He knows it all right
Die weet het wel	**He** knows it all right
Ik ken haar (d'r) niet	I don't know her
Die ken ik niet	I don't know **her**

Parenthetically it might be noted, while we are talking about *die*, that it is used frequently in the colloquial language as an unstressed form of *hij* and less often of *zij:*

Het spijt me, maar die (hij) is nog niet klaar	I'm sorry, but he isn't ready yet
Heeft hij (= heeft-ie) de koffer al klaar?	Does he have the suitcase ready yet?

A sentence with two objects: direct and indirect

When a sentence contains two objects, the direct (usually a thing) and the indirect (usually a person) occur in various sequences depending upon whether they are pronouns or nouns. Observe the following examples:

1 *ik geef het hem*	I give it to him
2 *ik geef hem het geld*	I give him the money
3 *ik geef het geld aan hem*	I give the money to him
4 *ik geef het aan de man*	I give it to the man
5 *ik geef de man het geld*	I give the man the money
6 *ik geef het geld aan de man*	I give the money to the man

The reflexive pronouns

When the object of a verb is the same person as the subject. i.e., when the subject acts upon himself, the object is then called reflexive. The reflexive pronouns in Dutch for the first and second persons are simply the object pronouns:

wij wassen ons	we wash (ourselves)
ik scheer mij	I shave (myself)
jullie vergissen je	you are wrong

The third person uses *zich* for the singular and plural:

hij wast zich	he washes (himself)
zij vergissen zich	they are wrong

With *u*, either *u* or *zich* can be used as reflexive pronoun

u wast u	you wash (yourself)
wast u zich?	do you wash (yourself)?

Dutch adds *-zelf* to stress the reflexive idea:

de kinderen wassen zichzelf	the children are washing themselves
ik scheer mijzelf	I shave myself (i.e., nobody else)

A number of verbs always require an object in Dutch, and these frequently appear as reflexives, e.g. *zich vergissen, zich verbazen, zich herinneren* and *zich verheugen:*

hij vergist zich vaak	he often makes a mistake
ik verbaas mij!	I am surprised!
nu herinner ik het mij	now I remember it
ik herinner mij die dag nog	I still remember that day
verheug je je op de reis?	are you looking forward to the trip?

When the adjectives *alle, beide, vele* and a few others are used as pronouns, the written language distinguishes between things (with the ending *-e*) and persons (with *-en*) regardless of whether they are subject or object:

	spoken language	**written language**	
(auto's)	*ze zijn allemaal (allebei) zwart*	*alle (beide) zijn zwart*	all (both) of them are black
(vrienden)	*ze werken allemaal (allebei) overdag*	*zij werken allen (beiden) overdag*	all (both) of them work during the day
	hij kent veel mensen	*hij kent velen*	he knows many people

The written language makes the same distinction in the plural with any adjective used as a noun:

	de oude mensen weten dat	*de ouden weten dat*	the old folks know that

Vocabulary

allebei	both	*nu*	now, well
allemaal: met ons allemaal	with all of us	*het ogenblik*	moment
		over	about
een beetje	a little	*overdag*	during the day
beide	both	*de plaats*	room, seat
het bezoek	visit	*de reis*	trip
bij	at the house of	*repareren*	to repair
de brievenbus	mailbox	*de schrijfmachine*	typewriter
de bus	box	*het spijt me*	I'm sorry
even	just	*stuk*	not working
het gezin	family (parents and children)	*tegen*	to, against
		toch	(emphatic particle)
jammer	too bad	*vinden*	to find
het kantoor	office	*voor elkaar*	in order
kapot	broken	*vriendelijk*	nice (of persons)
kennen	to know (a person)	*werken*	to work
knap	smart	*zeggen*	to say
de koffer	suitcase	*zeker*	certain
kwalijk: neem me niet kwalijk	pardon me	*-zelfde (de, het)*	same
		zelfs	even
natuurlijk	naturally	*zo!*	there!

Use of prepositions

The idiomatic use of prepositions is always one of the most difficult aspects of learning a foreign language. Usually, for instance, *op* is 'on', *bij* is 'near' and *aan* is 'at' or 'to'; but note a few cases in which the Dutch use of the preposition does not seem to correspond to the English:

hij verheugt zich op *de reis*	he is looking forward *to* the trip
ik doe een brief op *de bus*	I put a letter *in* the box (mail a letter)
op *het ogenblik weet ik dat niet*	*at* the moment I don't know that
de kinderen zijn op *school*	the children are *at* school
hij is op *kantoor*	he is *at* the office
hij gaat op *de fiets*	he goes *by* bicycle
hij komt met *de trein*	he comes *by* train
wij praten over *het weer*	we talk *about* the weather
dat herinnert me aan *hem*	that reminds me *of* him
ik woon bij *Piet*	I live *with* Piet (at Piet's house)
hij zegt dat tegen *mij*	he says that *to* me

Exercises

Here is the same social model presented in chapter 5. We can now use it in exactly the same way, to get any amount of practice in using the object pronouns.
Observe the same convention as before: you are always identifying yourself with the person speaking at the left. But you can of course talk about any of the six actors, including yourself, in an endless number of ways.
Use the verbs listed below one at a time, and select any of the persons to make complete sentences: *ik* and *Elly*, using *zien*, will turn into *ik zie jou*; with Mieke it will be *ik zie haar*, and so on.

1 Be sure you are familiar with the way the three ways of addressing people are used as objects.
2 Notice that **any** of the actors can be either subject or object: *ik zie u,* but also *u ziet mij; jij ziet hun* but also *zij zien jou,* and so on.
3 Practice both stressed and unstressed forms: *ik zie* **jou,** *ik* **zie** *je* and so on.
4 Turn any of the sentences into a question, remembering what happens to untressed *hij* and to the form of the verb followed by *jij*.

Verbs to use:		
	zien	praten met
	horen	wonen bij
	helpen	staan voor
	kennen	wachten op
	ontmoeten	het doen voor
een brief	schrijven	
de koffer	geven	

Which object form of the pronoun will be used?
Ik geef (hij) ...... de sigaretten. Wij geven (zij) ...... een kopje koffie. Ik doe het voor (zij, pl.) ...... Zij wonen bij (wij) ...... Wij geven (zij, pl.) ...... het geld. Hebt u iets voor (ik) ......? Wij wonen naast (jij) ...... Ik zie (zij) ...... in de stad. Zij hebben (het) ...... niet. Leest u (de boeken) ...... niet? Zie je (de mensen) ...... niet? Ziet u (het meisje)[1] ...... niet? Wij wassen (wij) ...... Hij wast (hij) ...... Ik verbaas (ik) ......!

Practice sentences

1 Ik verheug me op die reis naar Nederland.
2 Dat is heel vriendelijk van je.
3 Piet Zeilstra woont nu in Utrecht, ken je hem?
4 Natuurlijk, wij werken allebei (beiden) op hetzelfde kantoor.
5 En mevrouw Zeilstra, ken je die ook?
6 Nee, die ken ik niet. Dat is jammer.
7 Ik herinner me die reis nog.
8 Zij woont in Zwolle – nee, ik vergis me – zij woont in Deventer.
9 Het huis is groot genoeg voor ons allemaal (allen). Zij hebben zeker plaats voor jou en mij en het hele gezin.
10 Zij wonen bij meneer en mevrouw Mulders.
11 Zij praten altijd veel over hem.
12 Breng die brief even voor me naar de brievenbus, wil je? Doe hem voor me op de post.
13 Heb je de koffer al klaar voor mij?
14 Nee, op het ogenblik heb ik hem nog niet klaar.
15 Het spijt me, maar hij (die) is nog niet klaar. Neem me niet kwalijk.
16 Zo, nu is alles voor elkaar!
17 Zelfs hij weet dat. Zij is veel knapper dan hij.
18 Het glas is kapot. Zij zegt niets tegen hem.
19 Op het ogenblik zijn de kinderen op school.
20 Dat weet ik nog niet.
21 Zij komen vaak bij ons op bezoek.
22 Veel mensen lezen dit boek, maar ik vind het niet interessant.
23 Is het postkantoor in deze straat? Ik zie het niet.
24 Ik ontmoet haar iedere dag in de winkel.
25 Het spijt me, maar de schrijfmachine is stuk.
26 Meneer De Roode repareert schrijfmachines. Ik ken hem goed.
27 Werkt Gerrit altijd met jou? Nee, wij werken niet samen.
28 Ik zie haar niet vaak. Zij werkt overdag.
29 De sleutels liggen op de tafel. Geef ze haar toch morgen!
30 Verheug je je op de reis? Nee, ik ben tegen die reis.

1 In spite of its neuter form as a diminutive, the word *meisje* 'girl' is usually referred to by a feminine pronoun.

Translation practice

You have an interesting family.

Do you know them?

I know the boys – I often see them in the store.

Of course – you're repairing the bicycle and the old motorcycle for them.

Yes. I see them, and I hear them too – on the motorcycle!

That's too bad... We also have a daughter.

I'm sorry, I don't know her.

She doesn't live with us any more.

Does she work here in the city?

No, she works in an office in Lelystad. Mother and daughter drive to work every day.

And along the way they chat with each other.

Yes, of course. They look forward to the trip. They do a lot for each other.

And the father of this family – do they help him too?

They often help him. But often father helps himself!

10 Possessive adjectives

The possessive adjectives

(singular)			(plural)	
mijn,	*m'n*	my	*ons/onze*	our
jouw,	*je*	your	*jullie, je*	your
zijn,	*z'n*	his, its	*hun, (d'r)*	their
haar,	*d'r*	her		
uw		your		

As is the case with all the pronouns, non-emphatic forms are used in everyday speech and occasionally written. *Jouw* is used only for special emphasis, the usual form even in writing being *je*. Note the spelling difference between *jou* and *jouw* (object and possessive) and *u* and *uw*.
Once the form *jullie* has been used in the sentence, *je* can be its unstressed form.

Only the first person plural has two forms, the use of which depends upon the gender of the following noun. *Ons* is used before neuter singular nouns:

ons huis — our house
ons kantoor — our office

Onze is used before all other nouns:

onze tafel — our table
onze kinderen — our children

Adjective ending after possessive

Note, however, that an adjective modifying any noun, whether the latter is neuter singular or not, requires an ending when it is preceded by a possessive:

mijn hele gezin — my whole family
haar nieuwe boekenplanken — her new bookshelves
ons kleine land — our small country

in this respect, the possessives resemble *de* and *het* rather than *een* and *geen*.

The possessive pronouns

The Dutch equivalent of 'mine', 'yours', 'ours', etc., can be expressed in one of two ways, one formal and one informal. First, the definite article appropriate to the noun is placed before one of the above possessives, to which *-e* is added:

Hier is uw krant.	Here is your paper.
De mijne hebt u al.	Mine you have already.
Is zijn huis groot?	Is his house large?
Het mijne is klein.	Mine is small.

Similar are *de* or *het jouwe, zijne, hare, uwe, onze, hunne*. There is no such form for *jullie,* which instead uses the alternative construction immediately following.

The van *construction*

The other frequently used construction, characteristic especially of the spoken language, is the use of the object pronoun preceded by *van* and the appropriate demonstrative:

Hier is uw krant.	Here is your paper.
Die van mij hebt u al.	Mine you already have.
Is zijn huis groot?	Is his house large?
Dat van mij is klein.	Mine is small.

This construction is obligatory in the case of *jullie:*

Ons huis is klein,	Our house is small,
maar dat van jullie is groot.	but yours is large.

And it is usual after a form of the verb *zijn* 'to be':

Dit boek is van mij.	This book is mine.
Is die auto van jou?	Is that car yours?
Ja, die is van mij.	Yes, it's mine.

The construction with *van* is the regular way of expressing the possessive in Dutch, corresponding to the English use of *of:*

de ramen van het huis	the windows of the house

But unlike the English usage, Dutch uses this also with reference to persons:

de auto van mijn broer	my brother's car
de keuken van mijn zuster	my sister's kitchen

The preposition *van* is used before *wie* 'who' to express an interrogative possessive; similarly, *aan* is used before *wie* to express 'to whom':

van wie is dit boek?	whose book is this?
aan wie geeft hij het geld?	to whom does he give the money? (who does he give the money to?)

The z'n/d'r-*construction*

Also possible with persons – though only in the third person – is the construction with possessive adjective:

mijn broer z'n auto	my brother's car
mijn zuster d'r keuken	my sister's kitchen

This is a colloquial usage that has not yet found acceptance in the written language.

Summary table of all personal pronouns and the possessive adjective. Unstressed forms are in parentheses:

Subject		**Object**		**Reflexive**	**Possessive**	
ik	*('k)*	*mij*	*(me)*	*me, mij*	*mijn*	*(m'n)*
jij	*(je)*	*jou*	*(je)*	*je*	*jouw*	*(je)*
hij	*(ie, die)*	*hem*	*('m)*		*zijn*	*(z'n)*
zij	*(ze)*	*haar*	*(d'r)*	*zich*	*haar*	*(d'r)*
het	*('t)*	*het*	*('t)*		*zijn*	*(z'n)*
u		*u*		*u/zich*	*uw*	
wij	*(we)*	*ons*		*ons*	*ons/onze*	
jullie	*(je)*	*jullie*	*(je)*	*je*	*jullie*	*(je)*
zij	*(ze)*	*hun/hen*	*(ze)*	*zich*	*hun*	*(d'r)*

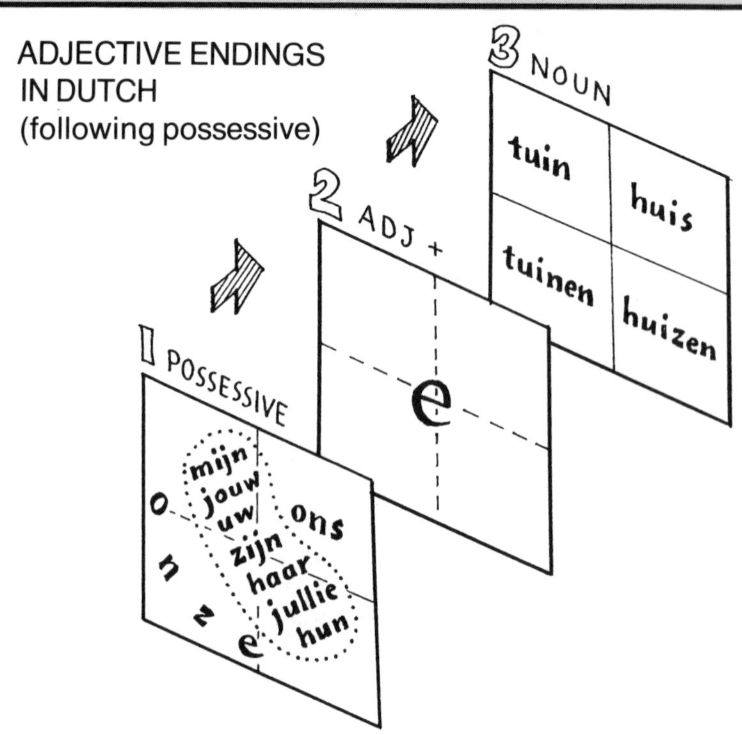

Vocabulary

Amerika	the U.S.
antwoorden	to answer
arm	arm
autoweg	highway
bedoelen	to mean
bezet	occupied
bus	bus
bushalte	bus stop
eigen	own
enig	only
fabriek	factory
gelijk hebben	to be right
het geval	case, instance
in ieder geval	at any rate
gewoon	just
hard	fast
hoeveel	how much
iemand	somebody
deze kant (uit)	this way
te koop	for sale
laag	low
leuk	nice
de mond	mouth
om	around
de passagier	passenger
precies	exact
rijden	to ride, drive
de snelweg	highway, motorway, freeway
de spoorweg	railroad
het station	station
tegen	for (price)
terug	back
vanavond	this evening
verwachten	to expect
vlak (+ prep.)	right
volgen	to follow, take (a road)
vragen	to ask
vrijwel	almost
de vrouw	wife
wat (+ adj.)	how
wat voor een	what kind of
de week	week
weer	again
het werk	work
wie	who
zwart	black

Exercises

Go back once more to the little social model presented in chapters 5 and 9. Using any nouns you know so far, point to various of the actors as before, and make up phrases expressing possession – *mijn auto, hun reis,* and so on.

Using verbs such as *zien, horen, verkopen* and others that seem to make sense, make complete sentences on the model of *zij kopen mijn schrijfmachine.*

Make a number of sensible three-word phrases by selecting one member of each column, turning the pronouns into possessives and adding an ending to the adjective where it is grammatically called for.

jij	klein	keuken
zij (pl.)	oud	station
zij (sg.)	nieuw	schrijfmachine
hij	mooi	auto
wij	groen	huis
u	gewoon	gezin
ik	duur	fiets

Supply the appropriate possessives:

(jij) ...... boek is hier. (ik) ...... huis. (zij, pl.) zij rijden in ...... auto. (jullie) ...... kopjes. (wij) ...... kinderen. (zij) ...... kinderen. (wij) ...... kind. (jij) ...... boterham. (ik) ...... radio. (u) Heeft u ...... jas? (hij) Heeft hij ..... hoed? (jij) Heb je ...... fiets? (wij) ...... keuken is klein. (zij, pl.) Wij eten ...... brood. (wij) ...... gezin is niet groot.

Practice sentences

1 Wij gaan vandaag met de trein naar Arnhem.
2 Onze spoorwegen zijn erg goed. Onze treinen lopen vrijwel altijd op tijd.
3 In ons kleine land rijden de treinen erg hard.
4 'Zijn die van jullie in Amerika ook goed?' vraagt hij.
5 'Ons land is groot, en de treinen zijn misschien minder goed,' antwoordt zij.
6 Deze plaats is al bezet. Ik zie iemand z'n koffer. Dat is een andere passagier. De trein is vol.
7 U hebt gelijk, de trein gaat precies op tijd.
8 Nu gaan wij met de bus naar mijn familie.
9 Welke kant nu? De bushalte is vlak vóór het station.
10 Ons hele gezin is vanavond thuis. Wat leuk. Verwachten ze mij?
11 Zij rijdt iedere week naar haar familie in Friesland en terug.
12 Hij rijdt iedere dag naar zijn werk.
13 Mijn broer z'n auto is niet zwart maar rood. Dat is zijn enige auto.

Reizigers op het station.

14 Mijn vrouw volgt altijd de grote snelweg naar Den Haag.
15 Welke auto is de zijne? Die daar achter de fabriek.
16 Mijn warme jas hangt nog in de kast. In het voorjaar heb ik hem niet nodig.
17 Hij loopt altijd met een pijp in zijn mond, en onder zijn arm de krant.
18 Hun nieuwe huis is te koop. Tegen een veel te lage prijs!
19 Wat is het voor een huis? Ik bedoel, is het groter dan het onze?
20 Aan wie verkopen ze hun huis?
21 Waarom nemen ze hun eigen auto niet? Hun auto is weer te koop.
22 Hij komt op de fiets. In ieder geval komt hij.
23 Komt zij met de trein? Nee, zij komt met haar auto.
24 Heeft hij niet zijn eigen schrijfmachine? Ja, maar hij gebruikt hem niet.
25 Hij en zijn vriend rijden iedere dag van Leeuwarden naar Staveren.
26 Welke kant uit? Ga gewoon deze kant uit.
27 Van wie is dit huis? Ik weet het niet. Het onze (dat van ons) is om de hoek.
28 Zij heeft altijd gelijk. Nee, u vergist zich. Ja, u hebt gelijk.
29 Jan, waar is je jas? Meneer Teeuw, is dit uw jas?
30 Welke jas is van jou (de jouwe)? Deze is van mij (de mijne).

Winter in Nederland.

Translation practice

I'm going to my family in Almelo.

Are you taking your new car?

No, I'm taking my brother's car. I often go by train, but today –

Then I'll come too. Today I'm going to Amersfoort.

How nice. Are your husband and daughter coming too?

No, he has his work here, and she is staying at home with her friends.

We'll take the highway to Utrecht.

Which car is yours?

Mine is at home. This black car is his. How do you like it?

Much nicer than mine! But not better than yours . . . Do you have your coat and suitcase with you?

They're already in the car.

Then everything is ready for our trip.

Here are the keys. Which way now?

11 Numbers and dates. Currency and measurement

The numbers

The numbers in Dutch are as follows:

0	*nul*	11	*elf*
1	*een*	12	*twaalf*
2	*twee*	13	*dertien*
3	*drie*	14	***veer**tien*
4	*vier*	15	*vijftien*
5	*vijf*	16	*zestien*
6	*zes*	17	*zeventien*
7	*zeven*	18	*achttien*
8	*acht*	19	*negentien*
9	*negen*	20	*twintig*
10	*tien*		

From twenty on, the smaller number is placed before the ten:

21 *eenentwintig*
22 *tweeëntwintig*
23 *drieëntwintig*
(etc.)

The rest of the numbers are:

30	*dertig*	90	*negentig*
40	***veer**tig*	100	*honderd*
50	*vijftig*	200	*tweehonderd*
60	*zestig*	1000	*duizend*
70	*zeventig*	2000	*tweeduizend*
80	***t**achtig*		*miljoen* 'million'

Observe that *veertien* and *veertig* do not correspond exactly to *vier*, and that *tachtig* adds a *t-* at the beginning. The numbers *zeven, zeventien* and *zeventig* are very frequently pronounced (but not normally written) *zeuven, zeuventien, zeuventig* on the phone or in listing numbers, to avoid confusion with *negen*.
The words *honderd* and *duizend* are neither preceded by *een* nor followed by *en:*

honderd eenentwintig	a hundred (and) twenty-one
duizend drie	a thousand (and) three

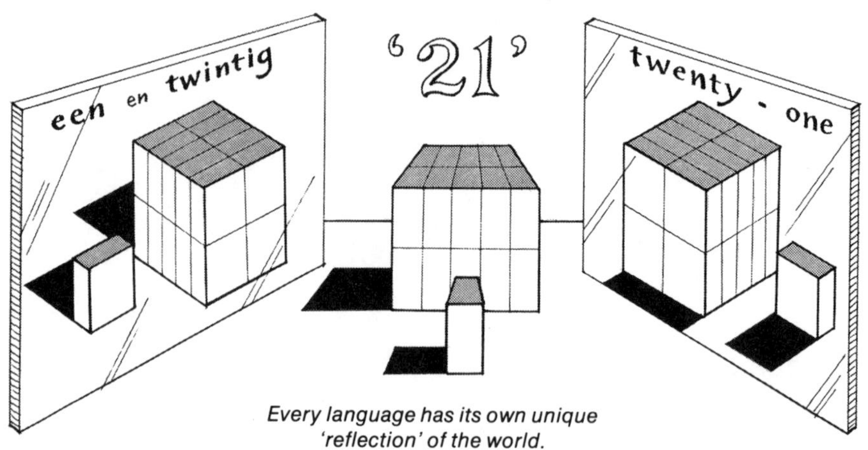

Every language has its own unique 'reflection' of the world.

The ordinal numbers

The ordinal numbers are indicated by one of the two endings *-de* and *-ste:*

1	*eerste*	7	*zevende*	20	*twintigste*
2	*tweede*	8	*achtste*	21	*eenentwintigste*
3	*derde*	9	*negende*	22	*tweeëntwintigste*
4	*vierde*	10	*tiende*	30	*dertigste*
5	*vijfde*	11	*elfde*	100	*honderdste*
6	*zesde*		(etc.)		(etc.)

Ordinal numbers below 20 end in *-de* with the exception of *eerste* and *achtste,* and those from 20 on end in *-ste*. In a compound number, e.g. *eenentwintigste,* only the last receives an ending.

The ordinals are commonly abbreviated. When you say *-de* at the end (*twee-de, der-de*), you write *2de, 3de*; but when you say *-ste* at the end (*eer-ste, acht-ste*) you write *1ste, 8ste*.

1ste *eerste*	1*st*
2de *tweede*	*2nd*
29ste *negenentwintigste*	29*th*
(etc.)	

Note that *tweede* is spelled with two *e*'s in seeming violation of the open-syllable spelling rule, because it is a derivative of *twee*.

Dates

In dates, Dutch ordinarily uses a cardinal number:

één januari	the first of January, January first
vrijdag, tweeëntwintig september	Friday, September twenty-second
op vier juli	on the fourth of July

Although occasionally ordinals are used as well:

het is vandaag de eerste (januari)	today is the first (of January)
de vijftiende mei valt dit jaar op een dinsdag	the fifteenth of May falls on a Tuesday this year

The normal way of writing dates is to use the numeral, which then precedes the name of the month. Note carefully that this order is kept when the date is written entirely in numbers:

22 september 1957 (22-9-57)	September 22, 1957 (9-22-57)
4 juli 1984 (4-7-84)	July 4, 1984 (7-4-84)

The year is commonly expressed in hundreds:

1492 *veertien (honderd) tweeënnegentig*
1989 *negentien (honderd) negenentachtig*

Units of currency and measures

The unit of currency in the Netherlands is the *gulden*, divided into a hundred parts called *centen*. The *gulden* is abbreviated *ƒ*, from an obsolete word *florijn*. In writing an amount, the guilders are usually separated from the cents by a comma:

ƒ 14,75 veertien (gulden) vijfenzeventig
ƒ 6,50 zes (gulden) vijftig
zes en een halve gulden.

The principal units of currency, the measures of length (*meter, kilometer,* etc.), of liquid volume *(liter)* and of weight *(kilo* and *gram, pond* and *ons)* are used in the plural only when the individual units are emphasized and when they are not preceded by a definite number. When preceded by a number, the singular form is used:

wij berekenen afstanden in meters en kilometers,	we calculate distances in meters and kilometers,
en gewichten in kilo's en grammen of in ponden en onzen.	and weights in kilograms and grams or in pounds and ounces.
wij meten water in liters.	we measure water in liters.

But:

dat kost vier gulden, vijfendertig (cent).	that costs four guilders and thirty-five cents.
Leiden is twaalf kilometer van Den Haag.	Leiden is twelve kilometers from The Hague.
drie kilo sinaasappels, en honderd gram suiker.	three kilograms of oranges, and a hundred grams of sugar.
vier pond appels, twee ons vlees.	four pounds of apples, two ounces of meat.
drie liter melk	three liters of milk.

Notice that in the case of the weights and measures the noun follows immediately after the unit of measurement, without any joining preposition as in English. Telling time in Dutch will be presented in Chapter 26.

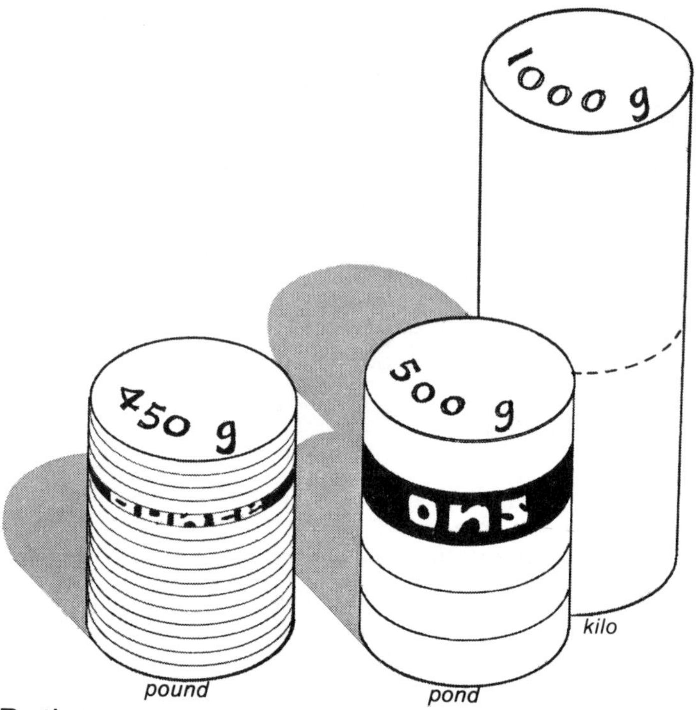

By the way –

Many expressions of time and number seem unpredictable and thus idiomatic from the point of view of English:

zij zijn met z'n tweeën	there are two of them, they're a twosome
wij zijn met z'n (ons) drieën	there are three of us, we're a threesome
de hoeveelste hebben we vandaag?	what's the date today?
hebt u terug van een tientje?	do you have change for a ten?
van de week	this week
vrijdag over een week	a week from Friday
over veertien dagen	in two weeks
over een maand of drie	in two or three months
een jaar of tien	around ten years
een stuk of vijf appels, (ongeveer vijf appels)	around five apples, four or five apples

Notice that these last three examples, expressing an approximate number, use the unstressed *een* 'a', and not the stressed *één* 'one'.

Vocabulary

de aardappel	potato
de afstand	distance
alleen maar	only
Amerikaans	American
anderhalf	one and a half
anders	different
het bankbiljet	banknote
het bedrag (pl. bedragen)	amount
blauw	blue
de bos	bouquet
het briefje	bill (money)
b.v. = bij voorbeeld	for example
het dubbeltje	ten-cent coin
dus	so
eigenlijk	actual
Engels	English
het fruit	fruit
het gehakt	ground (minced) meat
gemakkelijk	easy
het gewicht	weight
de groente	vegetables
half	half
helemaal niet	not at all
iets	somewhat
ingewikkeld	complicated
de kaas	cheese
de keer	time
het kilo(gram)	kilogram
de kilometer	kilometer
het kleingeld	change
de kleur	color
de kraam	stand, booth
het kwartje	25-cent coin
laatst	last
langs komen	to come by
de maand	month
de markt	market
de munt	coin
Nederlands	Dutch
niet waar?	isn't it? don't you think so?
nog even	for a moment
ongeveer	about
ontvangen	to receive
het papier	paper
rekenen	to figure
de rijksdaalder	2½-guilder coin
de roos	rose
samen	together
de slager	butcher
de stuiver	five-cent coin
het tientje	ten-guilder bill
toch	nevertheless
de toren	tower
tot	to, until
de tulp	tulip
tweemaal	twice
het vlees	meat
vrij	rather
wat	some

zondag	*januari*	*juli*
maandag	*februari*	*augustus*
dinsdag	*maart*	*september*
woensdag	*april*	*oktober*
donderdag	*mei*	*november*
vrijdag	*juni*	*december*
zaterdag		

Note that the names of days and months are not capitalized.

Exercises

Express the following in Dutch:

14	99	78	34	77	868
28	48	30	88	81	1,236
64	58	47	29	101	1958
2de	21ste	17de	8ste	101ste	120ste
4de	12de	32ste	3de	71ste	333ste
f 2,45	*f* 1,50	*f* 84,65	*f* 4,50	*f* 1,25	*f* 400

Practice sentences

1 Hoe lang blijf je in Nederland? Een jaar?
2 Nee, niet een heel jaar, niet meer dan een maand of tien.
3 Ben je voor de eerste keer in Nederland? Nee, dit is al de tweede keer.
4 De hoeveelste hebben we vandaag? Zeventien augustus, negentien honderd zevenentachtig.
5 Wij berekenen de afstanden in kilometers. Leiden is b.v. drieënvijftig kilometer van Gouda.
6 Wij gaan met z'n tweeën. Zijn jullie met z'n vieren?
7 Zij heeft een stuk of tien broodjes.
8 Ik kom van de week nog bij jullie langs.
9 Hij komt over veertien dagen. Ik kom maandag over een week.
10 Wij berekenen de gewichten in kilo's. Een kilo is duizend gram.
11 Maar wij berekenen de gewichten ook in ponden. Een Nederlands pond is niet hetzelfde als een Amerikaans of Engels pond.
12 Een Engels of Amerikaans pond is zestien ons, maar een Hollands pond is vijf ons.
13 Een Engels of Amerikaans pond is vierhonderd vijftig gram, en een Hollands pond is vijfhonderd gram.
14 Twee pond is een kilo, dus een pond is vijfhonderd gram, en een ons is honderd gram.
15 Hoe ver is het nog tot Amsterdam? Een kilometer of tien.
16 Zij koopt anderhalf kilo aardappelen. Nee, ze koopt alleen maar een half kilo.
17 Wij kopen vlees per ons. U gaat in een winkel en zegt: 'Vier ons gehakt alstublieft'.
18 De slager zegt: 'Ja mevrouw, twee tien per ons, dat is acht gulden en veertig cent'.
19 U geeft hem tien gulden, en hij geeft u het vlees en één gulden en zestig cent.
20 Het is zaterdag. Wij gaan vandaag naar de markt.
21 De kramen staan in lange rijen achter het stadhuis.
22 Hier verkopen ze groente en fruit. We nemen twee kilo aardappels en een kilo appels.
23 Heb je een paar tientjes bij je? Het spijt me, ik heb alleen maar een briefje van vijfentwintig.
24 We hebben ook wat sinaasappels nodig. Hoeveel kosten ze vandaag?
25 Nu gaan we die kant op. Daar hebben ze kaas. Een pond is zeker genoeg.
26 Aan de overkant van de gracht, onder de toren, hebben ze hele mooie bloemen.
27 Een bos tulpen is niet zo duur. Hebt u terug van een briefje van vijftig?
28 Het is voorjaar, en alle bloemen zijn vandaag vrij goedkoop.
29 De gele en witte rozen zijn ook heel mooi vandaag.
30 Ik heb nu alleen maar wat kleingeld over. We kijken nog even en dan gaan we naar huis.

Dialogue – Het geld

Ik vind het Nederlandse geld nog een beetje vreemd. Het rekenen is niet moeilijk, maar jullie zeggen het bedrag anders dan wij.

Je bedoelt bedragen als twee kwartjes en drie stuivers?

En andere zoals drie-vijftig of vijf-twintig.

Het is eigenlijk niet zo ingewikkeld. Je hebt daar wat bankbiljetten en kleingeld.

Ja, hier is een briefje van honderd, een paar van vijfentwintig, een van vijftig, twee van tien en drie van vijf gulden.

Dat is samen precies tweehonderd vijfendertig gulden, niet waar? Het briefje van tien noemen wij een 'tientje'.

Het briefje van honderd is bruin, dat van vijftig is oranje, die van vijfentwintig zijn rood, het tientje is blauw en die van vijf zijn groen.

Ja, wij vinden het gemakkelijk met al die kleuren. Jullie briefjes zijn allemaal van dezelfde kleur, niet waar? En hoeveel kleingeld heb je?

Iets minder dan vier gulden. Hebben de munten ook hun eigen namen?

Jazeker. Deze van twee en een halve gulden noemen wij 'rijksdaalder', dit zijn natuurlijk guldens, die van vijfentwintig cent zijn 'kwartjes' en die van tien cent 'dubbeltjes', en deze hier van vijf cent is een 'stuiver'.

Dank je wel! Je hebt gelijk, het is helemaal niet moeilijk.

Nederlands geld.

Translation practice

Today is Saturday the 20th. – No, I'm wrong, it's the 21st.

Yes, it's already the 21st. The first day of autumn.

I have a lot here: a kilogram and a half of potatoes, two liters of milk, a few grams of meat, six or eight oranges –

Enough for a whole week. Until Saturday the 28th!

Yes, until a week from today. What do the rolls cost?

They cost a guilder and thirty cents.

And here's the sugar –

That's three guilders –

And don't forget the box of tea and the matches.

The tea costs six and a half guilders, and the matches eighty cents.

How much is that?

All together that's twenty-three guilders and thirty cents.

Do you have change for a hundred?

Certainly. That's seventy-six guilders and seventy cents. Here's a fifty-guilder bill and –

Do you have three twenty-fives?

12 Reading selections

Nederland

Nederland is een klein maar dichtbevolkt land, een van de meest dichtbevolkte landen van de wereld. In dit dichtbevolkte maar sterk geïndustrialiseerde land wonen nu meer dan 14 000 000 mensen. Nederland omvat niet meer dan 36.758 vierkante kilometers. Door de vele rivieren, kanalen, meren enz. zijn 2.819 km^2 onbewoonbaar. Van de bodem is 77% (bijna 2 200 000 hectare) in gebruik als cultuurgrond. Van deze grond is 63% grasland, 31% akkerland en 6% tuinbouwgrond. Op één vierkante kilometer wonen dus gemiddeld 400 Nederlanders. In de sterkste bevolkingsconcentratie, de Randstad Holland, wonen zelfs bijna 900 mensen op één km^2. De Nederlandse bevolking is nu 5 000 000 mensen groter dan 40 jaar

Polderlandschap met sloten

geleden, in 1940. Men verwacht in het jaar 2000 in Nederland een bevolking van 15 000 000 mensen.

Het spoorwegnet van de Nederlandse Spoorwegen heeft een totale lengte van 3147 km. Meer dan 50% is nu elektrisch. Maar nu gaan steeds minder mensen met de trein: op de autowegen van Nederland rijden meer dan 2 500 000 auto's. Schiphol, de luchthaven dicht bij Amsterdam, de thuishaven van de KLM, speelt een belangrijke rol in het internationale luchtverkeer. Ieder jaar komen meer dan 8 000 000 passagiers in 150 000 vluchten naar Schiphol. Per jaar gaan meer dan 200 000 ton goederen en 10 000 ton post door deze luchthaven.

België heeft een totale bevolking van ongeveer 10 000 000 mensen. Bijna 60% van de Belgen spreekt Nederlands. In Nederland en België maar ook buiten deze spreken, schrijven en lezen dus meer dan 20 000 000 mensen de Nederlandse taal.

Zuid-Holland

Samen met de provincies Noord-Holland en Zeeland vormt de provincie Zuid-Holland het westen van Nederland, het belangrijkste deel van het land. Langs de zee liggen de duinen en achter deze duinen het vlakke land. De provincie bestaat grotendeels uit polderland en bijna alle wegen lopen over oude dijken. Het zuidelijk deel van de provincie en bijna de hele provincie Zeeland bestaan uit eilanden. Men ziet in Zuid-Holland niet zo veel bomen als in andere provincies,

De Rijksbinnenhaven in Rotterdam.

b.v. Gelderland of Overijssel, maar wel veel weilanden. Er zijn overal groene weilanden met zwart-witte koeien, en natuurlijk water. In sommige gevallen houden de molens dit lage land droog: zij pompen het water uit de sloten naar de hogere kanalen en uit de kanalen naar de rivieren of de zee. Maar nu doet men dat bijna altijd elektrisch.

Een van de mooiste steden van de provincie is *Leiden*, de geboorteplaats van Rembrandt. Deze stad heeft nu ongeveer 100 000 inwoners. Twee armen van de Rijn, de Oude en de Nieuwe Rijn, stromen door de stad. Elke zaterdag is het in Leiden marktdag. Op de markt staan lange rijen kramen waar men niet alleen groente, fruit, vis en kaas verkoopt, maar ook kleding, bloemen en zelfs oude boeken. Sommige boeken kosten maar een paar gulden, en 's zomers zijn er vaak grote bossen bloemen te koop voor een gulden of vijf.

Maar het aantrekkelijkste deel van de stad is beslist het Rapenburg, een brede gracht met aan beide kanten bomen. Hier staan vele van de mooiste, grote oude huizen van de stad. Aan het Rapenburg ligt de beroemde universiteit, de oudste van Nederland. Het hoofdgebouw van de universiteit, met grote, hoge ramen en een toren, is het academiegebouw, vroeger een kerk. De meeste gebouwen van de universiteit liggen dichtbij het academiegebouw, maar zij vormen geen 'campus', want er zijn nog andere gebouwen in alle delen van de stad. Leiden heeft twee mooie, grote kerken uit de late middeleeuwen, de Pieterskerk, niet ver van de universiteit, en de Hooglandse kerk, vlak bij het stadhuis. Dat zijn de beroemdste, maar de vele andere, kleinere kerken zijn ook interessant.

Andere belangrijke steden in de provincie zijn *'s-Gravenhage* of *Den Haag*, de

De oudste universiteit van Nederland ligt aan het Rapenburg in Leiden.

hoofdstad van de provincie en de Residentie van de regering van het land (maar niet de hoofdstad van het land), en *Rotterdam*, een grote haven waar elk jaar vele duizenden schepen komen. Bij de havenstad Rotterdam ligt het centrum van de Nederlandse zware industrie. Een andere fabrieksstad is *Dordrecht*, ten zuiden van Rotterdam, *Delft*, een kleinere stad met vele oude huizen en grachten, heeft ook industrie en een beroemde universiteit. *Gouda*, ten zuidoosten van Leiden, is, zoals u misschien weet, een kaascentrum.

Het westen van Nederland met de grote steden Amsterdam, Den Haag, Rotterdam en Utrecht noemt men tegenwoordig vaak de Randstad of de Randstad Holland. Het noorden, het oosten en het zuiden van Nederland hebben nog een landelijk karakter. De industrialisatie van Nederland gaat daar minder snel dan in het westen. In de noordelijke, de oostelijke en de zuidelijke provincies is de landbouw nog altijd zeer belangrijk.

By the way –

's-Gravenhage, the official name of The Hague, is an old genitive form meaning literally 'the Count's Park', the name of a hunting estate established there by Count Willem II in the thirteenth century. The spoken language and unofficial written language use the name *Den Haag*.

All place names ending in *-dam* are normally stressed on the last syllable, e.g. *Rotterdam, Amsterdam, Zaandam, Edam*. The stress moves to the

Delfts blauw aardewerk.

first syllable only for contrast: *Hij woont niet in Zaandam, maar in Amsterdam.*
Many other place names also have the stress on a later syllable: *Amstelveen, Enkhuizen, IJmuiden, IJsselmeer, Moerdijk, 's-Hertogenbosch, Maastricht.* Learning which ones these are is a matter of listening to people speaking.

Vocabulary

aantrekkelijk	attractive
de academie	academy
het akkerland	farmland
het atelier (pronounced as if *ateljee*)	workshop
het begin	beginning
behoren (tot)	to belong (to)
België	Belgium
Belg	Belgian
beroemd	famous
beslist	certainly
bestaan uit	to consist of
de bevolking	population
de bodem	soil
de cultuurgrond	cultivated land
de dauw	dew
dicht	closed
dichtbevolkt	heavily populated
door	because of
de duif	pigeon, dove
het duin	dune, dunes (collective)
het eiland	island
elektrisch	electric
enkel	only, nothing but
er	there
fluiten	to whistle
het fruit	fruit
het gebied	territory
de geboorteplaats	birthplace
het gebruik	use
geïndustrialiseerd	industrialized
geleden	ago
gemiddeld	on the average
de goederen	(pl.), goods
het goud	gold
groeten	to greet
haast = bijna	almost
de hectare	hectare (about 2½ acres)
het hoofdgebouw	main building
de industrialisatie	industrialization
internationaal	international
de inwoner	inhabitant
het kanaal	canal
het karakter	character
het kledingstuk	article of clothing
klinken	to sound
de koe (pl. *koeien*)	cow
de kring	circle
de landbouw	agriculture
landelijk	rural
de lengte	length
liggen	to lie, be
de lucht	air
de luchthaven	airport
de markt	market
het meer	lake
men	one
de middeleeuwen	Middle Ages
het net	net
noemen	to call
noordelijk	northern
het noorden	North
omvatten	to contain
onbewoonbaar	uninhabitable
oostelijk	eastern
het oosten	east
het orgel	organ (here: a large street organ)
overal	everywhere
de polder	reclaimed land
de post	mail
pompen	to pump
de Randstad	the western urban complex
de regering	government
de residentie[1]	residence (of the royal family or the government)
de Rijn	Rhine
de roos	rose
de slag	stroke
de sloot	ditch
snel	fast
sommige	some
steeds (+ compar.)	more and more
sterk	strong
stromen	to flow
tegenwoordig	nowadays

ten	to the
de thuishaven	home (air)port
de ton	ton(s of)
totaal	total
het touw	rope
de tuinbouw	horticulture
de universiteit	university
vierkant	square
vlak	flat
de vlucht	flight
vlug	quick
vormen	to form
want	because
het weiland	pasture land
wel	(affirmative particle)
de wereld	world
westelijk	western
het westen	west
de zee	sea
zeer	very
zuidelijk	southern
het zuiden	south

1 The ending *-tie* is pronounced as if *sie* or *-tsie*. After vowels it is usually *-tsie*, and after consonants usually *-sie*.

Here is a sentimental but easy poem about the beginning of a typical working day in an ordinary neighborhood in a big city, no doubt Amsterdam.
Through the poem does contain some grammar that has not yet been presented, this should cause little difficulty. The notes below translate a few unfamiliar phrases without attempting to explain them. New words are included here or in the vocabulary above.

Voorjaar

De torenklok slaat zeven keer,
gewoon als ied're dag,
maar 't is dezelfde dag niet meer,
zó licht klinkt elke slag.

De vroege mannen op hun fiets,
op weg naar de fabriek,
groeten elkaar en fluiten iets;
de straat is vol muziek.

Een man zet stoeltjes voor 't café;
dan gaan – hij kijkt er naar –
de meisjes van het atelier
als duiven langs 't trottoir,

Heel vroeg al heeft de bloemenvrouw
haar kraampje ingericht.
De rozen zijn nog nat van dauw,
de tulpen zijn nog dicht.

Het is haast of het hardop lacht,
dat orgel dat daar klinkt,
dat aan de zonkant van de gracht
tot in zijn buik toe zingt.

Een kring, een kind er middenin,
– wie vond het touw zo vlug? –
'De bocht gaat uit, de bocht gaat in.'
In, uit en dan terug.

O, kind, dat mij het touw voorhoudt,
ik sta weer aan 't begin.
De hele stad wordt enkel goud.
Ik spring er midden in. – Mies Bouhuys

8	*vol muziek*	full of music
9	*stoeltjes*	folding chairs (a diminutive – cf line 14 and see ch. 23)
10	*hij kijkt er naar*	he watches them
13	*heeft ... ingericht*	has arranged
17	*of het hardop lacht*	as if it is laughing out loud
19	*dat ... klinkt, dat ... zingt*	that sounds, that sings
20	*tot in zijn buik toe*	all the way into its belly
21	*er middenin*	in the middle of it
22	*vond*	past tense of *vinden*
23	*'De bocht gaat uit, de bocht gaat in'*	'turn on out, turn on in': a rhyme for jumping rope
25	*dat mij het touw voorhoudt*	that holds the rope out to me
28	*ik spring er midden in*	I jump into the midst of it

Het straatorgel of 'pierement'.

13 The past tense ('weak' verbs)

The past tense of weak verbs

The verbs in all Germanic languages can be divided into two major classes according to whether the past tense is formed by the addition of a suffix to the stem, e.g.

to talk	talk**ed**	(has) talk**ed**.

or by a vowel change in the stem itself, e.g.

to s**i**ng	s**a**ng	(has) s**u**ng.

By a long-established tradition, these two groups are called respectively 'weak' and 'strong'. We will take up the weak verbs first.
The past tense of weak verbs is formed by adding *-t-* or *-d-* to the stem of the verb, and then the endings *-e* for the singular and *-en* for the plural:

koken 'to cook'	*horen* 'to hear'
ik kookte	*ik hoorde*
jij kookte	*jij hoorde*
hij kookte	*hij hoorde*
wij kookten	*wij hoorden*
jullie kookten	*jullie hoorden*
zij kookten	*zij hoorden*

The choice of *t* or *d* as the sign of the past is automatically determined by the consonant in the infinitive. The endings *-te, -ten* are used after voiceless consonants *(p t k f s ch)*. A handy way to remember them is with the word *'t kofschip*, a name for an old type of sailing vessel.

hopen	'to hope'	*hoopte,*	*hoopten*
kloppen	'to knock'	*klopte,*	*klopten*
praten	'to talk'	*praatte,*	*praatten*[1]
zetten	'to set'	*zette,*	*zetten*
roken	'to smoke'	*rookte,*	*rookten*
straffen	'to punish'	*strafte,*	*straften*
fietsen	'to cycle'	*fietste,*	*fietsten*
lachen	'to laugh'	*lachte,*	*lachten*

1 Notice that since *tt* is a spelling convention and pronounced like single *t*, and *-n* is dropped in ordinary speech, *praten – praatte – praatten* are all pronounced alike.

The endings *-de, -den* are used in all other cases:

bestellen	'to order'	*bestelde,*	*bestelden*
bouwen	'to build'	*bouwde,*	*bouwden*
naaien	'to sew'	*naaide,*	*naaiden*
studeren	'to study'	*studeerde,*	*studeerden*
schudden	'to shake'	*schudde,*	*schudden*
leggen	'to lay'	*legde,*	*legden*

Verbs with *v* or *z* in the infinitive also add the endings *-de, -den*, but these endings are added to the stem of the verb:

leven	'to live'	stem: *leef-*	*leefde,*	*leefden*
geloven	'to believe'	*geloof-*	*geloofde,*	*geloofden*
reizen	'to travel'	*reis-*	*reisde,*	*reisden*
glanzen	'to shine'	*glans-*	*glansde,*	*glansden*

The explanation of this is the familiar rule that the letters *v* and *z* may not close a syllable. The pronunciation does not follow this, however, and the past-tense forms at the right are pronounced as if written '*leevde, geloovde, reizde, glanzde*'.

By the way –

Most Dutch speakers in the *Randstad* area pronounce the sound spelled *g* identical with that spelled *ch*, which would make it seem as though a verb like *leggen* ought to have the ending *-te*, as does *lachen*. The *-de* ending, however, reflects the fact that for many Dutch speakers, particularly in the southern provinces and in the whole of Dutch-speaking Belgium, the sounds *g* (voiced) and *ch* (voiceless) are as sharply distinguished from each other as are *v* and *f*, or *z* and *s*.

The past participle

The past participle in Dutch consists of the stem of the verb plus either *d* or *t*, and a prefixed *ge-*. The ending *-t* is used with verbs to which *-te* is added in the past, and *-d* with those taking *-de* in the past; but since *-d* at the end of any word is pronounced as *-t*, the spoken language does not make any distinction. Since doubled letters may never stand at the end of a word in Dutch, no *-t* or *-d* is added to verbs whose stems already end in *-t* or *-d*.

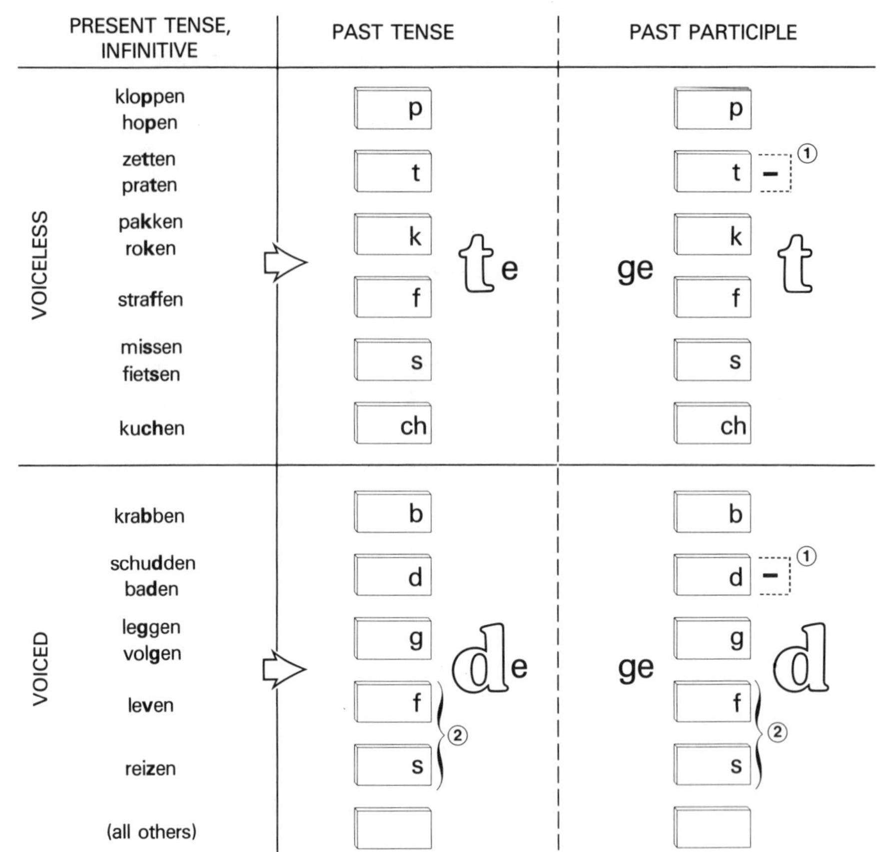

PRESENT TENSE, INFINITIVE
PAST TENSE
PAST PARTICIPLE
VOICELESS
kloppen
hopen
zetten
praten
pakken
roken
straffen
missen
fietsen
kuchen
p
t
k
f
s
ch
te
ge
t
①
VOICED
krabben
schudden
baden
leggen
volgen
leven
reizen
(all others)
b
d
g
f
s
de
ge
d
①
②

Unpredictable spelling customs:

1 No double letter is written at the end of a syllable or word; the second drops.

2 The letters **v** and **z** may not stand at the end of a syllable or word; when followed by **-de** (voiced sounds), they are still pronounced as **v** and **z**.

Infinitive	**Past, sing. (pl.)**	**Past participle**
koken	*kookte(n)*	*gekookt*
kloppen	*klopte(n)*	*geklopt*
praten	*praatte(n)*	*gepraat*
horen	*hoorde(n)*	*gehoord*
studeren	*studeerde(n)*	*gestudeerd*
schudden	*schudde(n)*	*geschud*
leven	*leefde(n)*	*geleefd*
reizen	*reisde(n)*	*gereisd*

Dutch has six unaccented verbal prefixes, *be-, er-, ge-, her-, ont-* and *ver-*. The participle prefix *ge-* is not added to verbs already having one of these six prefixes:

bedanken	'to thank'	*bedankte(n)*	*bedankt*
erkennen	'to admit'	*erkende(n)*	*erkend*
geloven	'to believe'	*geloofde(n)*	*geloofd*
herhalen	'to repeat'	*herhaalde(n)*	*herhaald*
ontmoeten	'to meet'	*ontmoette(n)*	*ontmoet*
verklaren	'to explain'	*verklaarde(n)*	*verklaard*

The prefix *er-* occurs in only two verbs, the above and *ervaren* 'to experience'. *Her-* always adds a meaning of 'again' to the verb.

The perfect tense

The perfect tense consists of the past participle of the verb accompanied by the appropriate form of the auxiliary verb *hebben** (Eng. 'I have talked'). The greatest difference from English, however, is the fact that the auxiliary verb and past participle do not normally stand next to each other. In a declarative sentence the auxiliary verb stands immediately after the subject (or second in the sentence, see remarks on word order in Chapter 7), and the participle always stands at the end of the clause.

hij **heeft** *een huis* **gebouwd.**	he has built a house
heb *je met haar* **gepraat?**	have you talked with her?
ik **heb** *hem vaak in de stad in de bibliotheek* **ontmoet.**	I have often met him down town in the library.
gisteren **heeft** *ze wat aardappelen* **gekookt.**	yesterday she boiled some potatoes.
bij de kruidenier **hebben** *wij wat kaas* **besteld.**	at the grocer's we ordered some cheese.

* Sometimes *zijn* (see Chapter 14).

Vocabulary

bedanken	to thank	*gezellig*	pleasant
beloven	to promise	*gisteren*	yesterday
beneden	below, downstairs	*gisteravond*	yesterday evening
naar beneden komen	to come downstairs	*gistermiddag*	yesterday afternoon
betalen	to pay	*gistermorgen*	yesterday morning
boven	above, upstairs	*hartelijk*	cordial
naar boven gaan	to go upstairs	*hartelijk bedankt*	many thanks
branden	to burn (intransitive)	*helemaal*	all the way
de briefkaart	postcard	*kou vatten*	to catch cold
colleges volgen	to take courses	*luisteren (naar)*	to listen (to)
eergisteren	day before yesterday	*de mantel*	coat
Europa	Europe	*de margarine*	margarine
het feest	party	*niemand*	nobody

ontwikkelen	to develop	*tijdens*	during
de ouders	parents	*vanmorgen*	this morning
passeren	to pass	*verbranden*	to burn (transitive)
de rekening	bill	*verkeerd*	wrong
spelen	to play	*het vuur*	fire
sturen	to send	*zetten*	to set
tellen	to count		

Exercises

Supply the past tense and past participle:

reizen	fietsen	zetten	volgen	bouwen
spelen	roken	tellen	ontwikkelen	leggen
branden	praten	verklaren	ontmoeten	beloven
luisteren	sturen	bedanken	leven	wonen

Using the rules of this chapter, see if you can make the correct past tense and participle forms for some verbs coming in later chapters. It doesn't matter yet what they mean; concentrate on the form only.

lenen	betekenen
veroveren	splitsen
missen	schikken
voetballen	vertegenwoordigen
draaien	vervelen
smaken	redden
sneeuwen	informeren
richten	verwachten
beoefenen	verwarren
vertellen	wisselen

Practice sentences

1 Ik heb aan de universiteit van Amsterdam gestudeerd. Ik heb daar colleges gevolgd.
2 Wij fietsten gisteren helemaal van Haarlem naar Enkhuizen.
3 Heb je de kaas en margarine bij de kruidenier besteld?
4 Ja, maar ik heb nog niet betaald.
5 Ik herhaalde het, maar hij antwoordde niet.
6 Ik heb vanmorgen helemaal niet gerookt.
7 Gisteren beloofde ze me een lange brief.
8 Hij stuurde me een briefkaart en verklaarde alles.
9 Ik ontmoette haar dochter tijdens een feest in Middelburg.
10 Welke firma heeft die nieuwe fabriek even buiten de stad gebouwd?

11 Wij bedankten ze voor een gezellige[3] avond.
12 Hartelijk bedankt voor de gezellige avond!
13 Hij waste de kopjes en schoteltjes en zette ze op de tafel.
14 De kinderen speelden beneden.
15 Gisteravond luisterde ik thuis naar de radio.
16 Gistermiddag heb ik kou gevat.
17 Het vuur brandde goed.
18 Mijn ouders hebben lang geleefd. Zij hebben altijd in Maastricht gewoond.
19 Wij volgden de grote weg van Utrecht naar Arnhem.
20 In Holland heb ik veel gefietst.
21 Ik weet niet hoeveel geld ik heb. Ik heb het nog niet geteld.
22 Hij heeft de rekening pas betaald.
23 Zij heeft een nieuwe mantel besteld, maar zij heeft hem nog niet betaald.
24 De kinderen speelden buiten. Speelden ze niet boven?
25 Veel mensen passeerden, maar niemand hoorde mij.
26 Zij heeft de foto's zelf ontwikkeld.
27 Zij legde de kranten van haar broer op de tafel.
28 Ik ontmoette mevrouw Schuringa bij de kruidenier.
29 Ik gooide de oude brieven en kranten in het vuur.
30 Ik heb nooit zoveel gefietst als hier in Nederland.

3 *Gezellig* is difficult to render satisfactorily in English. It expresses the friendly, intimate sociability of an animated evening's conversation, a comfortable living room or any place, occasion or atmosphere where such intimacy is present. The range of feelings in this very important word can only be appreciated after residence among the Dutch.

Translation practice

Els studied in Leiden, and took these pictures of the new buildings there. She developed them herself.

Yes, they've built a lot there. How much did you pay her?

I haven't paid for the pictures. She didn't expect any money –I've already explained that. – But I thanked her for the pictures.

Where did you meet Els?

I met her at a party at Marja's. We talked a lot, and I promised her a letter.

And have you sent a letter?

I sent her a long letter last week – no, two weeks ago.

And she answered yesterday. I put her letter on the table this morning.

That's her answer. She thanked me for the trip to Gouda.

That's nice. Did you take the big highway to Gouda?

No, we bicycled from here through the polders. We took small, narrow roads with little traffic.

And in Gouda you ordered cheese –

Yes, but also a cup of coffee and a sandwich.

All the way to Gouda! A long trip by bicycle.

14 The past tense ('strong' verbs)

The past tense of strong verbs

The past tense of strong verbs is indicated by some difference from the present in the vowel of the stem. First let us note how a typical strong verb is conjugated in the past:

zingen 'to sing'

Present	**Past**
ik zing	*ik zong*
jij zingt	*jij zong*
hij zingt	*hij zong*
wij zingen	*wij zongen*
jullie zingen	*jullie zongen*
zij zingen	*zij zongen*

The singular of the past is simply the stem without any ending, the past tense being indicated in this case by the change form *i* to *o*.

Vowel changes in the stem

There are a number of different ways in which the vowel of the stem might change. By an old tradition, in the Germanic languages we arrange these in seven classes, each illustrated here with one verb. The past participle has the prefix *ge-* and, like the English strong verb 'given' ends in *-en*.

Infinitive				**Past, sing.-plur.**	**Past part.**
1		*blijven*	'to stay'	*bleef, bleven*	*gebleven*
2	a	*bieden*	'to offer'	*bood, boden*	*geboden*
	b	*buigen*	'to bend'	*boog, bogen*	*gebogen*
3	a	*binden*	'to tie'	*bond, bonden*	*gebonden*
	b	*zenden*	'to send'	*zond, zonden*	*gezonden*
4		*nemen*	'to take'	*n**a**m, n**a**men*	*genomen*
5	a	*geven*	'to give'	*g**a**f, g**a**ven*	*gegeven*
	b	*liggen*	'to lie'	*l**a**g, l**a**gen*	*gelegen*

6	*dragen*	'to carry'	*droeg, droegen*	*gedragen*
7 a	*laten*	'to let'	*liet, lieten*	*gelaten*
b	*helpen*	'to help'	*hielp, hielpen*	*geholpen*

8 Minor groups, represented by only a few members each:

a	*hangen*	'to hang'	*hing, hingen*	*gehangen*
b	*bewegen*	'to move'	*bewoog, bewogen*	*bewogen*
c	*zweren*	'to swear'	*zwoer, zwoeren*	*gezworen*

Observe that the past tense of classes 4 and 5 has a **short** vowel in the singular but a **long** vowel in the plural.

and **lag** **la······gen**
bad **ba······den**

just like **dag** **da·····gen**
weg **we····gen**
god **go·····den**

A few other strong verbs present slight irregularities:

verliezen	'to lose'	*verloor, verloren*	*verloren*
komen	'to come'	*kwam, kwamen*	*gekomen*
houden	'to hold'	*hield, hielden*	*gehouden*
eten	'to eat'	*at, aten*	*gegeten*
worden	'to become'	*werd, werden*	*geworden*

Although the total number of strong verbs in the Dutch language is smaller than the number of weak verbs, many of the most common verbs are strong. Since there is no foolproof way of predicting the past tense of a given strong verb, the 'principal parts' (infinitive – past – past participle) must be learned with each verb. These principal parts can easily be learned as a sort of rhythmical chant. In all the vocabularies in the rest of the grammar, the past tense and past participle forms are supplied for each strong verb. Principal parts of weak verbs, since they are regularly predictable, are given only in the case of irregular verbs.

By the way –

Certain rules for strong verbs could be formulated, but they would be too cumbersome to be of practical use. For example, *ij* in infinitive will be *ee* in past and participle, *ie* or *ui* in infinitive will be *oo* in past and participle, *i* or *e* in infinitive followed by nasal plus consonant will be *o* in past and participle; but these only hold true, of course, provided the verb is strong. Note that the infinitive gives no hint as to whether a verb is weak or strong:

weak:	*hopen*	'to hope'	*hoopte, hoopten*	*gehoopt*
strong:	*lopen*	'to walk'	*liep, liepen*	*gelopen*
weak:	*huilen*	'to cry'	*huilde, huilden*	*gehuild*
strong:	*sluiten*	'to close'	*sloot, sloten*	*gesloten*

Conjugation with hebben *or* zijn

Many verbs are conjugated in the perfect tense with the verb *zijn* rather than with *hebben*. Such verbs are those which indicate a change of place or state, provided they are intransitive (i.e., can take no object):

hij is op de grond gevallen	he fell on the floor (he has fallen ......)
zij is in Rotterdam gestorven	she died in Rotterdam

Verbs indicating a specific means of locomotion use *zijn* if the destination is specified or implied, *hebben* if it is not:

wij zijn naar de stad gelopen	we (have) walked down town
wij hebben de hele dag gelopen	we walked all day
ik ben naar de stad gereden	I drove down town
ik heb nooit in zijn auto gereden	I have never ridden in his car
ben je met de trein gekomen?	did you come by train?
Nee, ik ben gevlogen.	No, I flew
ik heb nooit gevlogen	I have never been in a plane

For some reason difficult to explain, nearly all verbs which take *zijn* in the perfect tense are strong. The verbs *blijven* and *zijn*, though they show no change of place or state, also take *zijn:*

hij is thuis gebleven	he (has) stayed home
wij zijn nooit in Friesland geweest	we have never been in Friesland

The past participle without ge-

No prefix *ge-* is added in the past participle to verbs already having an unstressed prefix:

beginnen	'to begin'	*begon, begonnen*	*is begonnen*
onthouden	'to remember'	*onthield, onthielden*	*onthouden*
verliezen	'to lose'	*verloor, verloren*	*verloren*

Vocabulary

af en toe	now and then	*de schaats*	skate
de belangstelling	interest	*schaatsen*	to skate
bevroren	frozen	*de schaatsenrijder*	skater
bewolkt	cloudy	*schijnen (scheen, geschenen)*	to shine
de chocolade [sho-] *or chocola*	chocolate	*sluiten (sloot, gesloten)*	to close
drinken dronk, gedronken)	to drink	*een stuk*	quite a bit
flink	quite a bit; (here) hard	*toen*	then
geboren	born	*uitstekend*	excellent
gedurende	during	*vannacht*	tonight, last night
de grond	ground	*verdwijnen (verdween, is verdwenen)*	to disappear
de hemel	sky	*vergeten (vergat – vergaten, vergeten)*	to forget
iedereen	everyone	*de verwarming*	radiator
het ijs	ice	*vinden (vond, gevonden)*	to find
kijken (keek, gekeken)	to look	*voorbij*	past
de kou	cold (noun)	*zitten (zat – zaten, gezeten)*	to sit
lezen (las – lazen, gelezen)	to read	*de zon*	sun
met z'n –en	– of them, us		
ooit	ever		
de plek	spot		

Exercises

Fill in the blank with the full form of each phrase. You don't know what all these verbs mean; they are designed to broaden familiarity with the **forms** of the verbs.

1	ik rijd naar Eindhoven	______	______
2	______	zij vloog altijd	______
3	______	______	hij heeft bezeten
4	______	zij ontbood hem	______
5	de boot vaart naar de haven	______	______
6	______	______	het is verschenen
7	______	hij verweet	______
8	______	______	ik heb het onthouden

Using the table given in the beginning of this lesson, see if you can supply the past and past participle for the following infinitives:

schrijven	gieten	zinken	krijgen
kiezen	kruipen	ontvangen	spreken

Supply the appropriate form of *hebben* or *zijn*, following the rule given:

Wij ...... naar Hilversum gelopen.
...... jij gevallen?
Hij ...... oud geworden.
U ...... veel ontvangen.
Wij ...... in de auto gereden.
Ik ...... niet gebleven.
Zij (sing.) ...... geschreven.
Ik ...... veel gelopen.

Ik *heb ... gelopen* Hij *heeft ... gefietst* Zij *hebben ... gevlogen*

Ik *ben ... gelopen* Hij *is ... gefietst* Zij *zijn ... gevlogen*

Practice sentences

1 Gisteren zaten we met z'n tweeën in de kamer.
2 Wij bleven thuis, want het was koud weer.
3 De sneeuw van gisteren lag nog op de grond.
4 Ik las een boek en af en toe keek ik naar de mensen op straat.
5 Iedereen droeg zijn warmste kleren en liep vlug voorbij.
6 De hemel was bewolkt en de zon scheen bijna niet.
7 Buiten zagen wij bijna geen kinderen.
8 Het is al een stuk kouder geworden.
9 Ja, het heeft vannacht flink gevroren.
10 Enkele jongens liepen voorbij met schaatsen.
11 Elk van hen hield schaatsen in de hand.
12 Zij verdwenen om de hoek.
13 Heb jij ooit geschaatst?
14 Ja, maar ik heb mijn schaatsen vergeten.
15 Ik heb ze thuis gelaten.
16 Wij dronken ons kopje koffie en liepen naar het bevroren kanaal.
17 Veel jongens en meisjes waren (*were*) al op het ijs, andere bonden hun schaatsen aan.
18 Steeds meer kinderen en ook oudere mensen kwamen naar het kanaal toe.
19 De meeste mensen kwamen uit de stad.
20 Wij vergaten de kou en keken met belangstelling naar de schaatsenrijders.
21 Zij hebben een uitstekende plek gevonden.
22 Wij bleven een half uur en liepen toen terug.
23 Het water is al bevroren, want het is winter en het is een stuk kouder geworden.
24 Hij liep naar buiten en verdween om de hoek.
25 Zij heeft mij nooit genoeg geholpen.
26 Ik lees af en toe een boek, maar dat boek heb ik niet gelezen.
27 Zij hebben helemaal niets gegeten.
28 Na een paar uur kwamen ze terug.
29 Zij hingen hun jassen voor de verwarming.
30 Ik ben in negentienhonderd zevenenvijftig geboren.

Translation practice

We came to The Hague three years ago. Do you remember those days?

Yes, certainly. We drove to The Hague and walked a lot, and looked at houses.

And finally we found a house. We read a lot of newspapers!

But we didn't stay there long. After two months we found a better house.

We carried our clothes, books and lots of boxes to the new house.

The clothes were hanging in the cupboards, but the books were lying on the floor.

I began with the books, and you took the big boxes.

Jeroen helped us a lot. I gave him the letters, papers and photographs.

And the letters disappeared! We lost them – or maybe he lost them.

Maybe they fell out of the car along the way.

No, we were driving slowly. The letters were in a little box –

– and Jeroen was walking with that box. He was holding it under his arm.

Then the letters haven't disappeared! He forgot them.

Those musicians don't remember much.

Jeroen!

15 Some irregular verbs. The past perfect tense

Some irregular verbs

Following are a few verbs both strong and weak which show a variety of irregularities.

1 Strong verbs:

doen	'to do'	*deed, deden*	*gedaan*
slaan	'to hit'	*sloeg, sloegen*	*geslagen*
staan	'to stand'	*stond, stonden*	*gestaan*
zien	'to see'	*zag, zagen*	*gezien*
gaan	'to go'	*ging, gingen*	*is gegaan*
weten	'to know'	*wist, wisten*	*geweten*

2 Showing a change of vowel but having weak past participle:

brengen	'to bring'	*bracht, brachten*	*gebracht*
denken	'to think'	*dacht, dachten*	*gedacht*
kopen	'to buy'	*kocht, kochten*	*gekocht*
vragen	'to ask'	*vroeg, vroegen*	*gevraagd*
zoeken	'to look for'	*zocht, zochten*	*gezocht*
zeggen	'to say'	*zei, zeiden*	*gezegd*

3 Mixed, with weak past but strong past participle:

bakken	'to fry'	*bakte, bakten*	*gebakken*
lachen	'to laugh'	*lachte, lachten*	*gelachen*
heten	'to be called'	*heette, heetten*	*geheten*
scheiden	'to separate'	*scheidde, scheidden*	*gescheiden*
wassen	'to wash'	*waste, wasten*	*gewassen*

4 The two most common verbs also form their past tense and past participle irregularly:

hebben	'to have'	*had, hadden*	*gehad*
zijn	'to be'	*was, waren*	*is geweest*

The past of *zijn* not only has a short-vowel singular and long-vowel plural like *zien* and many other verbs, but shows the same change of *s* to *r* as does English 'was-were'.

The past perfect tense

The past perfect tense (English 'I had walked, I had gone') is formed by using the past tense of the auxiliaries *hebben* or *zijn:*

ik had een brief geschreven	I had written a letter
had ze dat al gehoord?	had she already heard that?
zij waren nog niet gekomen	they had not come yet
hij was naar Wassenaar gegaan	he had gone to Wassenaar.

Use of tenses

The past and perfect tenses. Although the Dutch *ik schreef* has been rendered here by 'I wrote' and *ik heb geschreven* by 'I have written', the Dutch usage of the past and perfect tenses does not correspond as closely to the English usage as we imply by this. Dutch tends to use the simple past tense for narrating a series of events in the past:

Hij ging naar de stad, kocht een jas, zag zijn vriend en praatte met hem, en kwam toen terug.	He went down town, bought a coat, saw his friend and talked with him, and then came back.

But for the expression of isolated events in the past, Dutch generally uses the perfect tense, whereas English tends to use the perfect tense only for a more indefinite past time without specific connection to the present:

Ik heb hem gisteren gezien	I saw him yesterday
Wij hebben ons kopje koffie in de kamer gedronken	We drank our cup of coffee in the living room
Hij is om de hoek verdwenen	He disappeared around the corner
Ik heb hem nooit gezien	I have never seen him
Ik heb haar daar vaak ontmoet	I have often met her there.

Notice that the English versions of the first three examples of this last group would not sound right in the perfect tense. The variety of uses of the past and perfect tenses is much too great to be discussed here, but we can summarize by saying that Dutch uses the perfect tense more, and the simple past correspondingly less, than does English.

When a verb describes an action that began in the past and continues at the present time, and when the length of time is specified, the Dutch usage requires the present tense, usually accompanied by *al* or *nu*, whereas English uses a perfect tense:

Wij zijn al twee maanden in Nederland	We have been in the Netherlands for two months
Ik wacht al een uur op je!	I have been waiting an hour for you!
Hij is al jaren weg	He has been gone for years

By the way –

Many verbs are commonly used together with a particular preposition, the selection of which is not predictable from knowledge of English. These combinations can only be learned expression by expression:

zij hebben het over het weer	they're talking about the weather
zij wacht al een uur op me	she has been waiting for me for an hour
hij vraagt om het adres	he asks for the address
lach je om het t.v.-programma?	are you laughing at the TV program?
ik denk niet vaak aan haar	I don't think of her often
denk je om je hospita!	remember your landlady!
de duinen bestaan hoofdzakelijk uit zand	the dunes consist mostly of sand
ik houd niet van sinaasappels	I don't like oranges
zij lijkt op haar moeder	she looks like her mother
dat zei hij niet tegen mij	he didn't say that to me, he didn't tell me that
wij kijken naar de film	we are looking at the film
ik zoek naar mijn overhemd	I'm looking for my shirt

Vocabulary

adres	address
de benzine	gas, petrol
de bromfiets	motorbike
de das	necktie
doodgewoon	ordinary
eindelijk	finally
enz. = enzovoort	etc.
de film	film
de haak	hook
jee!	heavens!
het kaartje	ticket
de kans	chance
de kou	cold
de la	drawer
last hebben van	to be bothered by
de maaltijd	meal
de moeite	trouble
mogelijk	possible
niet eens	not even
niets anders	nothing else
ontbijten (ontbeet, ontbeten)	to have breakfast
de os	ox
het overhemd	shirt
de peper	pepper
plotseling	suddenly
het schepje	spoonful
de sjaal	scarf
slapen (sliep, geslapen)	to sleep
sneeuwen	to snow
de snoepjes	sweets, candy
de televisie (t.v.)	television (TV)
verleden	last
waarschijnlijk	probable
wakker	awake
wakker worden	to wake up
de zakdoek	handkerchief
zetten	to make (tea or coffee)
het zout	salt

Exercises

The verbs below are all verbs presented in this chapter but with prefixes and hence different meanings. Test your grasp of the forms by filling in the blanks:

__________	ontsloeg	__________
beziet	__________	__________
__________	__________	heeft verkocht
onderscheidt	__________	__________
__________	verzocht	__________
__________	__________	heeft verstaan
__________	verdacht	__________
__________	__________	is vergaan
verjagen	__________	__________

Give the third person singular of the past perfect for the following verbs (e.g., *zeggen: hij had gezegd).* Remember that some will take a form of *zijn*.

hebben	drinken	horen	zien
verkopen	gaan	verstaan	lachen
schrijven	zijn	komen	spreken

Echt Hollands weer.

Practice sentences

1 Bent u weleens in Breda[1] geweest?
2 Hij vroeg om het adres, maar ik wist het niet.
3 De kinderen vonden het geld op straat.
4 'Wat hebben jullie met dat geld gedaan?' vroeg ik. 'Wij hebben wat snoepjes gekocht,' zeiden ze.
5 Ik zei: 'Ik heb overal gezocht, maar ik heb mijn sjaal nog niet gevonden'.
6 Hij lachte en zei: 'Heeft hij niet altijd op de haak in de kast gehangen?'
7 Gisteren heb ik een hele fles melk gedronken.
8 'Ik heb het niet gedaan', zei hij,[2] 'want ik heb geen tijd gehad'.
9 Er waren veel mensen op straat. Zij kwamen uit de kantoren en winkels en gingen naar huis.
10 Zij stonden bij de halte en wachtten op de tram.
11 Zij staan nu al een half uur in de kou.
12 Heb je altijd last gehad van de kou?
13 De bus is vandaag laat, want het heeft gesneeuwd.
14 Zij dacht vaak aan hem en schreef hem veel brieven.
15 Hij heeft de kans gehad, maar hij heeft het nooit gedaan.
16 Wij gingen naar een niet al te duur restaurant en aten een lekkere maaltijd.
17 De maaltijd bestond uit vlees, aardappelen en groente. Het was een doodgewone Nederlandse maaltijd.
18 Verleden week heb ik eindelijk mijn oude bromfiets verkocht.
19 Een maand geleden heb ik een stuk of tien zakdoeken gekocht. Heb jij ze gezien?
20 Ik keek de hele avond t.v.
21 Hij is met een vriend van hem gegaan; hoe heette die ook al weer?
22 Ons stadhuis lijkt op een kerk. Hoe is het mogelijk!
23 Ik heb haar wat fruit gebracht.
24 Hoe lang zoek je al naar je zakdoeken? Ik zoek al een uur.
25 Zij zijn waarschijnlijk in de kast, want ik heb ze gisteren gewassen.
26 Zij kocht een paar nieuwe dassen en sokken voor me.
27 Hij lachte om mijn nieuwe das, maar niet om het nieuwe overhemd.
28 Wij hebben onze auto verkocht, want de benzine was te duur.
29 Wij gingen naar de stad en zagen een uitstekende film.
30 Mijn vader is plotseling gestorven. Het stond in de krant van gisteren.

1 Notice where the stress is: *Gouda* but *Breda*.
2 *Zei hij* is normally pronounced *zei die*, though not usually so written.

Dialogue

Goedemorgen, Han.

Goedemorgen, Corrie. Heb je goed geslapen?

Heel goed, dank je. Ik heb geslapen als een os.

Ik heb een ei gekookt voor je ontbijt.

Dat is heel aardig van je.

Brood, kaas en boter heb ik op tafel gezet.

Dank je wel. Heb jij al ontbeten?

Ja, ik ben vandaag heel vroeg wakker geworden.

Is er soms thee of koffie?

Ik heb thee gezet. Maar als je liever koffie hebt –

Nee, nee. Doe geen moeite. Thee is mij goed.

Hoeveel suiker neem je?

Twee schepjes, graag. Heb je ook peper en zout?

O jee, heb ik dat vergeten? Nee, daar staan ze toch! Alsjeblieft.

Translation practice

Last week I went by train to Groningen.

Did you see something interesting along the way?

Yes, I saw a lot of pasture land and farmland.

The eastern part of the Netherlands is less industrialized than the western part.

I didn't know that, but now I've seen it.

And what did you do in Groningen?

I was looking for interesting buildings – churches and so on. In Groningen I stood in the center of town and looked.

Did you visit a museum too?

Yes, I bought tickets and went to two museums.

What were they called?

One was – – – or – – – no, maybe – – –

What did you say? I didn't understand that.

I don't know the name. I asked someone and he said the name to me, but now I don't remember.

16 Modal auxiliaries. Verb plus infinitive

Modal auxiliaries

These are verbs which 'help' or 'supplement' another verb. Dutch has four modal auxiliaries[1] which form a separate category not only by virtue of their use but also because of their formation.

	1	*2*	*3*	*4*
	kunnen	**mogen**	**moeten**	**willen**
Pres.:	*Ik kan* 'I can'	*mag* 'I may'	*moet* 'I must'	*wil* 'I want to'
	jij kunt (kan)	*mag*	*moet*	*wilt (wil)*
	hij kan	*mag*	*moet*	*wil*
	u kunt	*mag*	*moet*	*wilt*
	wij kunnen	*mogen*	*moeten*	*willen*
	jullie kunnen	*mogen*	*moeten*	*willen*
	zij kunnen	*mogen*	*moeten*	*willen*
Past:	*kon*	*mocht*	*moest*	*wilde/wou*
	konden	*mochten*	*moesten*	*wilden*
Past participles:				
	gekund	*gemogen, gemoogd*	*gemoeten*	*gewild*

When a modal auxiliary is the conjugated verb in the sentence, the verb associated with it – if the latter is expressed – is in the infinitive form and stands at the end of the clause. The following examples will illustrate this and at the same time show the basic meanings of the modal auxiliaries:

1 **kunnen** expresses the idea of possibility or ability

ik kan niet gaan	I can not go
zij kan goed schrijven	she can write well

1 The auxiliary *zullen,* used for the future, is presented in the following chapter.

konden jullie niet komen?	couldn't you come?
dat heeft zij nooit gekund	she has never been able to
dat kon wel eens moeilijk zijn	that could well be difficult

2 **mogen** expresses permission or possibility

jij mag niet gaan	you may not go
mogen wij het zien?	may we see it?
hij mag dat niet doen	he must not do that
mocht u hem spreken, ...	should you (if you should) speak to him, ...

3 **moeten** expresses obligation or certainty

je moet het doen	you must do it
moest jij ook werken?	did you have to work too?
ik moet nu weg	I ought to (should) go now
hij moet nog komen	he hasn't come yet
zij moet het weten	she must know it
dat moest hij niet doen	he shouldn't do that

4 **willen** expresses desire

wil je het even voor me doen?	do you mind doing it for me?
hij wilde (wou) het niet zeggen	he did not want to say it
zij hebben het altijd gewild	they always wanted to
ik wou graag een kilo aardappelen hebben	I would like (to have) a kilogram of potatoes

In each group of examples above for *kunnen, mogen, moeten* and *willen*, the last example illustrates that, just as in English, the **past-tense form** is often used with a **conditional** meaning in present time.

The construction: mogen van, moeten van *and* niet hoeven van

The verbs *mogen, moeten* and *hoeven* are often used in a construction – hard to match in English – that introduces the actual or implied permitter with *van:*

dat mag je niet van moeder	mother says you're not allowed to do that
van wie mag dat niet?	who says that's not permitted?
dat moet ik wel van mijn ouders	my parents say I have to
van mij hoef je niet te komen	as far as I'm concerned you don't need to come
dat hoeft niet van mijn hospita	my landlady says I don't have to

Independent use of the modals

The modals can also be used independently, i.e., without an accompanying infinitive. The meaning of *gaan, komen* and *doen* is very frequently understood:

ik kan het niet	I can not do it
hij moet vroeg weg	he must leave early
zij wil niet naar huis	she does not want to go home
je mag niet naar binnen	you may not come (go) in

Likewise any of the modals can be used in an expression where they are introduced by *het* or *dat* and where the subject in merely implied:

dat mag (niet)	that is (not) permitted
het kan (niet)	it can (not) be done
dat hoeft niet	you don't need to do that, that doesn't need to be done
het moet wel	it can 't be helped, it must be done

The verb laten

The verb *laten* 'to let' is used in the same type of construction as modal auxiliaries, in the meaning 'to have something done':

ik laat mijn jas stomen	I have my coat cleaned
hij liet zijn haar knippen	he got a haircut
je moest je schoenen laten repareren	you ought to have your shoes repaired

But often *laten* is equivalent to English 'to let':

hij laat me gaan	he lets me go
zij wilden me niet laten eten	they did not want to let me eat
laten we gaan!	let's go!

Notice the meanings of *laten vallen* and *laten zien:*

ze lieten me de nieuwe ijskast zien	they showed me the new refrigerator
hij heeft de borden laten vallen	he dropped the plates

Other verbs used in association with an infinitive

When any verb is used in association with an infinitive without *te* (see below), the perfect tenses are formed not with the past participle of this verb but with the infinitive. This is true not only of the modal auxiliaries and *laten*, but also of *zitten, staan, komen, gaan, horen, zien* and others.

hij heeft niet kunnen komen	he has not been able to come
wij hebben niet mogen gaan	we have not been allowed to go
hebben jullie moeten werken?	did you have to work?
ik heb altijd willen reizen	I have always wanted to travel
ik heb mijn schoenen laten repareren	I have had my shoes repaired
hij heeft de hele middag zitten werken[1]	he has been working all afternoon

1 But: *hij zat* **te** *werken* — 'he was working'
zij stonden **te** *praten* — 'they were talking'

de kinderen zijn gaan kijken	the children have gone to look
ze zijn in de stad wezen kijken	they have been in town to look
hebt u hem zien komen?	have you seen him coming?
wij hebben haar horen zingen	we have heard her sing

By the way –

'Logic' would seem to call, and usually does call, for the use of *hebben* in the perfect tense of modals such as *kunnen* or *mogen*. Nevertheless, Dutch refuses as stoutly as any other language to be 'logical'. When an 'action' verb (Ch. 14) occurs in a sentence like this, many speakers and not a few writers seem to be influenced instead by the perfect auxiliary of this verb *(hij is gekomen, wij zijn gegaan),* and say *hij is niet kunnen komen, wij zijn niet mogen gaan,* and so on.

Many other verbs can be used in association with an infinitive, but in these cases the infinitive must be preceded by *te* 'to':

hij hoeft het niet te doen	he does not need to do it
ik begin te schrijven	I begin to write
wij probeerden het te zien	we tried to see it
wij hebben geprobeerd het te zien	we have tried to see it
wij hebben het proberen te zien	

Vocabulary

anders	otherwise
de band	tire, tyre
best	very well
bezoeken	to visit (a place)
bijzonder	especially
de boerderij	farm
het concert	concert
duidelijk	distinct
het fototoestel	camera
gratis	free (of cost)
de handschoen	glove
haring	herring
Hollands	Dutch
de hulp	help
de ijskast	refrigerator
lek zijn	to leak
lenen	to lend, borrow
leren	to learn
de oefening	practice
om te	in order to
over	by way of
de piano	piano
schelen: het kan mij niet schelen	I don't care
trouwens	in fact
de uitnodiging	invitation
de uitspraak	pronunciation
Vlaams	Flemish
de Vlaming	Fleming
Vlaanderen	Flanders
het vliegtuig	plane
vooral	above all
vorig	last (previous)
wel eens	now and then
het woordenboek	dictionary
zwemmen (zwom, gezwommen)	to swim

By the way –

In very careful usage, and in the usage of speakers in the northern, eastern and southern provinces, *Holland* and its adjective *Hollands* refer only to the two western provinces that bear this name. But in colloquial usage the terms often refer to the entire country.
In close parallel to this, in Belgium the term *Vlaanderen* and its adjective *Vlaams* strictly refer only to the two westernmost provinces of this name, but in colloquial usage they often refer to the entire Dutch-speaking half of the country.

Exercises

Each of the sentences below can be used to practice increasingly lengthy combinations of verbs, if you

1 restate each sentence in the present perfect:
2 restate each sentence adding either *willen* or *moeten*, whichever sounds most appropriate;
3 restate each of the sentences formed by (b) in the present perfect.

The result will look like this:

ik kan de radio horen
1 ik heb de radio kunnen horen
2 ik wil de radio kunnen horen (or)
ik moet de radio kunnen horen
3 ik heb de radio willen kunnen horen (or)
ik heb de radio moeten kunnen horen

This by no means begins to exhaust the everyday, common combinational possibilities of Dutch verbs, but it would be well to check with a native speaker combinations that get much more ambitious than this.

1 Hij kan vandaag komen.
2 Je laat al de kopjes vallen.
3 Wij zitten de krant te lezen.
4 Ik hoor hem piano spelen.
5 Hij gaat die oude boerderij bezoeken.
6 Ze laat haar schoenen repareren.
7 We moeten de foto's niet laten ontwikkelen.
8 Ze kunnen de hele middag staan praten.
9 Zie je me vaak een kopje koffie zitten drinken?
10 Ik kom je vanavond de krant brengen.

Practice sentences

1 Kunt u mij een paar guldens lenen?
2 Wil je wat melk? Je moet in de ijskast kijken.
3 Dag meneer! Ik wou graag wat haring hebben.
4 Hoeveel hebt u voor dit fototoestel moeten betalen?
5 Je moet die kopjes vooral niet laten vallen.
6 Ik heb gisteren mijn haar laten knippen.
7 U hoeft niet helemaal naar het centrum om kaarten voor het concert te kopen.
8 Dat kan mij helemaal niet schelen.
9 Hij heeft om hulp gevraagd, maar niemand heeft hem willen helpen.
10 Zij praatte zonder naar mij te luisteren. Dat was niet aardig van haar. Dat was bijzonder onaardig.
11 Niemand heeft dat voor hem willen doen.
12 Ik had vorige week eigenlijk naar België willen gaan.
13 Ik heb altijd Gent en Brugge willen bezoeken.
14 Hij heeft vaak naar Vlaanderen gemoeten.
15 Ik wou graag nog een beetje thee.
16 Mag ik hier roken? Nee meneer, hier mag dat niet.
17 Kunt u deze schoenen vandaag nog repareren? Ja meneer, dat kan.
18 Moeten de kinderen ook naar het concert? Nee, dat hoeft niet.
19 Zij wilde komen om je haar nieuwe sjaal te laten zien.
20 Hij praatte veel, maar ik kon hem niet verstaan. Ik heb hem trouwens nooit kunnen verstaan.
21 U moet goed kijken, anders kunt u het niet zien.
22 Kunt u hem nu zien komen?
23 Het spijt mij, maar ik heb hem niet horen spreken.
24 Kan ik over Breda rijden? Ja, maar u kunt beter over Tilburg rijden.

Een Hollandse boerderij.

25 Ik wou graag eens een Hollandse boerderij bezoeken.
26 Je moest toch niet vlug praten. Niemand kan je verstaan.
27 Zij wilde met het vliegtuig komen. Ze heeft altijd per vliegtuig willen komen.
28 Een van de banden is lek. Kunt u hem repareren?
29 Ik heb de andere band pas laten repareren.
30 Je hoeft niet te betalen om hier te zwemmen. Het is gratis.

Dialogue

Spreekt u Nederlands?

Ja meneer, ik kan het al een beetje spreken.

En kunt u alles verstaan, wat ik zeg?

Ik kan u best volgen, maar u moet langzaam praten.

Vindt u de Nederlandse taal makkelijk?

De uitspraak is wel moeilijk, maar ik wil het goed leren.

Ja, dat komt met een beetje oefening. Kunt u het ook lezen en schrijven?

Ik schrijf wel eens een brief in het Nederlands, maar ik moet een woordenboek gebruiken.

Ik heb op school Engels moeten leren, maar nu kan ik het niet meer spreken.

Ja, je vergeet het gemakkelijk.

Translation practice

You don't know Belgium? Then you must come look! You have an invitation.

Thank you. I've always wanted to visit Belgium.

I come here to the Netherlands as often as I can. I've often been able to travel in the North.

What should I see in Belgium?

You must go to see Bruges.

Yes, I must visit Bruges, and I want to visit Gent as well.

If you take the train, you come by way of (via) Antwerp. You don't have to go by way of Brussels.

Which highway shall I take with the car?

You can drive directly to Gent – you don't have to drive through Antwerp.

I ought to read something about Belgium, especially Flanders.

You can buy all kinds of Flemish books here in the Netherlands. After all it's the same language!

And I also want to read Flemish novels.

You can find them here too. You don't have to look far.

You can certainly buy Dutch novels in Belgium – ?

Yes. Actually you can find more Dutch novels in a Flemish store than Flemish novels in a Dutch store. We have always wanted to see more Flemish novels in the Netherlands.

Antwerpen

17 The future. The present participle and the infinitive

The verb zullen

The verb used for the future resembles a modal auxiliary in form and might be said to function as one in expressing conjecture, probability or inevitability. The conjugation of *zullen* in the present and past is:

Ik zal komen 'I will come'	*Ik zou komen* 'I would come'
jij zult, zal	*jij zou*
hij zal	*hij zou*
u zult	*u zou, zoudt*
wij zullen	*wij zouden*
jullie zullen, zult	*jullie zouden*
zij zullen	*zij zouden*

Syntactically *zullen* acts exactly as the modal auxiliaries: the infinitive accompanying normally stands at the end.

ik zal het morgen doen	I will do it tomorrow
wij zullen naar de stad moeten gaan	we'll have to go down town
dat zal wel erg moeilijk zijn	that must be pretty hard

This last example shows one of the most common meanings of *zullen:* saying not what will be true, but what is probably true right now.

hij zal wel erg knap zijn	he's probably pretty smart
ze zullen dat wel gezien hebben	they've no doubt seen that
dat zal wel	probably so

Note an important way in which *zullen* behaves like the modal auxiliaries: past-tense **forms** are used (exactly as they are in English) to express present but conditional **meanings**.

dat zou hij nooit doen	that he would never do
zou je dat misschien voor me kunnen doen?	would you perhaps be able to do that for me?
eigenlijk moest het morgen klaar zijn	it really ought to be ready tomorrow
ik wou graag wat citroenen hebben	I would like to have some lemons
mocht hij dat toevallig niet weten,...	if by chance he shouldn't know that, ...
ik wou dat ik het kon!	I wish I could!

The verb gaan

The verb *gaan* is used to express intention in a construction analogous to the English 'going to':

dat ga ik morgen niet doen	I'm not going to do that tomorrow
wanneer ga je dat boek lezen?	when are you going to read that book?
ik ga nu mijn haar wassen	I'm going to wash my hair now
zondag gaat ze t.v. kijken	Sunday she is going to watch TV

Note that *gaan* plus infinitive is also used very commonly to indicate the beginning of an action. Though this meaning is not easy to distinguish from the above, that past tense is possible here but not when the meaning is one of pure intention.

hij gaat aan tafel zitten	He sits down at the table
zij ging weer liggen *zij is weer gaan liggen* }	She lay down again

Present-tense form for future

Dutch commonly expresses an expectation with the present tense of the verb when the idea of conjecture can be assumed, especially if an adverb of futurity makes this obvious:

dat doe ik morgen	I'll do that tomorrow
zij komen pas later	they won't come until later
volgend jaar trouwen we	next year we get married

The present participle

The Dutch verb forms a present participle by the addition of *-d(e)* to the infinitive. This is generally equivalent in its usage, as an attributive adjective, to the English '-ing':

een slapende hond	a sleeping dog
ik hoor een huilend kind	I hear a crying child
al doende leert men	one learns (by) doing
de jongen kwam huilend binnen	the boy came in crying

Progressive aspect

Another pitfall for speakers of English is the expression of the progressive aspect, which is equivalent to '-ing' forms in English but never requires the present participle in Dutch. The most common indication that an action is specifically in progress (which is only one of the meanings of the English 'progressive': consider a sentence like 'I'm getting up at six tomorrow') is *aan 't* plus infinitive:

ik ben aan 't schrijven	I'm (in the act of) writing
ik ben een brief aan 't schrijven	I'm writing a letter
hij is bezig de klok te repareren	he is repairing the clock

A slightly different shade of meaning is indicated by phrases with verbs of position – which, however, should not be understood too literally in their dictionary meanings:

zij zaten t.v. te kijken	they were watching TV
hij ligt nog te slapen	he is still sleeping
zij staan in de keuken te praten	they are in the kitchen talking

The infinitive

The Dutch infinitive can be used as an abstract noun, always with neuter gender. It is then often equivalent to an English form in '-ing':

reizen is altijd duur	traveling is always expensive
is roken hier verboden?	is smoking prohibited here?

Summary of the forms of two typical verbs, *horen* and *vallen.*

Present	*hij hoort* *hij valt*	he hears he falls
Past	*hij hoorde* *hij viel*	he heard he fell
Pres. perf.	*hij heeft gehoord* *hij is gevallen*	he has heard he has fallen
Past perf.	*hij had gehoord* *hij was gevallen*	he had heard he had fallen
Future	*hij zal horen* *hij zal vallen*	he will hear he will fall
Conditional	*hij zou horen* *hij zou vallen*	he would hear he would fall
Future perf.	*hij zal gehoord hebben* *hij zal gevallen zijn*	he will have heard he will have fallen
Cond. perf.	*hij zou gehoord hebben* *hij zou gevallen zijn*	he would have heard he would have fallen
Infinitive	*horen* *vallen*	to hear to fall
Past. part.	*gehoord* *gevallen*	heard fallen
Pres. part.	*horende* *vallende*	hearing falling

By the way –

Since both *dan* and *toen* are equivalent to English 'then', they tend to be difficult for us to use appropriately. *Dan* is used in present or future, and often in the past:

ik ga eerst naar Leiden, en dan naar Den Haag	first I'm going to Leiden, and then to The Hague
ik ging eerst naar Leiden, en dan naar Den Haag	first I went to Leiden, and then to The Hague

Toen is used only with a past tense, often with a slight shade of meaning different from *dan:*

ik ging eerst naar Leiden, en toen naar Den Haag	first I went to Leiden, and then to The Hague
eindelijk ben ik naar Amsterdam gegaan, en toen heb ik het gevonden	finally I went to Amsterdam, and then I found it

Vocabulary

aanstaande	next (with name of day)
almaar (steeds) rechtdoor	right straight ahead
de begane grond	ground floor
bekend zijn	knowing one's way around
betekenen	to mean
blauw	blue
het bord	sign
de buurt	neighborhood
de citroen	lemon
de drank	drink
het eindje	little ways
even	just
het exemplaar	copy
het fietspad	bicycle path
gewend aan	used to
de kaart	map
de limonade	fruit drink
linksaf	to the left
met andere woorden (m.a.w.)	in other words
missen	to miss
nog even	a moment
overmorgen	day after tomorrow
pas op!	watch out!
het plan	plan
van plan zijn	to intend
het punt	point
rechtsaf	to the right
sinds	since
tegenover	opposite
toevallig	by chance
de trap	flight (of stairs)
vanmiddag	this afternoon
verbieden (verbood, verboden)	to forbid
de verdieping	story, not including ground floor
verdwalen	to get lost
het verkeersbord	traffic sign
verschillende	various
volgend	next
het vruchtesap	fruit juice
wijzen (wees, gewezen)	to show (the way)
zo'n = zo een	such a

Exercises

We can continue practicing combinations of three and four verbs now by adding the future to our repertory. Go back to the ten sentences in the 'combination' exercise in the previous chapter, and

1 restate each sentence in the future;
2 restate each sentence in the present perfect;
3 restate each of the sentences formed by 2 in the future.

Practice sentences

1 Morgen zullen we zien hoeveel tijd we hebben.
2 Ik sta op 't punt om weg te gaan.
3 Ik zou graag nog een kopje koffie willen hebben.
4 Zou je nog even kunnen wachten? Op 't ogenblik ben ik aan 't schrijven.
5 Zou ik vanmiddag de schrijfmachine even mogen gebruiken?
6 Jazeker, ik zal hem waarschijnlijk toch niet nodig hebben.
7 Dan zou ik hem graag willen gebruiken. Ik ben van plan om een paar brieven te schrijven.
8 Ik wist niet wat 'limonade' betekende, want die had ik hier nooit gekocht.
9 Dat is de naam voor verschillende dranken van vruchtesap, het hoeft niet van citroen te zijn.
10 Wij zullen nog wat geld nodig hebben. Ja, dat zal wel.
11 Wat betekent dat blauwe bord met de witte fiets?
12 Dat is een fietspad. U mag daar niet lopen. Met andere woorden: lopen is daar verboden.
13 Ik ben nu al zes weken in Nederland, maar toevallig had ik zo'n bord nog nooit gezien.
14 U bent nog niet aan onze verkeersborden gewend.
15 Morgen zul je dat al gehoord hebben.
16 Aanstaande dinsdag zal ik naar Nijmegen moeten gaan.
17 Dat zullen we volgende week moeten proberen.
18 De volgende tram komt pas over een minuut of twintig.
19 Ik ben niet bekend in deze buurt. Kunt u mij soms de weg wijzen naar de fietsenhandelaar Van der Maas?
20 Even kijken. O ja, u volgt deze straat een eindje en dan komt u aan een gracht.
21 U gaat de brug over, dan linksaf, en dan is het almaar rechtdoor. U kunt het niet missen.
22 Van der Maas is vlak tegenover de grote kerk.
23 Pas op! U moet in ons huis niet verdwalen. Wij wonen sinds mei op de tweede verdieping.
24 Wat bedoelt u, 'tweede verdieping'?
25 Dat betekent ongeveer hetzelfde als 'twee trappen hoog'. De eerste verdieping is dus één trap hoog.
26 Maar in Amerika is de eerste verdieping gewoonlijk ook de laagste. Die noemen wij hier begane grond.

27 Bij voorbeeld, de tweede verdieping is voor u de derde 'story'.
28 Overmorgen ga ik met de trein naar Den Bosch.
29 Het verkeer in Amsterdam zal wel erg druk zijn.
30 Volgende week ga ik een kaart kopen. Aanstaande woensdag ga ik een exemplaar van dat boek kopen.

Translation practice

At the next corner I'm going to turn left.

Watch out! I wouldn't do that.

Why not? Isn't it allowed?

No, you're only allowed to turn right. Do you see that traffic sign?

Yes, now I see it. But I'd like to be able to go left – we'll have to go left.

You'll have to keep going straight ahead . . . Traffic is slow this evening.

What shall we do when we're there?

We'll have to park the car –

– and that won't be easy.

We'll see.

It's late. The concert has probably already started.

Probably so. But it won't be over until eleven, and then traffic will be better.

I'm not used to this traffic. I wish I could drive faster.

Next week we'll take the train!

18 Colloquial speech and writing

Particles

Natural colloquial usage, whether spoken or written, conveys not just factual information but also a variety of attitudes such as urgency, casualness, politeness or uncertainty. Of the many different ways we do this, one is by using words that do not so much add a meaning to the sentence as an attitude. If we say

Put that pacckage on the table.
Wait.

and want to be less abrupt, we might say

Just put that package on the table.
Wait a second.

The Dutch language does this – to a far greater extent than English does – by means of a rich assortment of PARTICLES. They are most often (though not necessarily) of one syllable, unstressed, and stand in inconspicuous places in the sentence where they are easily overlooked. Some examples in previous chapters are

Zou ik de schrijfmachine **even** *mogen gebruiken?*	Could I use the typewriter for a bit?
Kunt u me **soms** *de weg wijzen?*	Can you by any chance show me the way?
Hoe heette die **ook al weer**?	Now what was his name again?
U hoeft **toch** *niet helemaal naar het centrum.*	You don't need to go all the way downtown, after all.
Ik wou graag **eens** *een Hollandse boerderij bezoeken.*	I'd like to visit a Dutch farm sometime.

Particles are especially tricky to explain because they can never be defined or translated as straightforwardly as nouns or verbs. But they are just as important, because they not only add shades of meaning but contribute to the rhythm and cadence of natural speech. In this chapter we will take a look at five of the most common of them: *eens, even, maar, toch* and *wel.*

Particles in imperative sentences

Particles have the general function of adding a tone that softens the abruptness of a command. A polite request often adds **eens**:

Kijk eens! Kom eens kijken!	Just look! Come have a look!
Wacht eens even.	Hold on a minute.

Mild encouragement or permission is conveyed with **maar**:

Ga maar kijken.	Go ahead and look.
Zeg maar Anneke, hoor.	Call me Anneke, please do.
Wacht u maar in de gang.	Just wait a moment out in the hall.

The word **even** adds a tone of casualness (as does our word 'just') that suggests that only a short time is involved:

Geef die brief even hier.	Let me have that letter for a minute.
Wilt u dit even lezen?	Will you just read this?
Hij vroeg of ze even wilde tekenen.	He asked if she would just sign.

The word **toch** adds the most urgent tone:

Kom toch!	For heavens' sake come on! Oh, come now!
Gaat u toch zitten.	Please take a seat.
Wees toch niet bang!	Come on, don't be scared.

Other uses of particles

These little words are also very common in declarative sentences and questions. **Eens**, unstressed and often spelled *es* or *'s*, adds something like 'sometimes' or 'for a change':

Je leest nogal eens over die situatie in de krant.	You read about that situation in the paper now and then.
Hebt u dit al eens meer gedaan?	Have you done something like this before?

Even adds a sense of 'just a moment' or simply softens the force of a verb:

Zal ik morgen even komen?	Shall I just drop by tomorrow?
Ik bel u nog even over die rekening.	I'm just giving you a call about that bill.
Ik zal even bellen.	I'll just phone.

Maar is also something like 'just', often with a tone of 'went ahead and' or something unwelcome:

Als het maar niet regent!	If it just doesn't rain!
Ik at het maar op.	I went ahead and ate it up.
Je doet maar.	Go ahead and do it (if you insist).

Toch when unstressed most often adds a sense of reminding, like 'after all':

Dat heb ik je toch gisteren gezegd?	I told you that yesterday, after all.
Ik ga naar die mantels kijken. Ik sta hier nu toch	I'm going to look at those coats. After all, I'm right here anyway.
Hoe is het toch met je?	Well now, how are you?

When stressed, **toch** confirms an expressed or implied negative, often with a tone of 'nevertheless':

Het mocht niet, maar ze hebben het toch gedaan.	They weren't allowed to, but they did it anyway.
Zoiets zou jij nooit zeggen. Ja, toch wel.	You would never say something like that. Oh yes I would.

Wel when unstressed adds a sense of very mild reassurance:

Ze zullen vandaag wel komen.	They'll no doubt come today.
Morgen maken we dat wel in orde.	We'll just fix that up tomorrow.
Ja, dat is wel zo, maar ...	Yes, that's true, but ...

When stressed, it directly contradicts a negation:

Ik vind margarine niet lekker. Zij wel.	I don't like margarine. She does.

Word order and combinations of particles

In a sentence, a particle normally stands before an indefinite but after a definite phrase:

Je moet eens een boek kopen.	You ought to buy a book now and then.
Je moet dat boek eens kopen.	You really ought to buy that book.
Ga even een stoel halen.	Just go get a chair.
Ga die stoel even halen.	Just go get that chair.

Particles are very commonly used in combinations, often three or four together:

Ik ga eens even kijken.	I'll just go have a look.
Wij willen wel eens iets anders.	We want something different for a change.
Ik zou dat maar eens even doen.	I'd just go ahead and do that (if I were you).
Kijkt u zelf dan maar.	Just take a look yourself.

In addition to the five most common particles, there are many other adverbs such as **al, dan, dus, nou, ook, soms**, and combinations of all these, that are used in similar ways. The way to learn how to use them is to observe the ways Dutch speakers and writers do. Be on the lookout for them in conversations and readings, and note how they contribute to smoothness and naturalness.

Spoken language versus written language

We all learned in school that there are some words and expressions in English which we do not write down just as we say them, and gradually we become aware with increased use of our language that many things sound impossibly 'stiff' when spoken while others look too 'informal' when written. The ways in which we speak and write thus do not exactly correspond. Compare, for instance, the following words and expressions as to pronunciation, grammar and choice of words as you would write them and then as you would say them:

entire	whole
to purchase	to buy
I am going to go home	I'm gonna go home
the man with whom I went	the man I went with
can you obtain a copy?	can you get (ahold of) a copy?

As we will see in the following reading selection, Dutch has an even more clear-cut distinction between 'written' and 'spoken' language. As in English, these two categories are not mutually exclusive, but it can be said that a great many words and expressions common in the written language are spoken, if at all, only in the most stiffly formal type of speech, while many other words and expressions used every day in spoken Dutch are too informal to be used in careful writing.

Dialogue

Schrijftaal en spreektaal

In de laatste paar weken heb ik hier en daar het woord 'rijwiel' gezien, en dat schijnt gewoon 'fiets' te betekenen. In de krant zie je wel eens advertenties voor 'rijwielen' en de man die ze verkoopt is soms een 'rijwielhandelaar', maar volgens de verkeersborden rijd je naast de straat op een 'fietspad'. Waarom zijn er twee woorden? Of is er een verschil tussen 'rijwiel' en 'fiets'?

Je hebt gelijk, dat zal wel moeilijk zijn voor een buitenlander. Nee, er is eigenlijk geen verschil in betekenis tussen die twee woorden. Maar het woord 'rijwiel' gebruiken we alleen maar in heel officiële taal. Wij zeggen en schrijven altijd 'fiets'. Nog typischer voor het Nederlands is het verschil tussen 'schrijftaal' en 'spreektaal'. Dat is veel opvallender dan in het Engels. Neem bij voorbeeld het woord 'heden'. Dat schrijven wij vaak, maar als wij spreken, zeggen wij het nooit. Weet je wat we wel zeggen?

'Vandaag' geloof ik.

Juist! Je hebt zeker ook het woord 'geheel' gezien of gehoord, in uitdrukkingen zoals 'het gehele jaar', 'geheel Amsterdam', of 'geheel onmogelijk'. Maar dat is ook een typisch schrijftaalwoord. In de eerste twee gevallen zouden wij zeggen 'het hele jaar' en 'heel Amsterdam', en in het derde 'helemaal onmogelijk'.

Fietsers.

Nu begin ik het te begrijpen. Jullie zeggen 'gooien' maar schrijven 'werpen', en jullie zeggen 'sturen' maar schrijven 'zenden'.

Ja, maar 'zenden' is geen goed voorbeeld. Dat klinkt een beetje formeel. Ik zou altijd 'sturen' schrijven, nooit 'zenden'.

En hoe is het met 'zeer'?

Ook een schrijftaalwoord. Wij schrijven wel eens 'zeer goed', maar Nederlanders zeggen alleen 'heel goed' of 'erg goed'. Voor Vlamingen is het woord 'zeer' helemaal niet formeel maar doodgewoon.

De taal van radio en televisie klinkt voor mij ook anders dan de gewone spreektaal.

Ja, in een formele situatie kun je heel best schrijftaal spreken. Daar heb je al een voorbeeld: ik zei 'kun je', maar in de nieuwsberichten of interviews hoor je meestal 'kan men'! Je hoort daar ook vaak 'hedenavond' voor 'vanavond', 'zeer' voor 'heel', 'thans' voor 'nu', 'wiens' voor 'van wie', en nog veel meer.

Ik hoorde heel vaak ook uitdrukkingen zoals 'reeds bekend' in plaats van 'al bekend', en 'enige malen' in plaats van 'een paar keer'.

Heel juist. Je hebt nu al – ik zou kunnen schrijven 'thans reeds' – een goed gevoel voor onze schrijftaal. Wij spreken niet altijd zoals wij schrijven, en hebben eigenlijk twee talen. Om het Nederlands goed te kunnen spreken en schrijven moet je ze goed uit elkaar weten te houden.

Ik vind het allemaal een beetje verwarrend, maar ook heel interessant. Ik ga een lijst beginnen met die verschillen.

Spreektaal	**Schrijftaal**
fiets (gewoon)	*rijwiel (officieel)*
vandaag	*heden*
heel, helemaal	*geheel*
gooien	*werpen*
sturen	*zenden*
erg, heel	*zeer*
je kunt spreken	*men kan spreken*
vanavond	*hedenavond*
dat is nu al bekend	*dat is thans reeds bekend*
een paar keer	*enige malen*
enkele mensen, veel mensen	*enige mensen, vele mensen, velen*
hij doet de deur dicht	*hij sluit de deur*
de winkel is dicht	*de winkel is gesloten*
bijna	*haast, welhaast*
mekaar	*elkaar, elkander*
volgens mij	*m.i. (mijns inziens)*
hard	*luid*
meneer Groenveld	*De heer Groenveld*
ze komen allebei	*zij komen beiden*
allemaal	*allen*

Vocabulary

de advertentie	advertisement	*klinken (klonk, geklonken)*	to sound
als	when	*de lijst*	list
bang	afraid	*de mantel*	overcoat
begrijpen (begreep, begrepen)	to comprehend	*meestal*	most of the time
de betekenis	meaning	*min of meer*	more or less
de buitenlander	foreigner	*het nieuwsbericht*	broadcast news
dicht	closed	*nogal*	rather
de fietsenwinkel	bicycle shop	*officieel*	official
formeel	formal	*opvallend*	striking
geven: het geeft niet	it doesn't matter	*in plaats van (i.p.v.)*	instead of
het gevoel	feeling	*schijnen (scheen, geschenen)*	to appear, seem
hoe	how	*de schrijftaal*	written language
het interview	interview	*de situatie*	situation
juist	precise, right	*soms*	sometimes, by any chance
kant: aan de andere kant	on the other hand		

de spreektaal	spoken language	*de Vlaming*	Fleming
de telefoon	telephone	*volgens*	according to
tenminste	at least	*het voorbeeld*	example
tweedehands (uninflected)	second-hand	*voordelig*	inexpensive
typisch	typical	*weten te*	to know how to
uit elkaar	separate	*wiens = van wie*	
het verschil	difference	*zoals*	such as, like
verwarrend	confusing	*zoiets*	something like that

Practice sentences

1 Luister eens. Je moet dit vooral goed begrijpen.
2 Wil je dat raam even dichtdoen?
3 Geef eens even een voorbeeld van wat je bedoelt.
4 Je zoekt toch een tweedehands auto? Lees maar de advertenties.
5 O, ik kijk wel eens in de advertenties.
6 Kijk eens hier in de krant. Precies wat je zoekt toch?
7 Wilt u dit even tekenen, meneer?
8 Doe de deur eens even dicht, wil je?
9 Dat was een zeer verwarrende situatie.
10 Hij begreep het niet, maar toch heeft hij het getekend.
11 Ik ga maar eens even t.v. kijken.
12 In de gewone spreektaal zeggen wij 'goedkoop' maar in de winkels zeggen ze liever 'voordelig'.
13 Zoiets zal in deze tijd wel niet meer mogelijk zijn.
14 Zal ik nog even voor je gaan kijken?
15 Het woord 'heden' klinkt misschien wel gewoon, maar het is toch formeel.
16 Gaat u maar daar in de gang zitten.
17 Het interview heeft toch in de krant gestaan.
18 Doe het raam toch dicht! Ik heb het koud.
19 In de spreektaal heeft men het haast nooit over een 'rijwiel'.
20 Ik zou die mantel maar eens kopen.
21 Ik ga haar even bellen. Je weet toch haar telefoonnummer?
22 Dat is m.i. geheel juist. Dat is volgens mij helemaal juist.
23 Zij hoorde wel wat je zei, maar ze begreep het toch niet.
24 De uitdrukking 'des avonds' i.p.v. ''s avonds' gebruikt men weleens in zeer officiële taal.

19 Separable prefixes

Stressed separable prefixes

Large numbers of Dutch verbs are regularly accompanied by an adverb prefix which in some way modifies the basic meaning of the verb. Generally these prefixes are stressed, and are distinct in function from the unstressed prefixes *(be-, ver-,* etc.). Many stressed – or separable – prefixes also have an independent meaning as adverbs or prepositions, and the modification they bring about in the verb is often rather obvious as a combination of prefix plus verb:

		(plus)		(becomes)	
binnen	'inside'	*komen*	'to come'	*binnenkomen*	'to come in'
op	'up'	*staan*	'to stand'	*opstaan*	'to get up'
over	'over'	*stappen*	'to step'	*overstappen*	'to transfer'
uit	'out'	*geven*	'to give'	*uitgeven*	'to publish'
met	'with'	*gaan*	'to go'	*meegaan*	'to go along'

In many other cases, however, the meaning of the combination is not so obviously the sum of the two parts:

door	'through'	*brengen*	'to bring'	*doorbrengen*	'to spend' (time)
af	'off'	*spreken*	'to speak'	*afspreken*	'to make an appointment'
aan	'on'	*steken*	'to stick'	*aansteken*	'to light, turn on'

Some prefixes are not adverbs or prepositions when used independently, and some have no use other than as a prefix:

geluk	'fortune'	*wensen*	'to wish'	*gelukwensen*	'to congratulate'
teleur	(no independent meaning)	*stellen*	'to place'	*teleurstellen*	'to disappoint'

Literally thousands of such combinations are possible in Dutch, and the meanings of probably the majority of them are not difficult to guess. Certain usages have become established in the language, however, and new combinations of prefix and verb cannot be made up arbitrarily. Verbs like the above are always listed in vocabularies and dictionaries under the prefix.

When the verb is in the infinitive form, the prefix is written with it as one word.

hij moet het geld **aannemen**	he must accept the money
mag ik u mijn vrouw **voorstellen?**	may I introduce my wife to you?
ik zal je later **opbellen**	I will call you up later

When the verb is in a conjugated form (i.e., not infinitive or participle), the prefix is separate from it and stands at the end of the clause:

Ik **neem** *geen geld van hem* **aan**	I will accept no money from him
hij **ging** *gisteren met ons* **mee**	he went along with us yesterday
waar **brengt** *u uw vakantie dit jaar* **door?**	where are you spending your vacation this year?

When the verb is a participle, it is written as one word with the prefix but the participial prefix *ge-* (or an unstressed prefix) stands between prefix and verb:

hij heeft het geld **aangenomen**	he has accepted the money
ik ben vandaag vroeg **opgestaan**	I got up early today
wij hebben een week in Parijs **doorgebracht**	we spent a week in Paris
dat heb ik u niet **aanbevolen**	I didn't recommend that to you

When the infinitive must be accompanied by *te* (see Chapter 16), this separates prefix and verb:

zij hopen het boek volgend jaar **uit** *te* **geven**	they hope to publish the book next year
hij probeert het licht **aan** *te* **steken**	he tries to turn on the light
u hoeft niet **mee** te **gaan**	you do not need to go along

Stressed inseparable prefixes

Many verbs have an accented prefix which is not separated; these are, however, insignificant in number compared to the separable verbs:

Wilt u mij even waarschuwen?	Will you let me know?
Ik stofzuigde de kamer	I vacuumed the room
Hebt u al het woordenboek geraadpleegd?	Have you already consulted the dictionary?

Inseparable prefixes

Many verbs have prefixes which are identical with the separable prefixes, but which are unstressed and inseparable:

ik hoop zo een ongeluk te voorkomen	I hope to prevent such a misfortune
zij ondergaat een operatie	she undergoes an operation
hij ondernam een lange reis	he undertook a long journey
ons voorstel hebben ze niet aanvaard	they didn't accept our proposal
hij heeft zijn invloed overschat	he overestimated his influence

By the way –

The preposition *met* figures in a number of useful expressions:

zij zijn met vakantie	they are on vacation
wij gaan met de trein (de boot, de fiets, een taxi)	we're going by train (boat, bicycle, taxi)
ze feliciteert hem met zijn verjaardag	she wishes him a happy birthday
gefeliciteerd met je verjaardag!	happy birthday!
ze komen met Pasen (Kerstmis, Sinterklaas)	they're coming at Easter (Christmas, St. Nicholas [Dec. 5])
met Van den Berg!	Van den Berg speaking! (answering the phone)

Vocabulary

aanbieden (bood aan, aangeboden)	to offer
aandraaien	to turn on
aankomen (kwam-kwamen aan, is aangekomen)	to arrive
aansteken (stak-staken aan, aangestoken)	to light
aantrekken (trok aan, aangetrokken)	to put on
afgesproken!	agreed! O.K.!
de afspraak	appointment, date
binnenkomen (kwam-kwamen binnen, is binnengekomen)	to come in
bij	at the house of
het cadeau	present
dichtdoen	to close
direct	right away
doorbrengen (bracht door, doorgebracht)	to spend (time)
eerder	previously
feliciteren	to congratulate
fijn	fine
de gastheer	host
het gesprek	conversation
in gesprek zijn	to be busy (the line)
de handschoen	glove
inpakken	to wrap
jarig zijn	to have a birthday
het kwartier	quarter hour
kwijtraken (is kwijtgeraakt)	to get rid of, to lose
kwijt zijn	to be rid of, to have lost
het licht	light
meebrengen (bracht mee, meegebracht)	to bring along
meegaan (ging mee, is meegegaan)	to go along
meenemen (nam-namen mee, meegenomen	to take along
na	after
het netnummer	area code
ondergaan (onderging, ondergaan)	to undergo
opbellen	to call up
opmerken	to remark, notice
opschrijven (schreef op, opgeschreven)	to write down
opstaan (stond op, is opgestaan)	to get up
opzoeken (zocht op, opgezocht)	to visit
overstappen (is overgestapt)	to transfer, to change (buses etc.)
oversteken (stak-staken over, is overgestoken)	to cross (street)
de regenjas	raincoat
schoonmaken	to clean
terugkeren	to return
terugkomen (kwam-kwamen terug, is teruggekomen)	to come back
terugsturen	to send back
thuiskomen	to come home
tot ziens	so long

uitnodigen	to invite	*de verjaardag*	birthday
uitstellen	to postpone	*voorstellen*	to suggest, introduce
uittrekken (trok uit, uitgetrokken)	to take off	*zich voorstellen*	to imagine
de vakantie	vacation, holidays	*weggaan (ging weg, is weggegaan)*	to leave
de verandering	change		

Exercises

When you are familiar with the arrangement of two or more verbs at the end of a sentence (Ch. 16 and 17), you are ready to practice a useful option Dutch syntax allows. When a sentence containing a modal auxiliary or similar verb (Ch. 16) is put into the perfect tenses, it forms a double infinitive construction at the end. But when this infinitive the modal joins happens to have a separable prefix, the modal more often than not comes in between prefix and verb:

(pres.) ik moet hem vanavond opbellen
(perf.) ik heb hem vanavond moeten opbellen
ik heb hem vanavond op moeten bellen

and Dutch speakers and writers usually feel this second option to be preferable.

Restate the following sentences in the present perfect, making sure you use both variants as above.

Hij mag zijn hond niet meebrengen.
Ik wil een avond bij hun doorbrengen.
Je moet met ons meegaan.
Wij kunnen hem direct opzoeken.
We moeten onze regenjassen meebrengen.
Zij moeten in Rotterdam overstappen.
Ze laat eerst even de kamers schoonmaken.
Ik zie hem zelf de boeken inpakken.
Wil je een cadeau meebrengen?
Zij hoort hem de kamer binnenkomen.

Give the present, past and present perfect for the following (example: *aannemen, hij neemt aan, hij nam aan, hij heeft aangenomen):*

inpakken	weggaan	opstaan	opbellen
opzoeken	terugkeren	doorbrengen	meegaan
meenemen	meebrengen	kwijtraken	aantrekken

1 Mijn vriend belde mij gisteren op en nodigde mij uit een avond bij hem door te brengen.
2 'Zal ik mijn vrouw meebrengen?'
3 Afgesproken! Ik stel het volgende voor: jullie gaan met ons mee naar mijn broer in Middelburg om hem te feliciteren met zijn verjaardag. Hij is maandag jarig.
4 'Wij moeten onze regenjassen meenemen', zei mijn vrouw.
5 Wij namen de trein naar Dordrecht. 'Maar wij moeten in Rotterdam overstappen', merkte ik op.
6 Een uur later kwamen we bij onze vriend in Zeeland aan.
7 'Kom toch binnen!' zei hij.
8 Wij zaten even in de woonkamer te praten. Hij bood ons een kopje thee aan.
9 'Ik heb mijn broer net opgebeld', zei hij, 'wij kunnen hem direct opzoeken'.
10 Wij gingen weg en kwamen een paar minuten later bij zijn broer aan.
11 Het was een gezellige avond. Wij hadden wat cadeau's meegebracht.
12 'Wij moeten weg!' zei mijn vrouw eindelijk. 'Dat kunnen we nog even uitstellen', antwoordde ik.
13 'Maar wij moeten morgen vroeg opstaan'. 'Nee, wij komen niet zo erg laat thuis'.
14 Wij bleven nog een kwartier bij de broer van mijn vriend en gingen toen weg.
15 Wij hadden nog geen zin om weg te gaan.
16 'Volgend jaar moeten jullie terugkomen!' zei onze gastheer. 'Afgesproken!' zeiden wij en gingen naar huis terug.
17 Hij kwam de kamer binnen en deed de deur dicht.
18 Zij heeft de kamer moeten schoonmaken (schoon moeten maken).
19 Bel me morgen even op, dan kun je een afspraak met me maken.
20 'Zij was teleurgesteld', merkte hij op.
21 Zij heeft haar nieuwe handschoenen nog niet aangetrokken.
22 Wij moesten ons bezoek even uitstellen. Wij hebben ons bezoek even moeten uitstellen (even uit moeten stellen).
23 Hij trok zijn schoenen aan. Hij trok zijn regenjas uit.
24 Heb je je beste regenjas aangetrokken?
25 Wij nemen de trein naar Rotterdam, stappen in Delft over, en brengen de dag bij vrienden in Rijswijk door.
26 Wij belden hem op en wensten hem geluk.
27 Sinds negentienhonderd vijfenveertig heeft Rotterdam veel veranderingen ondergaan.
28 In de trein zaten we te praten. In de trein hebben we zitten praten.
29 Wij stonden vroeg op en gingen weg, want we hadden een afspraak om mevrouw Verbruggen op te zoeken.
30 Ik ben mijn jas kwijt. Eindelijk ben ik die oude jas kwijtgeraakt.

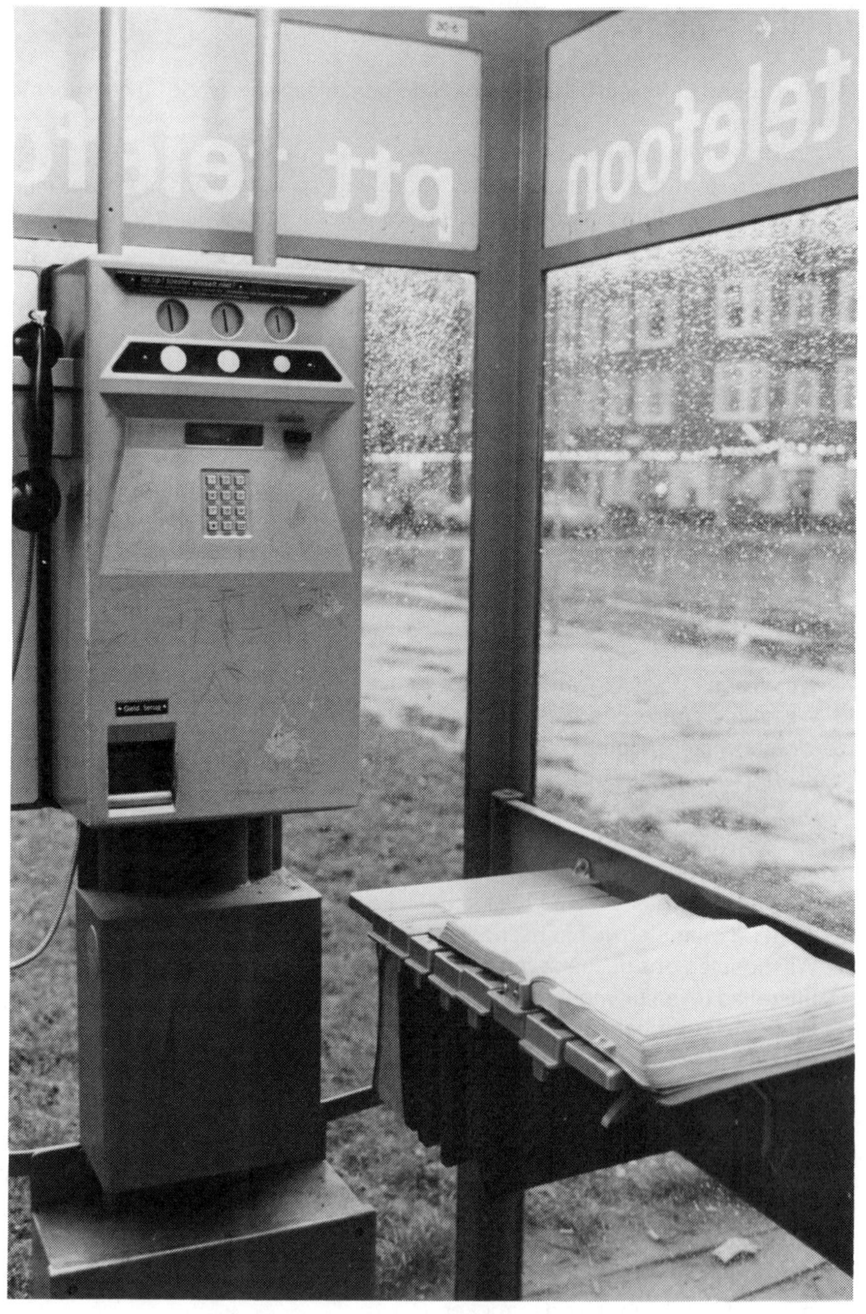

Een telefooncel.

Dialogue

Met Van den Berg.

Met wie zegt U? Ik kan u niet verstaan.

Met Van den Berg. Met wie spreek ik?

O dag Wout, met Hetty. Ik probeerde je eerder op te bellen maar je was in gesprek.

Sorry Hetty. Waarom bel je?

Ik heb het nummer van die winkel in Den Haag voor je.

O fijn. Wacht even, dan schrijf ik het op. – Ja, zeg het maar.

Het nummer is 1 7 3 2 6 0. Heb je dat?

17 32 60.

Ja. En weet je het netnummer van Den Haag?

0 70, is't niet?

Goed zo. Nou Wout, tot ziens.

Tot ziens Hetty en dank je wel hoor.

Translation practice

Scholten speaking!

Hello Arend. This is Hanneke.

Oh, hello Hanneke. Just a minute – I have to turn on the light.

Yes, without a light you can't hear me!

I tried to call you last week but you weren't home.

I was on vacation. I came back last week.

Where did you spend your vacation?

This year I spent my vacation here in the Netherlands.

Did you postpone your trip to England?

Yes. Next year I'll get three weeks, and then I'll cross over to England. I'm going by boat.

Take your raincoat along. It rains a lot there in England.

Oh, it's wet there? Imagine! I arrive in Dover, and suddenly it's raining!

Or take your umbrella along.

Good. I promise you: the weather in England won't disappoint me. We Dutch have also heard about rain ...

20 Conjunctions, relative pronouns

Coordinating conjunctions

A conjunction is a word which serves to introduce a clause and connect it to an accompanying clause. Dutch conjunctions call for two different types of word order. Many conjunctions with which we have already become familiar simply form a connecting link between clauses without making any change in word order. These are the so-called *coordinating conjunctions.*

hij komt binnen **en** *neemt de krant*	he comes in and takes the paper
heb jij geld **of** *zal ik het betalen?*	do you have money or shall I pay it?
ik zal het betalen, **want** *ik heb geld genoeg*	I'll pay it, because I have enough money
hij gaf mij de rekening, **maar** *ik had geen geld*	he gave me the bill, but I had no money

Subordinating conjunctions: word order

An even larger number of conjunctions require the conjugated verb to be placed at the end of the clause they introduce. This clause is said to be subordinate to the other, 'main' clause, and the conjunctions that can introduce it **subordinating conjunctions.**

ik weet **dat** *hij veel vrienden* **heeft**	I know that he has a lot of friends
zij vragen **of** *wij overmorgen* **meegaan**	they are asking whether we are going with them the day after tomorrow
ik ga mee, **hoewel** *ik niet veel tijd* **heb**	I will come along, although I do not have much time
ik keerde terug, **omdat** *ik het niet* **vond**	I returned, because I did not find it
ik zal je helpen, **als** *je 't me* **vraagt**	I will help you, if you ask me
hij had geen auto **toen** *hij in de stad* **woonde**	he had no car when he lived in town
ik luisterde naar de radio **terwijl** *ik de krant* **las**	I listened to the radio while I read the paper

The conjugated verb placed at the end of the clause nevertheless usually does not come past an infinitive unless this verb is a modal auxiliary, and may either precede or follow a past participle:

hij komt niet, **omdat** *hij vandaag* **moet werken (werken moet)**	he is not coming, because he has to work today
zij zei **dat** *ze het niet* **kon vinden (vinden kon)**	she said (that) she couldn't find it
zij zei **dat** *ze het niet* **heeft gevonden (gevonden heeft)**	she said that she hasn't found it
nu *al de gasten* **aangekomen zijn,** *kunnen we aan tafel gaan*	now that all the guests have arrived, we can go to the table

The subordinate clause may come first; in this case the word order of the subordinate clause itself remains the same as the above but the order of subject and verb of the main clause is reversed (so that the verb will still stand in second place):

omdat *ik het niet vond, keerde ik terug*	since I didn't find it, I returned
als *je 't me vraagt, dan zal ik je helpen*	if you ask me, then I will help you
toen *hij in de stad woonde, had hij geen auto*	when he lived in town he had no car

Subordinating conjunctions: meanings

The subordinating conjunctions must be learned with particular care as 'the words which put the verb at the end of the clause', since subordinate word order is an entirely strange feature to speakers of English. The most common subordinating conjunctions are:

aangezien	'in view of the fact that'	*sinds*	'since' (time)
als	'if, when'	*terwijl*	'while'
dat	'that'	*toen*	'when'
hoewel	'although'	*totdat*	'until'
nadat	'after'	*voordat*	'before'
nu	'now that'	*zodat*	'so that'
of	'whether', 'if'	*zodra*	'as soon as'
omdat	'because'	*zolang*	'as long as'

Several conjunctions belong almost exclusively to the written language:

daar	'because'	*tot*	'until'
ofschoon	'although'	*voor*	'before'
opdat	'in order that'		

Observe that several of the subordinating conjunctions have a form identical with other conjunctions or other parts of speech and can be distinguished by the word order of the clause.

Of as a subordinating conjunction means 'whether', and as a coordinating conjunction it means 'or':

ik weet niet of hij vandaag komt	I don't know whether he is coming today
komt hij mee, of blijft hij thuis?	is he coming along, or is he staying at home?

Als and *toen* are also adverbs:

(conj.)	*ik zal het doen, als ik het kan*	I will do it if I can
(adv.)	*als student hoef ik niet veel te betalen*	as a student I do not need to pay much
(conj.)	*toen hij jong was, las hij veel*	when he was young he read a lot
(adv.)	*ik ging eerst naar Leiden, en toen naar Den Haag*	I went first to Leiden, and then to The Hague

Indirect questions, introduced by one of the interrogatives *hoe, waar, waarom, wanneer, wat, wie*, take the form of subordinate clauses:

Weet je wanneer hij komt?	Do you know when he's coming?
Ik weet niet wie die mensen zijn	I don't know who those people are
Hij heeft niet gezegd waarom hij het vandaag niet kan doen	He hasn't said why he can't do it today

Relative pronouns

A relative pronoun introduces a clause which gives additional information about something (the antecedent), mentioned in the preceding clause. The relative pronoun for all neuter singular nouns is *dat*, and for all other nouns including plurals *die*. Relative pronouns function as subordinating conjunctions as regards the place of the verb:

de man **die** *u gisteren ontmoette heet Bakker*	the man (whom) you met yesterday is called Bakker
kent u de mensen **die** *daar wonen?*	do you know the people who live there?
dat is het huis **dat** *ik pas heb gekocht (gekocht heb)*	that is the house (that) I have just bought

When a preposition must be used before a relative pronoun of common gender, the pronoun *wie* is used instead of *die* when it refers to a person:

de man **met wie** *ik in de winkel praatte...*	the man with whom I was talking in the store...
de mensen **bij wie** *wij wonen heten Van Dorp*	the people with whom we live are called Van Dorp
	the name of the people we live with is Van Dorp

dat zijn de mensen **van wie** *gisteren het huis afgebrand is*	those are the people whose house burned down yesterday

A neuter relative pronoun or a relative pronoun referring to an inanimate object is never used after a preposition. The construction used is discussed in Chapter 22.

The relative pronoun *wat* is used when no antecedent is expressed, when the clause refers to a whole idea, and after some indefinite pronouns:

ik kan niet krijgen **wat** *ik nodig heb*	I can not get what I need here
hij kan niet komen, **wat** *ik jammer vind*	He can not come, which I think is too bad
nu heb ik alles **wat** *ik nodig heb*	Now I have everything (that) I need
dat was iets **wat** *ik al wist*	That was something I already knew

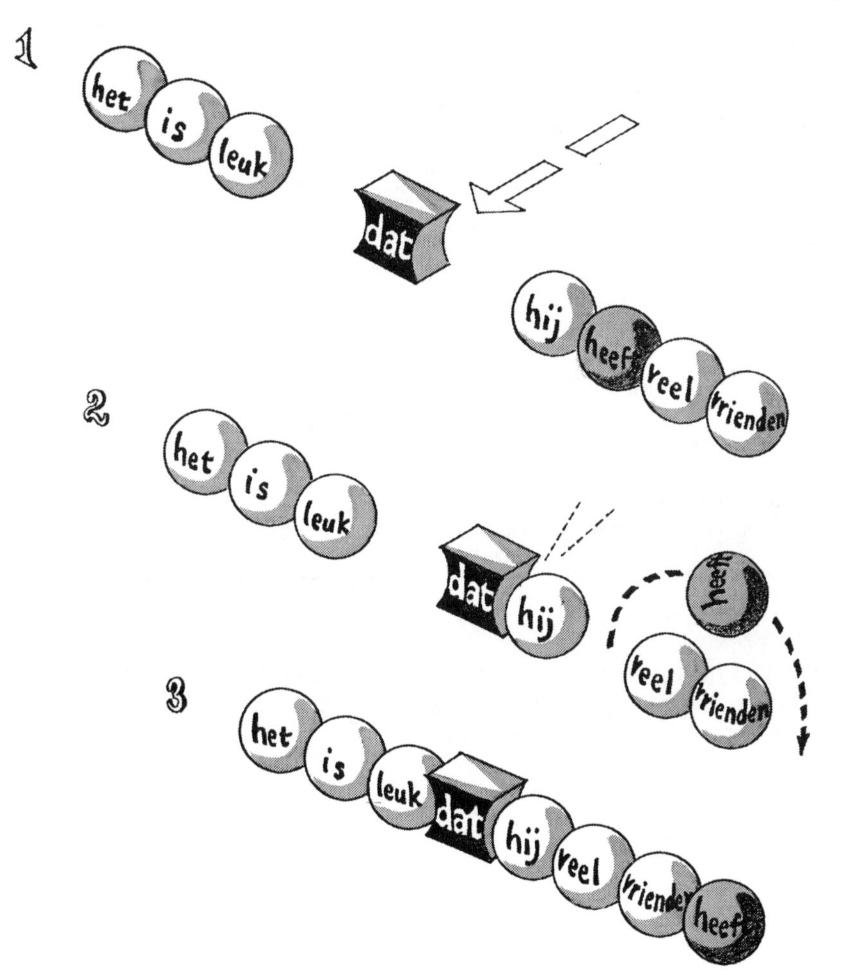

We can summarize visually the crucial fact about subordinating conjunctions and relative pronouns by imagining that they 'repel' the verb of the clause they stand at the head of to the farther end of that clause.

This simple scheme of shapes, shades and spots in line can easily be extended and adapted to visualize the variety of alternate arrangements presented in this chapter, the behavior of verbs with separable prefixes (Ch. 19), and the various places in the sentence (Ch. 21).[1]

The scheme might even be a useful way to visualize word-order options such as that of inserting a verb between a verb and its separable prefix (Ch. 19). When *modal auxiliary, verb + separable prefix,* and *subordinate word order* all come at once the verb has a choice of no fewer than three 'landing spots'.

1 zij moet in Utrecht overstappen

2 omdat zij [moet] in Utrecht _ over _ stappen _

3 omdat zij in Utrecht moet overstappen
omdat zij in Utrecht over moet stappen
omdat zij in Utrecht overstappen moet

1 ik kan al die dingen meebrengen

2 of ik [kan] al die dingen _ mee _ brengen _

3 of ik al die dingen kan meebrengen
of ik al die dingen mee kan brengen
of ik al die dingen meebrengen kan

1 And note that it is also suited to visualizing the shifting position of the verb in forming the perfect tense (Ch. 13) as well as position shifts with modal auxiliaries (Ch. 15).

After you have finished reading this little folktale, taken from the collection *Sprookjes van de Lage Landen*, there is one subordinating conjunction that you will be especially well acquainted with.

Het meisje dat wou zien hoe mooi zij was

De jongen en het meisje waren in het bos gaan spelen. De jongen had het meisje een spiegeltje[1] gegeven, dan hoefde ze niet meer in het water van de vijver te kijken om te zien hoe mooi ze was. Maar toen ze in het bos kwamen, haastte het meisje zich toch weer naar de vijver. Zij wilde weten waarin[2] ze het mooist was, in het water van de vijver of in het spiegeltje.
Ze boog zich met het spiegeltje in de hand voorover en, oh!, daar viel ze in het water. Ze kwam niet meer boven, hoe de jongen ook[3] riep. Toen begon hij om hulp te schreeuwen. De mezen[4] kwamen langs en vroegen waarom hij zo schreeuwde.
'Ik schreeuw, omdat het meisje met het spiegeltje in het water is gevallen en verdronken.'
De mezen waren zo ontdaan[5], dat ze begonnen te kwetteren[6]. En de wilg vroeg aan de mezen waarom ze zo kwetterden.
'We kwetteren, omdat de jongen schreeuwt, omdat het meisje met het spiegeltje in het water is gevallen en verdronken.'
De wilg was zo bedroefd[7], dat hij zijn takken liet hangen. En de wind vroeg aan de treurwilg[8], waarom hij zijn takken liet hangen.
'Ik laat mijn takken hangen, omdat de mezen kwetteren, omdat de jongen schreeuwt, omdat het meisje met het spiegeltje in het water is gevallen en verdronken.'
De wind begon te klagen door de kruinen[9] van de bomen. En de hond vroeg de wind waarom hij door de kruinen van de bomen klaagde.
'Ik klaag door de kruinen van de bomen, omdat de wilg zijn takken laat hangen, omdat de mezen kwetteren, omdat de jongen schreeuwt, omdat het meisje met het spiegeltje in het water is gevallen en verdronken.'
De hond begon te blaffen. En zijn bazin[10] vroeg waarom hij blafte.
'Ik blaf, omdat de wind door de kruinen van de bomen klaagt, omdat de wilg zijn takken laat hangen, omdat de mezen kwetteren, omdat de jongen schreeuwt, omdat het meisje met het spiegeltje in het water is gevallen en verdronken.' En zijn bazin was zo onthutst[11], dat zij het pannetje melk uit haar handen liet vallen, omdat haar hond blafte, omdat de wind door de kruinen van de bomen klaagde, omdat de wilg zijn takken liet hangen, omdat de mezen kwetterden, omdat de jongen schreeuwde, omdat het meisje met het spiegeltje in het water was gevallen en verdronken.

Notes

1 *het spiegeltje* a diminutive; cf. *pannetje* in the last paragraph, and see chapter 23
2 *waarin* in which
3 *hoe ... ook* no matter how much
4 *de mees* titmouse, a very small bird
5 *ontdaan* disconcerted
6 *kwetteren* to twitter (of humans: to chatter on mindlessly)
7 *bedroefd* downcast

8 *de treurwilg* weeping willow (*treuren*: to mourn)
9 *de kruin* treetop (colloquially usually *de top*)
10 *de bazin* mistress or owner of an animal (the male counterpart is *de baas*, owner of an animal or 'the boss')
11 *onthutst* dismayed

Vocabulary

blaffen	to bark
het bos	forest
bovenkomen (kwam-kwamen, is gekomen)	to come up
bovenste	top
daar	because (formal)
het feit	fact
goed	(here) right
zich haasten	to hurry
horen	to belong
informeren	to inquire
zich interesseren voor	to be interested in
de kennis	acquaintance
klagen	to complain, lament
de koningin	queen
leuk	nice
lijken (leek, leken)	to seem
de muziek	music
ondanks	in spite of
onmiddellijk	immediate
ontzettend	awful
oppassen	to watch out
de plank	shelf
de prinses	princess
roepen (riep, geroepen)	to call, holler
rusten	to rest
schreeuwen	to scream, cry
het stuk: aan één stuk door	without a break
de tak	branch
de tocht	trip
toesturen	to send (to)
uitdrukken	to express
verdienen	to earn
verdrinken (verdronk, verdronken)	to drown
het verhaal	story
verkouden zijn	to have a cold
vertellen	to tell
de vijver	pond
voorover	over forward
de wand	wall
de wilg	willow tree
de wind	wind
ziek	sick

Exercises

Begin each of the following sentences with *Ik weet dat* (or, for variation's sake, some similar phrase), in each case exercising the option of placing the subordinated verb between separable prefix and verb:

Hij wou een avond bij ons doorbrengen
U moet op het postkantoor de inhoud opgeven
Zij laten iedere week het hele huis schoonmaken
Ik kan beter in Utrecht overstappen
Hij hoorde haar de kamer binnenkomen
Je mag met ons meegaan
Ik kan het niet goed uitdrukken
Je moet hier ontzettend goed oppassen.

Connect the two clauses with the conjunction given, placing the verb of the subordinate clause in the proper position:

Ik zie (dat) Hij weet het
Zij belde op (voordat) Ik was teruggekomen
Hij werd rijk (toen) Hij werkte in Amsterdam
Ik heb een boek gekocht (maar) Ik heb het niet gelezen
Wij weten het niet (want) Wij hebben het niet gehoord
Hij werkt niet (omdat) Hij is ziek
Is het boek interessant? (of) Heb je het niet kunnen lezen?
Ik zal je de sleutels geven (als) Je hebt ze nodig
Zij wil het weten (hoewel) Het is niet belangrijk
Ik ging weg (terwijl) Zij maakte de kamers schoon.

Practice sentences

1 Hij vroeg of ik soms belangstelling had voor muziek.
2 Wist u dat een kennis van u vandaag opgebeld had? Hij had het over een nieuwe auto.
3 De spiegel, die altijd daar aan de wand heeft gehangen, is gisteren gevallen.
4 Voordat Beatrix koningin werd heette zij prinses Beatrix.
5 Toen hij gisteren bij ons was, maakte hij een afspraak met ons.
6 Zij zei niet wanneer zij het zou brengen.
7 Toen wij het gisteren bij de koffie over verjaardagen hadden, hoorde ik dat jij vandaag jarig bent.
8 Ik zal even informeren of dit de goede trein is.
9 Dat blauw-rode bord betekent dat je hier niet mag parkeren.
10 Zou het niet leuk zijn als we eens een tocht maakten naar Antwerpen?
11 Ja, dat lijkt me wel leuk, als het tenminste niet te duur is.
12 Toen hij dat tegen me gezegd had, nam hij onmiddellijk zijn jas en ging de deur uit.
13 Hij kwam, ondanks het feit dat hij verkouden was.
14 Ik heb u de catalogus maar niet toegestuurd, omdat u zei dat u geen tweedehands boeken wilde kopen.
15 Ik geloof dat die schoteltjes daar in de kast horen.
16 Van wie zijn ze? Zij zijn van mevrouw Roes.
17 Nadat zij weg waren, konden wij eindelijk naar bed gaan.
18 Weet u waar ik Henk kan vinden? Het spijt mij, maar ik weet niet waar hij is.
19 Hoewel ik mij vrij goed in het Nederlands uitdruk, moet ik altijd oppassen om fouten te voorkomen.
20 Wanneer zij en haar vader samen zijn, praten ze aan één stuk door.
21 Zij hebben elkaar wel veel te vertellen.
22 Toen ik dat verhaal las, vond ik het erg goed.
23 Ik hoorde gisteren dat je een tocht naar Antwerpen had gemaakt.
24 Als ik maar meer geld had verdiend zou het niet nodig zijn om een tweedehands auto te kopen.

25 Toen ik binnenkwam, stond zij op en ging weg.
26 Je mag niet parkeren waar je een rood-blauw bord aan de kant van de straat ziet.
27 Zij werken aan één stuk door. Ik weet niet hoe ze zo lang kunnen werken zonder te rusten.
28 Je weet niet wat ik met het woordenboek heb gedaan? Je weet toch dat het altijd op de bovenste plank staat.
29 Het stadhuis is erg interessant, omdat het heel oud is.
30 Hij had het over zijn nieuwe huis.

Translation practice

Happy birthday!

Thank you. How did you know that it was my birthday today?

When I was at lunch yesterday at Saskia's, she said I should congratulate you.

That was nice of her. And did you talk about me while you were eating?

No, actually we were talking about the Queen's birthday.

Oh yes, her birthday is in the spring, because people want to come to congratulate her.

Do you mean that people visit the Queen?

Yes. When somebody has a birthday, everybody pays a call!

Then you may expect that your family and friends will come this evening.

And that many of them will bring flowers or a present.

Am I invited too?

You don't need a special invitation!

If I can't come, I'll call you up.

Do you know the area code for Oss?

21 Word order: the places in the sentence

The principal element in a Dutch sentence is the verb; in one sense, the entire sentence is built up around it. The reason why we can say this is that the position of the verb is rigidly determined far more so than is true of any other parts of speech. The verb regularly occupies first, second or last place in its clause, the rules for its placement depending upon the type of clause (coordinate or subordinate) and upon the form of the verb (a conjugated or 'finite' form, infinitive, or participle).
When the verb of an ordinary sentence or main clause is made up of two or more such elements, one element will always stand near the beginning of the sentence and the rest at the end.

Second place in the sentence

The finite verb regularly stands second in the sentence. Ordinarily the subject precedes it:

hij gaat naar de stad	he goes down town (to town)
ik heb de brief geschreven	I have written the letter
wij moeten briefkaarten kopen	we have to buy postcards

If another element is placed first for emphasis, the order of verb and subject are reversed to keep the verb in second place:

vandaag gaat hij naar de stad	today he is going down town (to town)
dat boek heb ik niet gelezen	that book I have not read
vóór vrijdag zal ik u niet kunnen helpen	before Friday I will not be able to help you

The first element in the sentence may be an entire clause, usually subordinate. The verb of the main clause still follows immediately after it, in second place:

toen hij in de stad woonde, had hij geen auto	when he lived in town he had no car
als ik het heb, zal ik het u geven.	if I have it, I will give it to you

First place in the sentence

The finite verb may also stand first in the sentence, for instance in 'yes-no'-questions and imperatives:

ga je vandaag naar Amsterdam?	are you going to Amsterdam today?
mag ik je mijn vrouw voorstellen?	may I introduce my wife?
kom morgen een kopje koffie drinken!	come have a cup of coffee tomorrow!

In literary style the verb often stand first in conditional clauses, its position then being equivalent to 'if' in English:

Komt de brief nog vóór 10 uur, dan is alles in orde	if the letter gets here before 10, then everything will be all right
(or *als de brief nog vóór 10 uur komt, ...)*	note English: should the letter get here...
doet hij dat toch niet, dan moet u het me laten weten	if he still doesn't do that, then you'd better let me know
(or *als hij dat toch niet doet, ...*)	

Last place in the sentence

The finite verb may stand last in the sentence or clause. As we have seen, this is the case when a clause is introduced by a subordinating conjunction or relative pronoun:

toen ik Nederlands leerde, had ik niet veel tijd	when I learned Dutch I did not have much time
hier is mijn broer, over wie ik je zo veel verteld heb	here is my brother, whom I have told you so much about
ik heb alles wat ik nodig heb	I have everything I need

Observe carefully that when a verb with separable prefix is required to stand at the end, the prefix again becomes part of the verb:

weet u waar hij zijn vakantie doorbrengt?	do you know where he spends his vacation?
ik was niet thuis, toen u mij opbelde	I was not at home when you called
hij zegt dat hij niet meegaat	he says that he is not going along

We have already seen that infinitives, past participles and separable prefixes all stand at the end of a clause:

wij moeten een nieuwe auto kopen	we have to buy a new car
ik heb een nieuwe jas gekocht	I have bought a new coat
hij stak zijn sigaret aan	he lit his cigarette

If, in a subordinate clause, the verb is made up of modal auxiliary plus infinitive or future auxiliary plus infinitive, both of these come at the end, usually with the infinitive last:

ik vroeg of wij nog een beetje suiker mochten hebben (hebben mochten)	I asked whether we could have a little more sugar
hij zei dat hij het vandaag niet kon doen (doen kon)	he said he could not do it today
hij weet nog niet of hij het zal kopen	he does not know yet whether he will buy it
ik denk dat ik het morgen zal kunnen doen	I think I will be able to do it tomorrow

When the two components of a perfect tense stand at the end, there is a choice as to which should come first. The Dutch themselves are not always in agreement which sounds better; though the auxiliary is probably more often placed last, the real deciding factor is probably a subtle rhythmic one not easy to reduce to simple rules.

ik weet niet hoe hij het heeft gedaan *ik weet niet hoe hij het gedaan heeft*	I do not know how he did it
hij verdient niet veel, omdat hij ziek is geworden *hij verdient niet veel, omdat hij ziek geworden is*	he is not earning much, because he got sick
toen ik dat had gezegd, ging ik weg *toen ik dat gezegd had, ging ik weg*	when I had said that, I left

The phrase **last in the sentence** needs some qualifying. In actual practice several types of things may stand after the supposed 'last' element. A number of sentences in previous chapters have illustrated how common it is for a prepositional phrase to do this:

Heb je altijd last gehad van de kou?
Dat zal wel moeilijk zijn voor een buitenlander.
Ik ga een lijst beginnen van die verschillen.
Gaat u overmorgen mee naar die tentoonstelling?
Hij vroeg of ik belangstelling had voor muziek.

The negating adverb niet

The placing of the negating adverb *niet* can be summarized in a few rules which will account for the great majority of instances; a really thorough treatment of negation would become quite involved.

1 *Niet* follows the verb it negates plus any objects; if there are no other elements in the sentence or main clause, this may place it at the end:

ik schrijf niet
vind je niet?
ik geef ze het geld niet
hij kent Anneke helemaal niet
ik weet niet hoe hij het gedaan heeft
hij weet nog niet of hij het kopen zal

2 More commonly, however, *niet* negates an adverb, predicate adjective or prepositional phrase, and stands before these:

ze kwam niet meer boven
neemt u mij niet kwalijk
ik was niet thuis toen u mij opbelde
de bloemen zijn niet mooi
wij gaan vandaag niet naar de stad

3 *Niet* precedes an infinitive, past participle or separable prefix at the end; likewise it normally immediately precedes the verb of a subordinate clause:

voor vrijdag zal ik u niet kunnen helpen
hij wou mij zijn nieuwe fototoestel niet laten zien
dat boek heb ik niet gelezen
zij nemen het geld voorlopig niet aan
zij zei dat hij het vandaag niet kon doen
ik keerde terug, omdat ik het niet vond

4 When other elements are singled out for negation, there is an expressed or implied contrast:

zij verkopen niet die bloemen
hij kent niet Anneke maar Corrie
wij gaan niet vandaag naar de stad

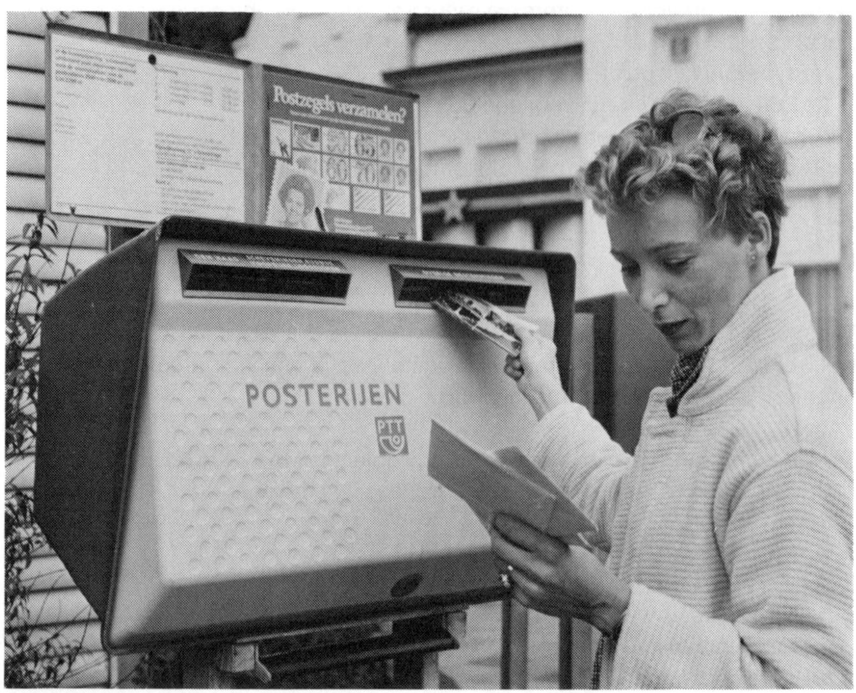

Brievenbus.

This is a good time to bring together the various kinds of combinations of verbs with and without *te*, and recall what happens to each in the perfect tense:

Present	**Perfect**

1 Modal auxiliaries, and the group of other verbs that form similar constructions (Ch. 16):

ik moet een paar brieven schrijven	*ik heb een paar brieven moeten schrijven*
hij ziet mij een brief schrijven	*hij heeft mij een brief zien schrijven*
zij gaat postzegels kopen	*zij is postzegels gaan kopen*

2 A small group uses *te* in the present but drops this in a double infinitive construction:

ik zit brieven te schrijven	*ik heb brieven zitten schrijven*
je hoeft geen brieven te schrijven	*je hebt geen brieven hoeven schrijven*

3 A very small number, mainly *proberen* and *vergeten*, are used in a construction with *te:*

ik probeer een brief te schrijven	*ik heb een brief proberen te schrijven*
ik vergeet de brieven te schrijven	*ik heb de brieven vergeten te schrijven*

4 The above two, together with a small number of other verbs, form a separate infinitive phrase in the perfect:

ik probeer een brief te schrijven	*ik heb geprobeerd een brief te schrijven*
ik hoop een brief te kunnen schrijven	*ik had gehoopt een brief te kunnen schrijven*

5 All other verbs, the vast majority of them, require an infinitive phrase introduced by *om te, zonder te, door te* and the like in both present and perfect:

ik neem wat papier, om brieven te schrijven	*ik heb wat papier genomen, om brieven te schrijven*
ik zit daar zonder brieven te schrijven	*ik heb daar gezeten zonder brieven te schrijven*

Vocabulary

de aanvraag	request
de arbeid	labor
het baantje	job
beste	dear (as salutation)
de bioscoop	movie theater
bovenaan	at the top
het briefpapier	stationery
het bureau	office
de datum	date
eenvoudig	simple
het einde	end
de enveloppe	envelope
geachte	dear (as salutation)
het gebied	area
het gewest	region
gewestelijk	regional
de groet	greeting
hoogachtend	respectfully
de hoogachting	respect
het ijs	ice cream
de inhoud	contents
de kapper	barber
kennis maken met	to meet
lastig	bothersome
het lawaai	noise
het luchtpostblad	air letter, aerogram
nog steeds	still
ontzettend	terrible
opgeven (gaf-gaven, gegeven)	to declare
het pakje	package
de postzegel	postage stamp
prettig	pleasant
de psychologie	psychology
de secretaresse	secretary
het soort	type
straks	pretty soon
het strand	beach
het tafellaken	tablecloth
de tentoonstelling	exhibition
terugkrijgen (kreeg, gekregen)	to get back
tot nu toe	up till now
trots op	proud of
trouwen	to get married
uiterst	extreme
uiterste best	utmost
voorkomen (kwam-kwamen, is gekomen)	to occur
voorlopig	temporary
een vraag stellen	to ask a question
werkloos	unemployed
de zaak	matter

Practice sentences

1. Als u een pakje naar Amerika wilt sturen, moet u op het postkantoor de inhoud opgeven.
2. Ik geloof dat ik nog geen kennis met u gemaakt heb.
3. In Holland kunt u verschillende soorten kaas krijgen, maar de twee hoofdsoorten zijn Goudse[1] en Edammer[1].
4. Uw dochter is secretaresse op een groot kantoor in Amsterdam, als ik me niet vergis.
5. De kinderen maken zo'n (zo een) ontzettend lawaai dat ik niet meer kan werken.
6. Ja, dat vind ik ook lastig. Moesten ze niet eigenlijk op school zijn?
7. Bij de kapper, tenminste bij die in de Haarlemmerstraat, kun je in een half uur je haar laten knippen.
8. Gaat u overmorgen mee naar die tentoonstelling van schilderijen in het museum?

1 Adjectives formed from the place names *Gouda* and *Edam*.

9 Volgens mij zou het wel de moeite waard zijn.
10 Het zou wel aardig zijn, maar ik kan maandag niet, want ik moet overdag op kantoor zijn. Het spijt mij.
11 Hij is trots op de foto's die hij gemaakt heeft toen hij met vakantie was. En ze zijn ook uitstekend.
12 Ik kan me best voorstellen dat zij haar werk als secretaresse prettig vindt. Volgens haar is het prettig werk.
13 Het tafellaken dat u ons hebt gegeven toen wij trouwden gebruiken we nog steeds.
14 U heeft voor acht gulden veertig gekocht, u geeft mij een tientje, en krijgt dus één zestig terug.
15 Wilt u me vertellen hoe u het gedaan hebt?
16 Zij is getrouwd met een professor aan de universiteit van Groningen.
17 Ik wist niet dat ze getrouwd was totdat ze het me zei.
18 Als ik me niet vergis, beloofde je me gisteren dat je het zou doen.
19 Weet u soms hoe lang hij zijn bezoek uitgesteld heeft? Weet u wel hoe lang hij zijn bezoek uitgesteld heeft?
20 Hij vertelde me wat hij deed toen al die mensen aankwamen.

Dialogue

Brieven schrijven

Ik moet een paar brieven schrijven, aan meneer Meertens en aan Piet de Wit. Hebt u misschien briefpapier en enveloppen?

Ja, natuurlijk. Hebt u postzegels?

Nee, maar ik moet straks naar het postkantoor om briefkaarten en luchtpostbladen te kopen.

Maar meneer Meertens kent geen Engels. Bent u van plan om hem in het Nederlands te schrijven?

Ja, ik wil eigenlijk proberen ze allebei in het Nederlands te schrijven, maar ik moet u eerst een paar vragen stellen. Hoe moet ik de brief aan meneer Meertens beginnen?

Schrijf eerst de datum bovenaan, dus '26 november 1989', en dan kunt u het best met 'Zeer geachte heer' beginnen, of 'Geachte heer Meertens'.

Goed. En wat schrijf ik dan aan het einde van de brief?

Wij schrijven gewoonlijk 'met de meeste hoogachting', of eenvoudig 'hoogachtend'.

Dank u wel. Maar wacht even, hoe is het met die brief aan Piet? Gebruik ik dezelfde woorden voor die brief?

Nee, die begint u met 'Beste Piet', omdat u hem goed kent, en aan het einde schrijft u 'met vriendelijke groeten' of 'met hartelijke groeten' en dan natuurlijk uw eigen naam.

Postzegels.

Op het Gewestelijk Arbeidsbureau

Zo meneer, u bent al gaan zitten zie ik, dus ik hoef u geen stoel meer aan te bieden. Waar komt u voor?

Ik zoek een baantje.

U zoekt een baantje. Juist. En hebt u al het nodige ondernomen om een baantje te vinden? Ik denk bijvoorbeeld in de kranten gekeken?

Ja, ik heb wel in de kranten gekeken.

En u hebt niets kunnen vinden.

Nee, nee. Daar kon ik niets vinden.

U kon niets vinden? Wat zoekt u dan?

Ja, ik weet het eigenlijk niet.

Of laat ik eigenlijk eerst vragen: bent u werkloos?

Nee, ik ben student.

U bent student. Ja, ja. En u studeert psychologie, waarschijnlijk?

Ja.

En u hebt tot nu toe geen werk gedaan?

Ja ja, ik heb wel eens in een bioscoop gewerkt en ik heb ijs verkocht op het strand, en ik heb op het station gewerkt. Dat soort baantjes hè. Maar ik wou nou iets op het gebied van de psychologie.

Ja, ja. Ja, het zal nu toch natuurlijk een moeilijke zaak blijven... dat komt natuurlijk niet iedere dag voor hè, zulke aanvragen. Nou, we zullen ons uiterste best doen. We hebben uw naam en adres. U hoort nog wel van ons.

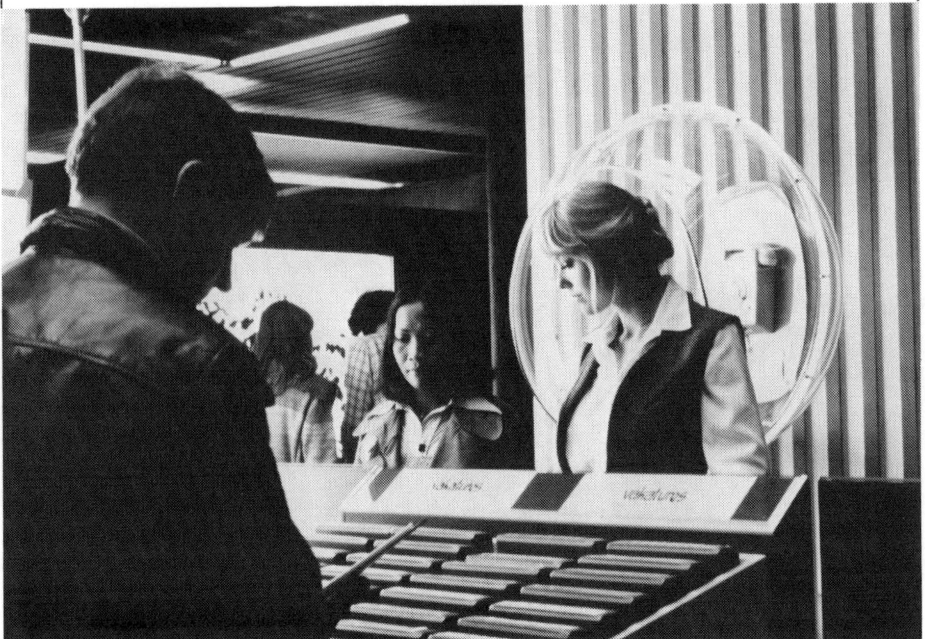

Een Gewestelijk Arbeidsbureau.

Translation practice

I'm looking for a job.

Wat kind of work are you looking for?

Even though I'm not a musician, I'd like to find something in the area of music.

Well, that won't be easy. What kind of jobs have you had?

Oh, I've worked in a movie theater, and in the post office –

Did you sell stamps and so on there?

No, in the post office I washed the windows.

And what have you done to find a job?

I've looked in the papers, I've written letters ...

Have you been to the Regional Employment Office?

Yes, but they didn't have anything there.

Who did you talk to there?

I talked to somebody who wasn't especially friendly. He said I would hear from them.

Well, requests like that they don't get every day.

22 The word ER. Prepositional compounds

er + *preposition*

Dutch has no construction corresponding to out 'of it', 'for it', 'on it' etc.; *'van het', 'voor het'* are only possible when the *het* is an article, not when it is a pronoun. Instead, the word *er* is placed before the preposition in question. Note that this is done whenever a preposition is combined with a reference to an inanimate object or objects, whether neuter or not, both singular and plural:

(van het brood:)	*ik heb een stuk ervan*	I have a piece of it
(van de kaas:)	*ik heb een plakje ervan*	I have a slice of it
(voor de kleren:)	*wat betaalt hij ervoor?*	what is he paying for them?
(voor de auto:)	*hij betaalde duizend gulden ervoor*	he paid a thousand guilders for it
(op de boeken:)	*de kat zit erop*	the cat is sitting on them
(op de tafel:)	*de krant ligt erop*	the paper is lying on it

The preposition *met* assumes a special form *mee* and *tot* a special form *toe:*

(met het mes:)	*wat doe je ermee?*	what are you doing with it?
(met de aardappelen:)	*zij stuurde de jongen ermee*	she sent the boy with them
(tot een besluit:)	*wanneer kwam hij ertoe?*	when did he reach it?
Tot een besluit komen	'to reach a decision'.	

These compounds are often separated by another word in the sentence, regularly by an adverb or an object:

hij zit er nog op	he is still sitting on it
wat doe je er nu mee?	what are you doing with it now?
hij kwam er niet toe	he did not reach it
ik heb er een stuk van	I have a piece of it
betaal je er veel geld voor?	are you paying a lot for it?

The expression of 'of this', 'of that', etc., calls for analogous compounds with, respectively, *hier* and *daar:*

ik heb een stuk hiervan (daarvan) *ik heb hier (daar) een stuk van*	I have a piece of this (that)
wat doe je hiermee (daarmee)?	what are you doing with this (that)?
wat doe je hier (daar) nu mee?	what are you doing with this (that) now?

Observe that these constructions correspond to the somewhat archaic English 'thereof', 'hereon', etc.

The underlying idea here is a very simple one: adverbs of **place** *(er, daar* 'there', *waar* 'where' etc.) are used in constructions in which they become equivalent to a **pronoun** ('it, that, what' etc.). But notice how Dutch uses other adverbs of place to carry the pattern beyond the point that English can:

er	there	*ervoor*	for it
daar	there	*daarvoor*	for it, that
hier	here	*hiervoor*	for this
waar	where	*waarvoor*	for what, which
ergens	somewhere	*ergens voor*	for something
nergens	nowhere	*nergens voor*	for nothing
overal	everywhere	*overal voor*	for everything

The last three examples at the right can equally well be *voor iets, voor niets, voor alles*.

Similarly, 'of what' etc. is a compound with *waar:*

waarvan heb je een stuk? *waar heb je een stuk van?*	what do you have a piece of?
waarvoor betaal je? *waar betaal je voor?*	what are you paying for?
waarop zit hij? *waar zit hij op?*	what is he sitting on?

Relative pronouns accompanied by a preposition also use *waar:*

het brood, waarvan ik een stuk heb *het brood, waar ik een stuk van heb*	the bread I have a piece of
de groente, waarvoor wij veel betalen *de groente, waar wij veel voor betalen*	the vegetables we pay a lot for

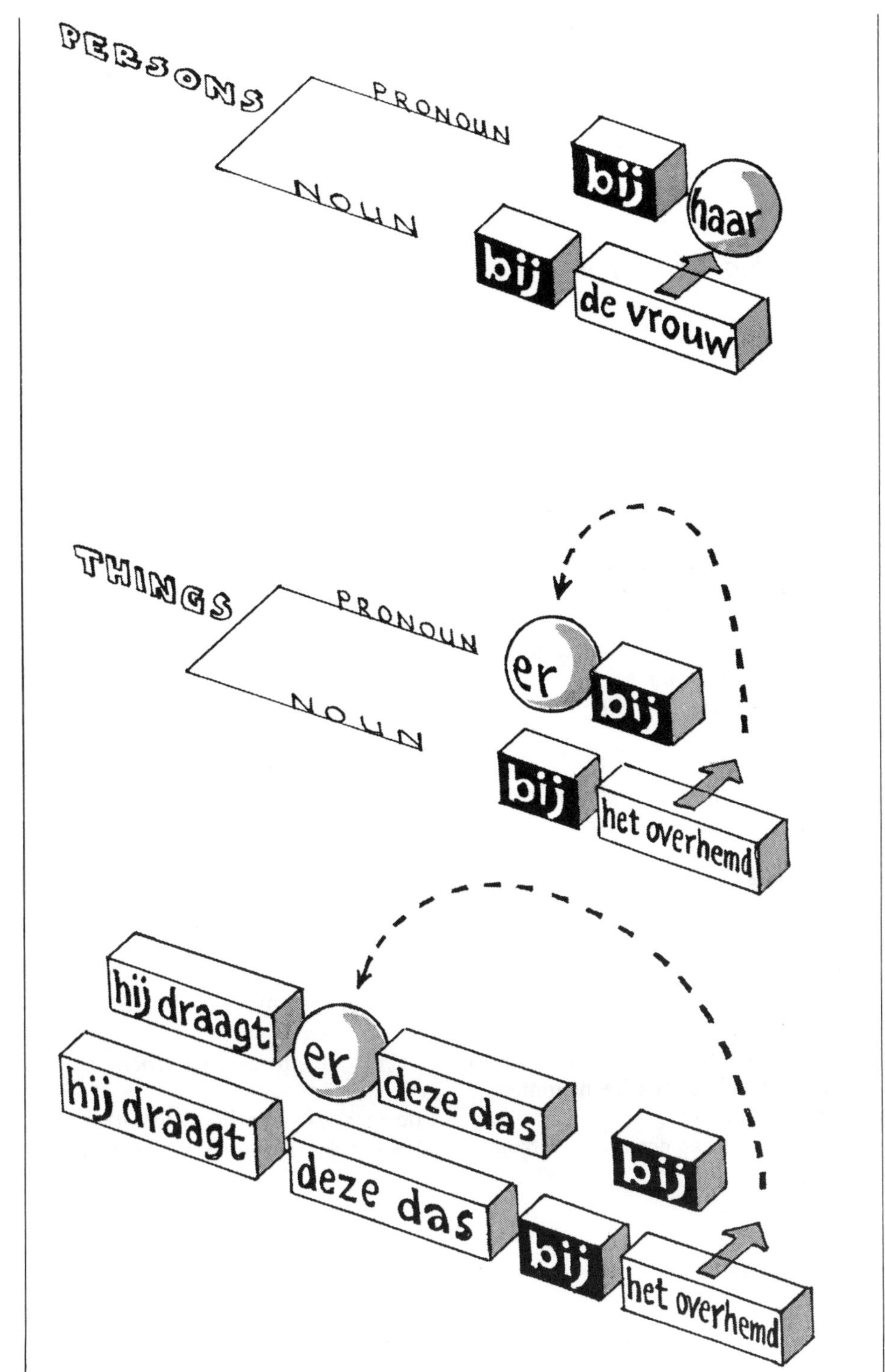
PERSONS
PRONOUN
NOUN
bij
haar
bij
de vrouw
THINGS
PRONOUN
NOUN
er
bij
bij
het overhemd
hij draagt
er
deze das
hij draagt
deze das
bij
bij
het overhemd

Prepositional compounds functioning as relatives can also be used with reference to persons; another version of the sentences in Ch. 20 (p. 138) could be

de man waar ik in de winkel mee praatte	the man I was talking with in the store
dat zijn de mensen waar ik het over had	those are the people I was talking about

Other functions of er

The word *er* is used in the expressions *er is, er zijn,* referring not to place but to availability or existence:

er is niet genoeg water	there is not enough water
er zijn veel mensen	there are a lot of people

Er normally introduces a subject spoken of in a generalizing way, i.e. not accompanied by a definite article, demonstrative or other specifying modifier. Sometimes this is equivalent to English 'there':

er staan veel mensen op straat	many people are standing in the street
er kijken altijd veel vrouwen naar dat programma	a lot of women always watch that program
er ligt een krant op tafel	there is a newspaper lying on the table
er zit niets in	there's nothing in it

Note that in this last example the one word *er* serves two distinct functions at once.

Er is sometimes used as an adverb of place, functioning as an unstressed form of *daar:*

ik ben er nooit geweest	I have never been there
toen ik er was, dacht ik er niet meer aan	when I was there, I didn't think about it any more

Er functions in some cases with a partitive meaning (expressing a part of a larger whole) when *-van* has been omitted:

hoeveel wilt u er?	how many of them do you want?
ik wou er graag een dozijn hebben	I would like to have a dozen (of them).

Vocabulary

behalve	except
bevallen (beviel, bevallen)	to please
het bezoek	company (i.e. visitors), visit
bij elkaar	together
de bon	ticket, slip
de brand	(accidental) fire
de collectie	collection
het ding	thing
doen denken	to make one think
gebeuren (is gebeurd)	to happen
gevaarlijk	dangerous
grijs	gray
de handdoek	towel
het hoofdstuk	chapter
de kassa	cashier['s desk]
de maat	size
het materiaal	material
de mouw	sleeve
opendoen	to open
over	left over
het park	park
prachtig	wonderful
prima	first-rate
rekenen (op)	to count (on)
de schaal	dish
springen (sprong, gesprongen)	to jump
sterk	strong
synthetisch	synthetic
de taak	task
tegen ... op	up against
er tegenop zien	to dread
uitzien	to look out
er uitzien	to look (us. with adjective)
vloeken	to clash, swear
wegrijden (reed, is weggereden)	to ride away

Exercises

Form the possible compounds with the following prepositions, e.g. *op; erop* 'on it', *hierop* 'on this', *daarop* 'on that', *waarop* on what?', 'on which'.

door	voor	bij	om	tegen	aan
na	naar	van	binnen	langs	achter
boven	over	uit	tussen	naast	met[1]

Each of the sentences below contains a prepositional phrase in boldface type, which you are to turn three ways into its pronominal equivalent.

1 Put the phrase in its pronominal form, restating the sentence with the *er* separated from its preposition by any adverb, adverbial phrase or noun object;
2 Restate it again in emphatic form with *er* becoming *daar* at the beginning;
3 Recast the sentence as a question.

1 What form will this have?

Examples:

Ze betalen te veel **voor het huis**.
1 Ze betalen **er** te veel **voor**.
2 **Daar** betalen ze te veel **voor**.
3 **Waar** betalen ze te veel **voor**?

Ik wil deze sjaal **bij mijn nieuwe jas** dragen.
Je hebt zeker in de krant **over die grote brand** gelezen.
Je moet postzegels **voor die brief** kopen.
Ze houdt helemaal niet **van fruit.**.
Hij liep onmiddellijk **met al dat geld** weg.
Ze houdt nooit **met haar werk** op.
De spiegel hangt niet meer **boven de kast.**
Ik bel je vanavond even **over de hele zaak** op.
Hij zette de schrijfmachine **tussen de brieven en de kranten.**
U schrijft de inhoud **van het pakket** op dit papier.
U schrijft de inhoud van het pakket **op dit papier.**

Practice sentences

1 Er komt vanavond bezoek.
2 Wij moeten maar eens wat kopjes en schoteltjes kopen.
3 Er staat een schaal met appels op tafel. Wilt u er soms één?
4 Nee, dank u, ik heb er al een gehad.
5 Dank je wel voor al je hulp. Ik heb je er niet eens om hoeven te vragen.
6 Het ziet er naar uit dat we sneeuw krijgen. – Prima! – Vind je wel? Ik zie er tegenop.
7 Er is gisteren brand geweest. Hebt u erover in de krant gelezen?
8 Ik zou maar eens wat fruit eten. Of houd je er niet van?
9 Als je niet van fruit houdt, waar houd je dan wel van?
10 Dat is iets waarover wij veel gehoord hebben.
11 Wat denk je ervan? Ik ben er tegen.
12 Ik neem nog een kopje koffie, maar daarna moet ik echt weg.
13 Er is nog een stuk papier over. Waar zullen we het voor gebruiken?
14 Hier is het boek waar ik nu tweeëntwintig hoofdstukken van heb gelezen.
15 Heb je maar één handdoek? Er moeten er twee zijn.
16 Hij nam zijn fiets, sprong erop, en reed weg.
17 Waaraan doet u dat programma denken?
18 U hebt gelijk, het zou leuk zijn om in een restaurant in de stad te eten. Daar had ik niet aan gedacht.
19 U leest de krant van vandaag. Staat er iets interessants in?
20 Nee, er is vrijwel niets gebeurd. Er staat hier niets in, behalve een paar dingen over de regering.
21 Ik kan er niets meer van zeggen, omdat ik er nog helemaal niets van weet.
22 Je moet erom denken, dat het erg gevaarlijk kan zijn.
23 Ik reken erop (= on the fact), dat u mij morgen opbelt.

24 Denk erom, dat je het geld meebrengt.
25 Wat voor een man is hij? Daar kan ik niets van zeggen.
26 Er stonden vroeger drie bomen voor het huis maar nu is er maar één over. Wat is er gebeurd?
27 Het is geen makkelijke taak, je moet er niet om lachen.
28 Het weer ziet er vandaag prachtig uit.
29 Toen ik de kast opendeed, vielen er drie glazen uit.
30 Er spelen altijd veel kinderen in het park.

Dialogue

In de winkel

Dag juffrouw.

Goedemiddag meneer.

Hebt u ook overhemden?

Jazeker, wij hebben er in alle maten en kleuren. Welke maat had u willen hebben?

In de winkel.

Ik heb maat 42. Ik zoek eigenlijk een blauw-grijs met lange mouwen.

Wij hebben net een nieuwe collectie binnen. Er zullen er zeker bij zijn die u bevallen.

Ja maar ik heb liever geen nylon. Hebt u niet een ander synthetisch materiaal?

Zeker meneer, ik heb hier een prima overhemd, niet duur en toch sterk.

Hoeveel kost het?

Deze hier kost *f* 34,–.

Hebt u ze niet nog goedkoper?

Ja, ik heb ze wel voordeliger maar niet in dezelfde kleur.

Goed, ik geloof dat ik die maar neem. Nu nog een das erbij – of denkt u dat ik er deze das bij kan dragen?

Ik ben bang dat uw das een beetje bij uw nieuwe overhemd zou vloeken!

Wat hebt u voor dassen?

Wilt u hier even kijken?

Ik neem deze dan maar. Er staat f 21,50 op.

Dat is dan alles bij elkaar *f* 55,50. Wilt u aan de kassa betalen, alstublieft? Hier is uw bon. Dank u wel meneer en goedemiddag.

Translation practice

This is the cupboard I was telling you about.

It looks old. How old is it?

Quite old. There were three old cupboards in my mother's house, and one of those she got from her mother.

What did she use it for?

She kept her dishes and glasses in it.

A cupboard like this is good for everything.

But there's nothing in this one now.

There's nothing in it? Haven't I seen you putting things in it?

No, you've seen my dishes there, with my mother's dishes among them. But everything had to come out.

I see a big table over there, and all the dishes and glasses are on that.

Yes, and the big plates are under it. I have to get the old cupboard repaired, and I dread that!

Why do you have to repair it? It looks strong enough.

When I open it, glasses and vases fall out of it.

Maybe there's too much in it!

23 Diminutives

The forms of the diminutives

A diminutive is a noun derived from another word, usually also a noun, by a special ending and used to indicate smallness, endearment and other meanings.

The Dutch diminutive ending is *-je;* the gender of diminutives is always neuter and their plural is formed by the addition of *-s*. Many words simply add this ending without further change:

het huis	'house'	*het huisje*[1]	'little house'
het boek	'book'	*het boekje*	'little book'
de zak	'bag, pocket'	*het zakje*	'little bag'

In the majority of cases, however, the form of the noun demands certain changes on addition of the diminutive ending. These changes can be stated in the following three rules:

1 Words containing a long vowel or diphthong, either final or followed by *l n r,* add *-tje:*

het ei	*het eitje*	'little egg'
de vrouw	*het vrouwtje*	'litte woman'
de stoel	*het stoeltje*	'little chair'
de schoen	*het schoentje*	'little shoe'
de deur	*het deurtje*	'little door'

This applies also to words ending in *-el -en -er:*

de tafel	*het tafeltje*	'little table'
de deken	*het dekentje*	'little blanket'
de kamer	*het kamertje*	'little room'

1 s + j = 'sh' [š]

2 Words containing a short vowel ending in *l r m n ng* add *-etje:*

de bel	*het belletje*	'little bell'
de ster	*het sterretje*	'little star, asterisk'
de kam	*het kammetje*	'little comb'
de pan	*het pannetje*	'little pan'
het ding	*het dingetje*	'little thing'

3 Words containing a long vowel, diphthong, unstressed vowel or vowel plus *r, l* and ending in *-m* add *-pje:*

de boom	*het boompje*	'little tree'
de duim	*het duimpje*	'little thumb'
de bezem	*het bezempje*	'little broom'
de arm	*het armpje*	'little arm'
de film	*het filmpje*	'little film', 'roll of film'

The word *bloem* has the diminutive form *bloempje*, though most Dutch speakers use *bloemetje* instead.

Most words which have a short vowel in the singular and a long vowel in the plural also have this long vowel in the diminutive form:

het glas –	*de glazen*	*het glaasje*	'little glass'
het schip –	*de schepen*	*het scheepje*	'little ship'

When the diminutive suffix is added to words ending in *-cht, -ft* or *-st*, the *t* disappears in the pronunciation although it is retained in the spelling:

				(pronounced as if)
lucht	'air'	*luchtje*	'odor'	*luchje*
zacht	'soft'	*zachtjes*	'softly'	*zachjes*
kist	'chest'	*kistje*	'little chest'	*kisje*
lijst	'list'	*lijstje*	'little list'	*lijsje*

Remember that the *sj* combination is a single sound resembling 'sh' in English.

Use of the diminutive

Diminutives are very widely used by speakers of Dutch and are a very important expressive feature of the language. To explain this by saying that the Dutch have some fondness for the smallness of things (which natives themselves will occasionally claim) would be to miss the main point. Smallness pure and simple is indicated by the adjective *klein*. The diminutive, on the other hand, might best be called a 'personalizing' suffix which says nothing more than that the user is adopting a certain attitude toward the thing. The range of possible attitudes is wide and can be learned only with some experience in listening and reading. Here are a few samples:

de zon gaat om vijf uur onder	the sun sets at five o'clock
't zonnetje schijnt	the sun is shining (and it's pleasantly warm)
de Nederlandse taal	the Dutch language
wat is dat voor een gek taaltje?	what kind of an odd lingo is that?
in Holland zie je veel koeien	in Holland you see a lot of cows
zie je al die koetjes?	do you see all those cows? (said to a child)

Very frequently the diminutive suffix serves an entirely different function, namely that of distinguishing between two separate meanings or that ot converting a word from another part of speech into a noun:

de lepel	'tablespoon'	*het lepeltje*	'teaspoon'
het scheermes	'razor'	*het scheermesje*	'razor blade'
kwart	'fourth, quarter'	*het kwartje*	'25-cent coin'
klein	'small'	*een kleintje*	'a little one'
toe	'in addition'	*het toetje*	'dessert'
onder ons	'between us'	*onderonsje*	'tête-à-tête'

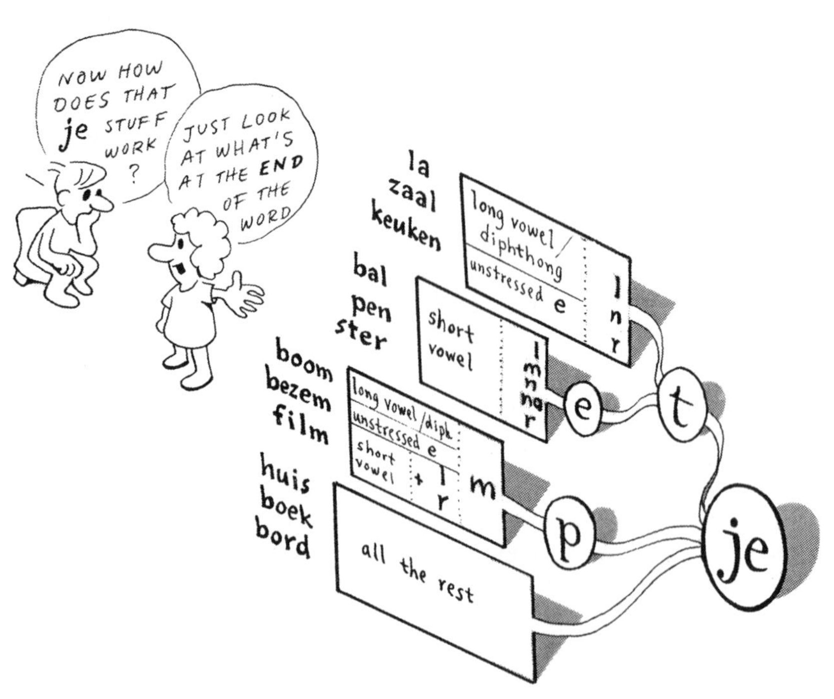

Vocabulary

de bal	ball	*de pas*	step
het biertje	glass of beer	*het spoor*	trace
de boodschap	errand	*het strijkje = strijk-orkest*	string ensemble
de borrel	drink (gin)	*het tijdje*	short time
de bui	shower	*het uitstapje*	pleasure trip
het chocolaatje	piece of chocolate	*voetballen*	to play soccer
dagelijks	daily	*voorzichtig*	careful
dol op	fond of	*vrijwel geen*	hardly any
eventjes	a moment	*vuil*	dirty
de hap	bite	*wegdoen (deed, gedaan)*	to get rid of
het idee	idea	*wisselen*	to change
het juweel	gem	*het woordje*	little bit (of a language)
het kleintje	little one	*het zakje*	bag
de koek	(tea)cake	*zakvol*	pocketful
de melkboer	milkman		
netjes	nice (proper)		
om	(here) on		
ondergaan	to set		

Exercises

Form the diminutives of the following:

het boek	het brood	de vogel	de brief	de doos	de schoen	de keuken
de zon	de boer	het schip	de boot	de pan	de vis	de bal
de fles	de kamer	de bloem	de klok	het glas	de zoon	de broer
de deur	de vrouw	de fiets	de stoel	het huis	de man	de bezem

Practice sentences

1. Ik vond een winkeltje op de hoek en belde hem even op.
2. Een eindje voorbij ons huis kunt u zien waar zij aan 't bouwen zijn.
3. Ik heb alleen maar een briefje van tien gulden.
4. Dat kunt u zeker niet wisselen. Ja, toch wel.
5. Op dat tafeltje in de hoek staat een doos met lepeltjes.
6. Wij maken een uitstapje naar een van de stadjes in de buurt.
7. De kat heeft een belletje om, zodat de vogels hem horen.
8. Een tijdje geleden kon ik nog vrijwel geen Nederlands spreken. Ik praatte wel erg voorzichtigjes.
9. De kinderen zijn altijd dol op snoepjes. Zullen we maar wat chocolaatjes meenemen?
10. Bij de melkboer nemen we dagelijks een grote fles en twee kleintjes.
11. Hij heeft een heel aardig vrouwtje, maar toch vind ik dat ze een beetje teveel praat.

12 Wij bleven een uurtje in het zonnetje zitten, omdat het van de week zo bewolkt is geweest.
13 Bij ons glaasje limonade hebben ze ons een schoteltje met koekjes gebracht.
14 Wat is dat voor een dingetje? Doe dat vuile doosje nou toch onmiddellijk weg!
15 Neem toch nog een stukje koek! Ik zie daar geen spoortje meer van.
16 Wil je een filmpje voor me meebrengen? Ik wou wat foto's maken.
17 Wij hadden het eventjes over ons uitstapje.
18 De jongens voetballen in de straat met een klein balletje.
19 Willen jullie even een hapje eten? Of zullen we maar in de stad gaan koffiedrinken?

De melkboer.

20 Ik heb geen guldens, maar wel een zak vol kwartjes en dubbeltjes.
21 In de steden spreken veel mensen een woordje Engels, maar in de dorpjes spreken ze helemaal geen Engels.
22 Dat boek is niet van mij, maar ik ga het toch lezen.
23 Ik moet een nieuwe kam en wat scheermesjes kopen.
24 Na het werk gingen we naar ons café en dronken een borreltje.
25 Op zaterdag moet ik eerst even een paar boodschapjes doen.
26 Hij loopt heel voorzichtig, met hele kleine pasjes, alsof hij bang is om te vallen.
27 Zodra dit buitje over is kunnen we verder gaan.
28 Je moet onze stad eens komen bezoeken. We hebben echt een juweeltje van een stadhuistoren!
29 Dat is een ontzettend duur restaurant. Er speelt 's avonds een strijkje.
30 Je hoeft het helemaal niet te doen. Het was maar een ideetje.

Translation practice

Shall we take an excursion to Almere in the new polder?

You said *uitstapje.* Why are so many things 'little' here?

What do we call 'little', for example?

You say *tientje, kwartje* and *dubbeltje,* you just bought a *filmpje,* and we just had a *biertje*.

But I never said they were 'little'.

But all those words have *je* at the end.

Oh, that doesn't mean that things are small.

I thought you made everything small because it's a small country –

No, we don't use *je* because the country is small. We do have a word for 'little'.

But you don't use *klein* more than we use 'little'.

Quite right. A *filmpje* isn't the same as a 'little film', and a *scheermesje* isn't a 'little razor' –

– and our *biertje* here isn't little at all! Thanks for the big glass.

You're welcome. Now, what do you think about that excursion to Almere?

Excellent! As long as it's not a 'little' *uitstapje.*

24 The passive voice

The passive construction

In a passive construction the subject of the sentence undergoes the action of the verb. Dutch expresses this relationship by the use of the verb *worden*, the independent meaning of which is 'to become', plus the past participle of the verb. The agent is indicated by *door* 'by':

Active

ik schrijf een brief	I write a letter
ik schreef een brief	I wrote a letter
ik zal een brief schrijven	I will write a letter

Passive

de brief wordt (door mij) geschreven	the letter is written (by me)
de brief werd (door mij) geschreven	the letter was written (by me)
de brief zal (door mij) geschreven worden	the letter will be written (by me)

Although the perfect tense of *worden* in the meaning 'to become' is *is geworden*, the past participle of *worden* does not appear in the perfect tenses of a passive construction.

de brief is (door mij) geschreven	the letter has been written (by me)
het raam is pas gebroken	the window has just been broken
de jongens waren al geroepen	the boys had already been called

Notice that Dutch makes no distinction between the perfect tense of a passive action and a predicate adjective following a form of *zijn:*

het raam is pas gebroken	the window has just been broken
het raam is gebroken	the window has been broken the window is broken
het raam is open	the window is open

Let us consider the Dutch passive constructions for a moment from the standpoint of English. The phrase 'the door is closed' can mean two things, each of which is expressed in a different way in Dutch. First, it can express the observation that someone is at the moment in the process of closing the door. In this case the passive is demanded in Dutch:

de deur wordt gesloten	the door is (being) closed

But it can also indicate simply that at the moment the door is in a state of being closed, which is not a passive:

de deur is gesloten	the door is closed

However, since in Dutch 'the door is closed' (state of being) amounts to the same as saying 'the door has been closed', this completed action is expressed in Dutch in the same way:

de deur is gesloten	{the door has been closed the door is closed

'Er' *and the passive sentence*

Passive sentences may be introduced by *er* and thereby given a generalized, non-specific meaning difficult to translate (Compare the generalizing function of *er* discussed in Chapter 22):

er werden veel ramen gebroken	many windows were broken (i.e., there were many windows which got broken, there was a lot of window-breaking)

compare:

veel ramen werden gebroken	many windows were broken (i.e., many of the windows got broken)

The passive voice introduced by *er* is also used without any grammatical subject; such a construction must be rendered in English by a paraphrase:

er wordt gezongen	there is singing
er werd veel gepraat	a lot of talking was done
er wordt (aan de deur) geklopt	there is a knock (at the door)

Active construction with men *or* je

Just as in English we use 'one' or an impersonal 'you' instead of a passive construction, Dutch uses the words *men* or *je* and an active construction. We have seen in Chapter 18 that *men* is the formal, written form, while *je* is the everyday spoken form:

dat doet men hier niet	one does not do that here
men zegt dat het waar is	they say it is true
je weet nooit wat het beste is	you never know what is the best
sigaretten kun je daar niet krijgen	you can't get cigarettes there

Dutch uses an infinitive preceded by *te* and a form of the verb *zijn* in a construction which must usually be rendered by a passive in English:

grote auto's zijn vaak niet te krijgen	big cars are often not to be had
dat bier was niet te drinken	that beer was not to be drunk (i.e., not drinkable)

Vocabulary

het aantal	number
aanzienlijk	considerable
afhalen	to pick up
de Afsluitdijk	Barrier Dam
algemeen	general
over 't algemeen	in general
het auto-ongeluk	automobile accident
bestellen	to order
bijzonder (pron. *bie-*)	special
droogleggen	to reclaim by draining
het druk hebben	to be busy
druk aan 't ...	busily ...ing
Duits	German
Duitsland	Germany
dwars door	straight across
Frankrijk	France
Frans	French
de functie	function
de geschiedenis	history
gewond zijn	to be injured
het IJsselmeer	IJssel lake
importeren	to import
kiezen (koos, gekozen)	to select, elect
de kust	coast
de leider	leader
neerzetten	to place, establish
de Noordzee	North Sea
ontstaan (ontstond, is ontstaan)	to come into being
de partij	party
het plastic[1]	plastic
het projekt	project
de schaal	scale
ten slotte	finally
tijdelijk	temporary
uitdraaien	to turn out
verminderen	to lessen
veroveren op	to conquer from
vertonen	to show
vrijkomen	to become available
vruchtbaar	fertile
weggeven (gaf-gaven, gegeven)	to give away
weggooien	to throw away
de wijn	wine
het ziekenhuis	hospital
zelden	seldom
zogenaamd (zgn.)	what is called, so-called

1 Like most words borrowed from English with the vowel of 'tram', 'jam' or 'flat', this is pronounced with the Dutch *e* of *met*.

Exercises

All but a few of the practice sentences in this chapter are in the passive voice[2]. Restate at least the first dozen or so of these in active, supplying where necessary an implied or appropriate subject. Example: 1. Leren ze de lessen allemaal goed?

2 For instance, nos. 1 through 8, 10 through 14, ... What is the tense, by the way, of no. 10?

Practice sentences

1 Hij werd vorige week tot leider van zijn politieke partij benoemd. De partij wordt geleid door iemand met veel talent.
2 Het water wordt door de molens uit de sloten en kanalen naar de rivieren gepompt.
3 Toen het licht uitgedraaid was, werd de film vertoond.
4 Zij werd aan de telefoon geroepen en kwam niet terug.
5 In Frankrijk wordt veel meer wijn gedronken dan hier.
6 Er wordt hier geen Frans gesproken.
7 Maar er wordt hier wel Duits gesproken.
8 Er wordt aan de deur geklopt. Wie is er?
9 Grote auto's zijn hier niet te krijgen. Het heeft geen zin om ze te zoeken.
10 De brief is wel door Frits getekend, maar ik zie dat hij door Anna geschreven is.
11 Wij zullen in Amsterdam door onze vrienden afgehaald worden.
12 Plotseling werd er veel lawaai gehoord, en onmiddellijk daarna werd er buiten geroepen. De hele zaak is nooit verklaard.
13 Er wordt in Amerika veel melk gedronken.
14 De melk wordt niet in flessen maar in plastic verkocht.
15 Er gebeuren elk jaar veel auto-ongelukken op onze autowegen.
16 In Nederland wordt elk jaar ontzettend veel fruit geïmporteerd.
17 Ons bezoek aan Brussel moet even uitgesteld worden. Brussel heeft een lange geschiedenis.
18 De twee mensen die bij het auto-ongeluk gewond werden zijn onmiddellijk naar het ziekenhuis gebracht.
19 In Vlaanderen worden Vlaamse en Nederlandse boeken gelezen.
20 De Afsluitdijk werd tussen 1927 en 1932 gebouwd. Hij heeft een belangrijke functie.
21 Over 't algemeen wordt in die fabriek hard gewerkt. Zij hebben het op 't ogenblik bijzonder druk.
22 Hij is nog druk aan 't praten.
23 Deze brief is niet door Kees geschreven.
24 In Nederland worden veel Vlaamse romans gelezen. Maar het aantal is de laatste jaren verminderd.
25 Nadat iedereen mijn sjaal gezocht had, werd hij eindelijk in de la gevonden.
26 Het water voor veel steden bij de kust wordt uit de duinen gepompt.
27 Sinaasappels moeten uit andere landen worden geïmporteerd (geïmporteerd worden).
28 In het IJsselmeer worden op grote schaal dijken gebouwd. Een aanzienlijk aantal worden er gebouwd.
29 Over het algemeen kan zo'n reis in anderhalve dag worden gemaakt (gemaakt worden).
30 Hier wordt alleen Nederlands gesproken. Er wordt hier geen Engels gesproken.

Het IJsselmeer

In Nederland heeft men altijd vruchtbare grond voor de landbouw op de zee veroverd. Vooral sinds de middeleeuwen zijn aanzienlijke stukken land drooggelegd.

In onze eigen tijd wordt dit op grote schaal in de Zuiderzee gedaan. Eerst moest er een zware dijk dwars door de zee gebouwd worden. In 1927 werd een begin gemaakt met dit projekt, en in 1932 werd het laatste gat gesloten. Deze dijk wordt de Afsluitdijk genoemd. De Zuiderzee werd door de Afsluitdijk van de Noordzee gescheiden, en wordt nu het IJsselmeer genoemd.

In het IJsselmeer werden dijken gebouwd. Zo ontstonden polders, de zogenaamde IJsselmeerpolders. Het water werd uit de nieuwe polders gepompt. Er kwam toen vruchtbare landbouwgrond vrij waar tenslotte nieuwe boerderijen neergezet werden. In 1986 werden deze polders de nieuwe provincie Flevoland, de twaalfde provincie. Als hoofdstad werd Lelystad gekozen.

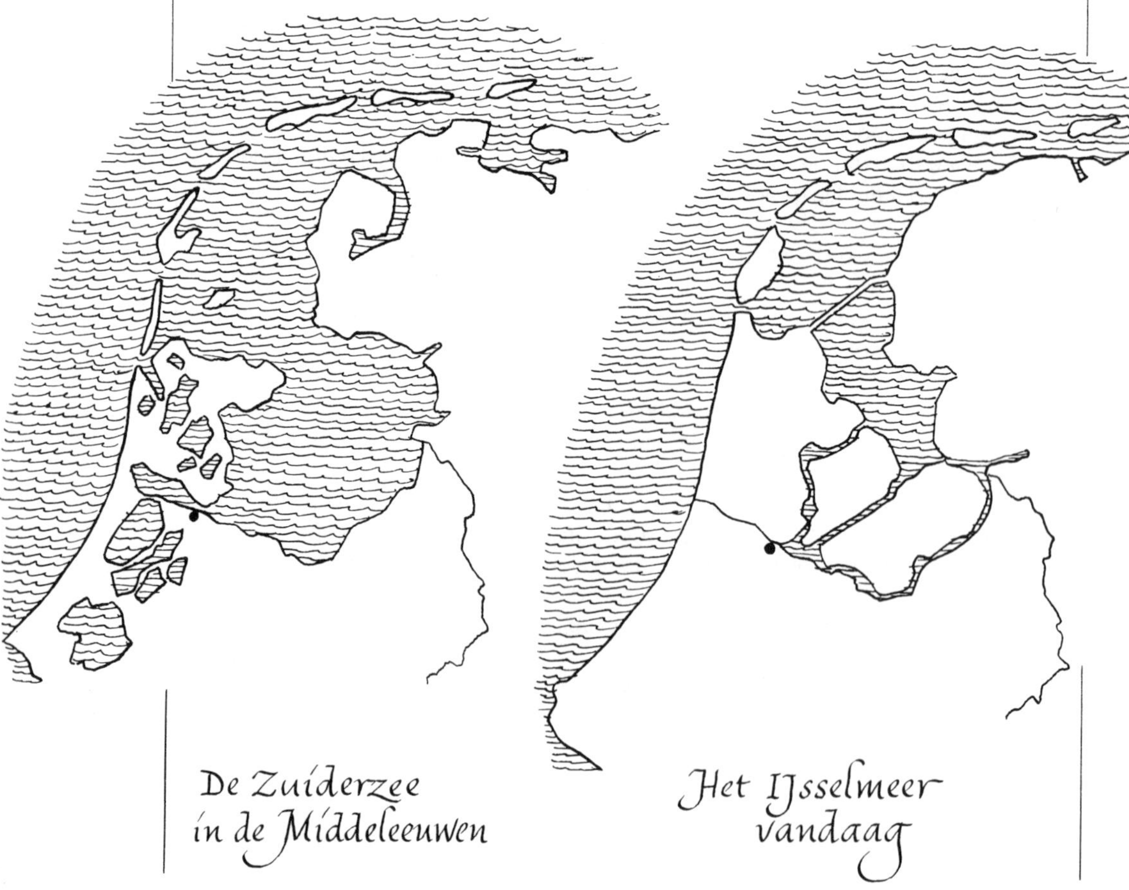

De Zuiderzee in de Middeleeuwen

Het IJsselmeer vandaag

In de provincie Flevoland.

Translation practice

I was picked up by my friends in Amsterdam, and brought here to Leeuwarden.

Did you drive over the *Afsluitdijk?*

Yes, that's a beautiful thing to see. Do you know how old it is?

I believe it was built in 1932. Now it's more than fifty years old.

A half century ago the Zuiderzee was cut off from the sea?

Yes, but it isn't called the Zuiderzee any more.

I know. It's called the IJsselmeer now.

If you know that, then you know about the IJsselmeer polders.

The polders are mentioned in most books about the Netherlands, but I haven't seen them yet.

You must see all that fertile agricultural land that's been reclaimed – and is being reclaimed.

But the water has to be pumped out of the polders, and that's done by windmills.

No, not any more. Today the water is pumped electrically into the canals, and from there into the rivers or the sea.

That's less attractive for visitors.

The windmills are much too small for our large projects today. But they're still there to see. Here the past isn't thrown away.

Het IJsselmeer

25 Reading selections

Geschiedenis

De Nederlandse gewesten waren in de zestiende eeuw nog een deel van het Bourgondisch-Habsburgse Rijk. De vestiging van een zelfstandige staat begon in 1568 toen een aantal Noord-Nederlandse gewesten in opstand kwam tegen Philips II, koning van Spanje. Deze opstand werd geleid door Prins Willem van Oranje, die in de Nederlandse geschiedenis bekend staat als de 'Vader des Vaderlands' en van het Nederlandse vorstenhuis. De vrijheidsoorlog duurde tachtig jaar (1568-1648). In 1648 werd Nederland een zelfstandige republiek. De zeventiende eeuw (de 'Gouden Eeuw') kende een grote uitbreiding van de handel. De grote welvaart bracht grote culturele bloei.

De Republiek bleef tot aan de tijd van Napoleon bestaan. In 1795 werd Nederland opgenomen in het grote Franse rijk, en de Franse bezetting duurde tot 1813. In 1814 werd Nederland een Koninkrijk. Het bestond uit Noord-Nederland (nu Nederland) en Zuid-Nederland (nu België en Luxemburg). De eerste koning werd Willem I van Oranje-Nassau. In 1830 werd Zuid-Nederland onder de naam België een zelfstandig koninkrijk.

Nederland is een constitutionele monarchie met parlementair stelsel. Het tegenwoordige staatshoofd is Koningin Beatrix. De koningin is getrouwd met Prins Claus en het koninklijk paar heeft drie zoons: Willem Alexander, Johan Friso en Constantijn.

Prinsjesdag

Ieder jaar op Prinsjesdag, de derde dinsdag in september, vindt de opening van de Staten-Generaal (het parlement) plaats. Dit gebeurt in Den Haag, de zetel van de regering, in de oude middeleeuwse Ridderzaal op het Binnenhof. Nadat zij door de stad gereden is, komt de koningin in de beroemde Gouden Koets op het Binnenhof aan. Zij wordt gevolgd door de leden van het Hof, de ministers en andere leden van de regering en vele officieren, een kleurige stoet in prachtige uniformen. Geen wonder dat de mensen langs de route staan te wachten om deze prachtige stoet te zien. Op het Binnenhof zelf, het open plein waarvan men in ieder boek over Nederland een foto kan zien, staan veel mensen op de Koningin te wachten.

Prinsjesdag,

In de Ridderzaal gekomen, neemt de Koningin plaats op de troon. Tegenover haar zitten de ministers, links en rechts de leden van de Eerste en Tweede Kamer. De zitting van de Staten-Generaal wordt nu door de Koningin geopend door het uitspreken van de Troonrede. In deze korte rede kondigt zij het programma van de regering voor het volgend jaar aan. De rede wordt door de mensen op het Binnenhof door luidsprekers en overal in Nederland door de radio en televisie gehoord. Aan het einde van haar rede verklaart zij de zitting van de Staten-Generaal voor geopend, en nadat de voorzitter van de Eerste Kamer de woorden 'Leve de Koningin' uitgesproken heeft, is de eerste zitting van het nieuwe regeringsjaar afgelopen.

Prinsjesdag heeft voor het hele Nederlandse volk niet alleen een grote politieke betekenis, maar is ook een symbool van de functie van Kroon en Staten-Generaal in het bestuur van het land.

De Kroon en het Parlement

De Koningin en de vijftien ministers vormen samen 'de Kroon'. De ministers, met aan hun hoofd de minister-president, vormen samen het kabinet. De politieke partijen die aan het kabinet deelnemen verdelen de ministerszetels in verhouding tot het aantal zetels dat zij in de Staten-Generaal hebben. De ministers worden door de Koningin benoemd en zijn verantwoordelijk aan de Staten-Generaal voor het regeren van het land.

De Staten-Generaal bestaan uit twee Kamers, de Eerste en de Tweede. Deze vertegenwoordigen het volk en hebben samen met de Kroon de wetgevende macht.

de derde dinsdag in september.

De Tweede Kamer bestaat uit honderdvijftig leden, die voor vier jaar worden gekozen. De leden van deze Kamer worden door het volk gekozen. De Eerste Kamer bestaat uit vijfenzeventig leden, die voor zes jaar worden gekozen. Zij worden niet door het volk gekozen, maar door de Provinciale Staten. Nederland is verdeeld in elf provincies; het bestuur van de provincies wordt gevormd door de Provinciale Staten, de leden waarvan – net zoals die van de Tweede Kamer – ook door het volk worden gekozen.
In de Staten-Generaal zijn de grote en kleine politieke partijen vertegenwoordigd.

De verschillende partijen hebben in iedere Kamer hun eigen zetels. Het aantal zetels dat iedere partij krijgt hangt af van het aantal stemmen dat deze partij in het hele land heeft gekregen.

Verzuiling

Kenmerkend voor de Nederlandse samenleving is de zogenaamde 'verzuiling': naast elkaar bestaan in het politieke en maatschappelijke leven vele organisaties die vrijwel of helemaal hetzelfde doel nastreven, maar alleen verschillen in levensbeschouwelijk opzicht. Men organiseert zich met andere woorden voor een bepaalde activiteit in een organisatie die op basis van een (al dan niet godsdienstige) levensbeschouwing staat. Men vindt dit verschijnsel niet alleen in de politiek maar ook in de radio en televisie, pers, onderwijs, en de zeer vele vrije-tijdsorganisaties.

Van de Nederlandse bevolking behoort 37% tot de Rooms-Katholieke Kerk, 21% tot de (protestantse) Nederlands Hervormde Kerk, en 7% tot de (ook protestantse) Gereformeerde kerken. 8% is lid van andere kerken en 27% van de Nederlanders, de zgn. buitenkerkelijken, behoort tot geen enkele kerk.

Organisaties op levensbeschouwelijke basis komen in vele landen voor, maar hebben zich in geen ander land zo sterk tot een systeem ontwikkeld als in Nederland. Maar er hebben in de laatste jaren grote veranderingen plaatsgevonden. De maatschappelijke verdeeldheid die men 'verzuiling' noemt is duidelijk aan het verminderen.

De Tweede Kamer in debat.

Vocabulary

aankondigen	to announce
de activiteit	activity
afgelopen	ended
afhangen (hing, gehangen) van	to depend upon
al dan niet	whether or not
de basis	basis
bekend staan als	to be known as
bepaald	certain
het bestuur	administration
de bezetting	occupation
het Binnenhof	courtyard in front of parliament building
blijven (bleef, is blijven–) + inf.	to continue to
de bloei	flowering
Bourgondisch	Burgundian
buitenkerkelijk	without church affiliation
cultureel	cultural
deelnemen (nam-namen, genomen)	to participate
Gereformeerd	Orthodox Reformed
het gewest	territory
godsdienstig	religious
Hervormd	(Dutch) Reformed
het Hof	Court
het kabinet	cabinet
de kamer	(here) chamber
kenmerkend	characteristic
kleurig	colorful
de koets	coach
de koning	king
het koninkrijk	kingdom
koninklijk	royal
kort	short
de kroon	crown
leve	long live
levensbeschouwelijk	having to do with belief
levensbeschouwing	belief, convictions
het lid (plur. *leden*)	member
de luidspreker	loudspeaker
maatschappelijk	social
de macht	power
middeleeuws	medieval
de minister	(cabinet) minister
de minister-president	prime minister
de monarchie	monarchy
nastreven	to pursue, have as goal
de officier	officer
de oorlog	war
de opening	opening
opnemen (nam-namen, genomen)	to absorb
de opstand	revolt
het opzicht	respect
de organisatie	organization
organiseren	to organize
het parlement	parliament
parlementair	parliamentary
plaatsnemen (nam-namen, genomen)	to take a seat
plaatsvinden (vond, gevonden)	to take place
de prins	prince
protestants	protestant
de Provinciale Staten	provincial legislature
de rede	speech
regeren	to govern
de republiek	republic
de Ridderzaal	the 'Knights' Hall', in parliament building
het rijk	empire
Rooms-katholiek	Roman Catholic
de route	route
de samenleving	society
Spanje	Spain
de staat	state
het staatshoofd	head of state
de Staten-Generaal	States General, the Netherlands parliament
het stelsel	system
de stem	vote
de stoet	procession
het symbool	symbol
het systeem	system
de troon	throne
de Troonrede	the Queen's speech in parliament
de uitbreiding	expansion
uitspreken (sprak-spraken, gesproken)	to pronounce
het uniform	uniform
het vaderland	native country
verantwoordelijk	responsible
de verdeeldheid	fragmentation
verdelen	divide, distribute
de verhouding	proportion
verklaren	to declare
het verschijnsel	phenomenon
verschillen	to differ
vertegenwoordigen	to represent
de verzuiling	social division into blocs, 'pillarization'
de vestiging	establishment
de voorzitter	chairman
het vorstenhuis	dynasty

de vrije-tijds-organisatie	leisure organization	*het wonder*	wonder, miracle
de vrijheid	liberty	*zelfstandig*	independent
de welvaart	prosperity	*de zetel*	seat
wetgevend	legislative	*de zitting*	session

26 Telling time

Hour and half-hour

The Dutch method of reading the clock differs strikingly from the English. The principal reason for this is the fact that the half hour is treated as just as important a point in time as the hour itself: whereas in English the minutes are reckoned with relation to the hour, in Dutch they are reckoned with relation to both the hour and the half hour. An interesting concrete example of this habit is the fact that in the Netherlands the clocks in churches and town halls strike the hour, e.g. 5, both at the half-hour (4:30) and at the hour (5:00).

The hour is expressed by the appropriate number followed by the word *uur.* The word *om* expresses 'at':

hoe laat is het?	what time is it?
het is één uur	it is one o'clock
het is nu drie uur	it is now three o'clock
om twaalf uur	at twelve o'clock
wij komen om acht uur	we are coming at eight o'clock

From a quarter to the hour until a quarter past the hour, the minutes are either before, *voor*, or after, *over*, the hour:

het is kwart voor een	it is a quarter to one
het is tien voor een	it is ten to one
het is vijf over een	it is five past one
het is kwart over een	it is a quarter past one

The half hour is expressed by the word *half* plus the coming hour. The word *uur* is not expressed:

het is half twee	it is 1:30
het is nu half vijf	it is now 4:30
wij komen om half acht	we are coming at 7:30

A good way to remember this custom is to think of 'halfway towards two', and so on.

Between a quarter past the hour and a quarter to the next hour, not including the quarter hours themselves, the minutes are counted before and after the half hour:

het is tien voor half een	it is 12:20 (i.e., ten minutes before 12:30)
het is vijf voor half zeven	it is 6:25
om vijf over half acht	at 7:35 (i.e., five minutes past 7:30)
om tien over half elf	at 10:40

An approximate time can be expressed by *tegen* 'towards', *omstreeks* 'around', or *een uur of ...*; this latter construction has been discussed in Chapter 12.

Wij komen tegen acht uur	we'll come towards eight
zullen we om een uur of acht komen?	shall we come about eight?
wij gaan om een uur of half zes eten	we're going to eat at about 5:30

Adverbs of time

Adverbs of time formed with *'s*, which we have seen in *'s avonds* and *'s middags*, are possible with parts of the day and the names of three of the days of the week:

's morgens ('s ochtends, 's middags, 's avonds, 's nachts) ben ik thuis	in the morning (in the afternoon, in the evening, at night) I am at home
's zondags, 's maandags, 's woensdags	on Sunday, on Monday, on Wednesday (i.e., every Sunday, Monday, Wednesday)
but: *dinsdags, donderdags, vrijdags, zaterdags*	on Tuesday, Thursday, Friday, Saturday

---

Vocabulary

de aankomst	arrival
achterlopen (liep, gelopen)	to be slow
bestellen	to deliver (mail)
bezet	busy, occupied
het bureau	desk
de bladzijde (familiar: *bladzij*; plur. bladzij's)	page
controleren	to keep track
dateren	to date
donker	dark
draaien	to dial
eenmaal	once
genieten van	to enjoy
de hal	hall
halen	to catch (a train)
het horloge	watch
inlichtingen	information (desk)
de intercitytrein	express train
de kroeg	pub, tavern
de kwaliteit	quality
het loket	ticket window
de middag: tussen de middag	around noon
de mist	fog
mooi (de) tijd	plenty of time
morgenochtend	tomorrow morning
de neef	cousin
het nummer	number
de ober	waiter
de ochtend	morning
ophouden met (hield, gehouden)	to stop
de pauze	intermission
het perron	platform
de postbode	mailman
de restauratie	restaurant (e.g. in station)

rustig	quiet	*de vertraging*	delay
schikken	to be convenient	*vertrekken (vertrok, is vertrokken)*	to depart
de sfeer	atmosphere	*de voorbijganger*	passerby
het spitsuur	rush hour	*voorlopen (liep, gelopen)*	to be fast
het spoorboekje	book of railroad timetables	*de vriendin*	female friend, girl friend
stoppen	to stop (of a vehicle)	*waarschuwen*	to let know, to warn
het terras	sidewalk café	*de wachtkamer*	waiting room
thuiskomen (kwam-kwamen, is gekomen)	to come home	*wegens*	because of
tot uw dienst	you're welcome	*werkelijk*	real

Exercises

Express the following times in Dutch:

12:00	12:05	2:30	2:45	8:10	8:15
8:29	7:35	10:40	1:50	4:45	4:30
2:20	2:55	5:25	5:31	6:45	6:28
2:00	9:26	11:59	12:30	12:55	9:40

Dutch railroad timetables work according to the 24-hour system. Study this page from the *spoorboekje* and practice comments like

De trein vertrekt 's middags om drie uur uit A. De sneltrein komt 's avonds om vijf over acht in B. aan.

de stoptrein stopt om kwart over negen in C.

Je moet om zeven over tien in D. overstappen.

Zij komt met de trein van half vier.

Notice that the 'Intercity' express trains are indicated by the symbol of two interlocking arrows.

Practice sentences

1 's Morgens om elf uur drinkt men in Nederland koffie.
2 Als u die brieven vanavond voor half acht naar de brievenbus brengt, zullen ze morgenochtend om elf uur worden besteld.
3 's Winters wordt het hier gewoonlijk om vijf uur donker.
4 Wij krijgen onze post vroeger dan jullie. De postbode komt gewoonlijk tegen elf uur 's morgens.
5 Ik zal je morgenochtend om tien over half tien afhalen.
6 De volgende trein vertrekt om negen voor half een, en komt om ongeveer vijf over een in Eindhoven aan.
7 Als je een zee van auto's wilt zien, moet je om een uur of vijf in Amsterdam zijn!
8 De film begint om kwart over het uur en is na drie kwartier afgelopen.

128 Intercity

Groningen
Haren
Assen
Beilen
Hoogeveen
Meppel
Zwolle
Amersfoort
Hilversum
Amsterdam CS
Leeuwarden
Grouw-Irnsum
Akkrum
Heerenveen
Wolvega
Steenwijk
Utrecht CS
Rotterdam CS
Gouda
Voorburg
Den Haag CS

H > vervolg >

treinnummer		738	8140	540	742	8144	544	746	8148	548
Groningen		10 34	⚒10 57	⚒11 17	11 34	⚒11 57	⚒12 17	12 34	⚒12 57	⚒13 17
Haren		10 40	11 03		11 40	12 03		12 40	13 03	
Assen		10 54	11 17	11 34	11 54	12 17	12 34	12 54	13 17	13 34
Beilen		11 04	11 28		12 04	12 28		13 04	13 28	
Hoogeveen		11 13	11 38		12 13	12 38		13 13	13 38	
Meppel		11 26	11 52		12 26	12 52		13 26	13 52	
Zwolle	o	11 42	⚒12 09	12 15	12 42	⚒13 09	13 15	13 42	⚒14 09	14 15
treinnummer		738	540		742	544		746	548	
Leeuwarden		10 32	⚒11 15		11 32	⚒12 15		12 32	⚒13 15	
Grouw-Irnsum		10 41			11 41			12 41		
Akkrum		10 47			11 47			12 47		
Heerenveen		10 55	11 33		11 55	12 33		12 55	13 33	
Wolvega		11 03			12 03			13 03		
Steenwijk		11 12	11 48		12 12	12 48		13 12	13 48	
Meppel	o	11 21			12 21			13 21		
Meppel		11 22			12 22			13 22		
Zwolle	o	11 38	12 12		12 38	13 12		13 38	14 12	
treinnummer		738			742			746		
Zwolle		11 47	12 18	12 18	12 47	13 18	13 18	13 47	14 18	14 18
Amersfoort	o	12 22	12 53	12 53	13 22	13 53	13 53	14 22	14 53	14 53
treinnummer		638			642			646		
Amersfoort		12 27	12 57	12 57	13 27	13 57	13 57	14 27	14 57	14 57
Utrecht CS	o	12 41	13 11	13 11	13 41	14 11	14 11	14 41	15 11	15 11
Utrecht CS		12 45	13 15		13 45		14 15	14 45	15 15	
Rotterdam CS	o	13 23	⚒13 53		14 23		⚒14 53	15 23	⚒15 53	
Utrecht CS		12 47		13 17	13 47	14 17		14 47		15 17
Gouda		13 07			14 07			15 07		
Voorburg		13 22		13 51	14 22	14 51		15 22		15 51
Den Haag CS	o	13 26		⚒13 55	14 26	⚒14 55		15 26		⚒15 55
treinnummer		738	1640		742	1644		746	1648	
Amersfoort		12 26	⚒12 56		13 26	⚒13 56		14 26	⚒14 56	
Hilversum		12 38	⚒13 08		13 38	⚒14 08		14 38	⚒15 08	
Amsterdam CS	o	13 00	⚒13 30		14 00	⚒14 30		15 00	⚒15 30	

1 niet op 30 mei, 25 dec., 1 jan., 3 april en 22 mei

Een bladzijde uit het spoorboekje van de NS (= Nederlandse Spoorwegen).

9 Zij draaide het nummer, maar het was bezet.
10 Je werd een kwartier geleden door je moeder gebeld.
11 De trein komt om tien over half drie aan het tweede perron aan.
12 Ik zou graag vanavond om een uur of half acht even bij u langs komen. Zou dat soms schikken?
13 Prachtig. Wij komen 's avonds om ongeveer half zes thuis, wij eten om half zeven en zijn klaar om kwart over zeven. En wij gaan pas om elf uur naar bed.
14 Dus wij zien elkaar om half acht weer, afgesproken? Tot straks!
15 Ik moet mijn horloge vanmiddag voor half zes terug hebben. Wilt u me waarschuwen als u het gerepareerd hebt?
16 Zij hield pas om vier uur op met zwemmen. En vanavond wil zij ermee doorgaan!
17 Het verkeer is erg druk, want wij zijn net in het spitsuur gekomen.
18 Om vijf uur is het werkelijk gevaarlijk in de grote steden, omdat er zoveel auto's zijn.
19 Wij staan om half acht op, nemen de bus die om vijf over half negen vertrekt, en komen even voor negen uur aan.
20 Als we die bus missen moeten we wachten, want de volgende vertrekt pas om tien voor negen.
21 Het loket is tussen de middag gesloten. Het is pas om een uur of één weer open.
22 Hoe laat heb je het? Het is nu tien over half twee. O, dan loopt mijn horloge achter.
23 Het is pas kwart over zeven. Die klok in de stationshal loopt voor.
24 Laten we om een uur of vijf naar de kroeg gaan. Het bier is er van uitstekende kwaliteit.
25 De torenklok staat altijd op zes uur. Ja, maar die klok dateert al uit de zestiende eeuw!
26 De trein heeft een half uur vertraging. In deze wachtkamer is er alleen maar een koffiemachine.
27 Laten we in de stationsrestauratie een kopje koffie nemen terwijl we wachten.
28 De ober controleert wel hoeveel kopjes koffie we gehad hebben.
29 Om een uur of vier gingen ze op het terras zitten om van het mooie weer en de rustige sfeer te genieten. En om naar de voorbijgangers te kijken.
30 Om ongeveer half tien is er een pauze van een kwartier.

Dialogue

Op Schiphol

Zeg, waar komt Geert straks aan?

Ergens in deze hal. Maar laten we het even aan inlichtingen vragen.

Daar in het midden is het bureau.

Goede middag, juffrouw. Waar komen de passagiers uit Chicago aan?

Uit Chicago, meneer? Dat kan niet. Die komen 's morgens om half acht aan.

Maar ik heb hier een brief van mijn vriendin. Ze schrijft mij dat haar neef uit Chicago hier om kwart over vier aankomt.

Komt hij misschien via Londen, mevrouw? Schrijft uw vriendin ook welke vlucht het is?

Ja, ik geloof van wel. Even kijken. KL-1-3-2. Kan dat?

Jazeker. Dat is het vliegtuig uit Londen, aankomst vier uur vijf.

Vijf over vier?

Ja mevrouw. Maar dat vliegtuig heeft vertraging, geloof ik.

Vertraging? Komt het later aan?

Ja meneer. Het spijt mij, maar deze vlucht uit Londen heeft drie kwartier vertraging wegens mist.

Dus we zijn een uur te vroeg.

Nee, wij zijn op tijd. De passagiers uit Londen zijn te laat!

Mooi tijd voor een kopje koffie. Is er een restaurant of een bar in dit gebouw, juffrouw?

Ja meneer. U gaat daar aan het eind van deze hal rechtsaf en dan de trap op.

Dank u wel, juffrouw.

Tot uw dienst, meneer.

Translation practice

What time is it now?

It's ten after two.

And what time does our train leave Groningen?

According to the timetable, the Intercity leaves at 14:17.

That's 2:17, around quarter after two. So we have seven minutes.

And it arrives in Utrecht two hours from now, at 16:11, ten after four.

Do we have to change in Utrecht?

Yes. The train to The Hague leaves at 4:17.

I'm going to The Hague, but you're going to Amsterdam. Do you take the same train? Or do you stay in the train from Groningen?

No, your train doesn't go farther than The Hague, and this train goes to Rotterdam – it arrives there at 5:07.

Which train do you take in Utrecht?

I don't go to Utrecht, I change in Amersfoort. We arrive there at seven minutes to four, and my train leaves at four minutes to four –.

– you have three minutes to change! Even if the train doesn't arrive late, you'll have to run.

Dutch trains leave and arrive on time. At 3:53 we'll be in Amersfoort. And in Amersfoort you change on the same platform.

27 Idiomatic usages of some common verbs

Dutch makes a great many aspectual distinctions, by which we mean the expression of the type of an action or the way it is carried out. The few most important of these are

Gaan

The beginning of an action, using an appropriate form of *gaan:*

hij gaat aan tafel zitten	he sits down at the table
gaat u zitten!	have a seat!
ik ging maar weer liggen	I just lay down again
nu is zij weer gaan huilen	now she's started crying again
wat ben je toen gaan doen?	what did you do then?

Blijven

Continuation is expressed by *blijven:*

dat kind blijft huilen	that child keeps on crying
hij is gewoon blijven zingen	he simply continued singing

Aan 't ... zijn *and* bezig zijn te

An action in progress is expressed by *aan 't ...... zijn* or *bezig zijn te ......;* note, however, that this is not appropriate in every case in which we would use a progressive ('is ...ing') in English, and that the Dutch simple verb form is also equivalent to the English progressive:

Hij is aan 't schrijven *hij is bezig te schrijven*	he is writing
zij is de ramen aan 't wassen	she is washing the windows
but:	
hij komt; je jas hangt in de kast	he is coming; your coat is hanging in the closet

Liggen, zitten, staan

Dutch very frequently uses the verbs *liggen, zitten* and *staan* to express a progressive idea, where English would use simply a form of 'to be' in most cases (look back at Chapter 17):

hij zit in de woonkamer te lezen	he is in the living room reading
het staat in de krant	it is in the newspaper
wij stonden een uurtje te praten	we stood talking an hour or so
wij hebben een tijdje staan praten	we were talking a little while

One of the most common verbs in the language is *zitten*. It has a wide variety of colloquial usages, some of which are rather remote from the idea of 'sitting':

hij zit op 't ogenblik in Leiden	he's living in Leiden right now
deze la zit vast	this drawer is stuck
ze zitten achter hem aan	they're out after him
dat kind zit overal aan	that child has its hands into everything
hij heeft een maand gezeten	he's served a month (in prison)
wij zitten met een probleem	we have a problem
die t.v. zit me tot hier	I'm fed up with that TV

The instances in which two Dutch verbs are both translated in English by the same verb are particularly troublesome, since here just as in the case of any other parts of speech we must train ourselves to recognize distinctions that are not made in our own language. First let us review a few of these.

Kennen *and* weten: *'to know'*

Kennen means 'to be acquainted with' a person or thing or to have acquired knowledge, whereas *weten* means 'to know' a fact.

ik ken hem niet zo goed	I do not know him very well
na een jaar zult u goed Nederlands kennen	after a year you will know Dutch well
ik weet dat het waar is	I know it is true
hij wist het adres niet meer	he did not know the address any more

Leven *and* wonen: *'to live'*

Leven is 'to live' in the sense of 'to be alive, exist', but *wonen* is 'to dwell'.

mijn vader leefde heel eenvoudig	my father lived very simply
hij woonde in Hoorn	he lived in Hoorn

Verstaan *and* begrijpen: *'to understand'*

Verstaan means 'to understand' words spoken, whereas *begrijpen* means 'to comprehend' an idea.

verstaat u wat ik zeg?	do you understand what I am saying?
ik heb u niet goed verstaan	I did not understand you very well
begrijpt u wat ik bedoel?	do you understand what I mean?
daar begrijp ik niets van	I don't get it at all

Betekenen *and* bedoelen: *'to mean'*

Betekenen is 'to mean' referring to the significance of an object, expression or event, but *bedoelen* is 'to mean' referring to the intention of a person:

wat betekent het woord 'jas'?	what does the word 'jas' mean?
als hij niet komt, betekent dat dat hij ziek is	if he does not come, that means he is ill
wat bedoelt u, dat hij in bed ligt?	what do you mean, that he is in bed?
nee, ik bedoel ...	no, I mean ...

Onthouden *and* zich herinneren: *'to remember'*

Onthouden is 'to remember' in the sense of retaining in memory, whereas *zich herinneren* is 'to remember' in the sense of recollecting.

wat ik u net verteld heb moet u goed onthouden	what I have just told you you must remember well
ik herinner me nu, waar ik hem vroeger gezien heb	I remember now where I have seen him before

Vallen, opvallen, meevallen *and* tegenvallen

Observe carefully the idiomatic uses of a few other verbs: *Vallen* 'to fall' is used in a variety of meanings which are not equivalent to 'fall' in English.

mag ik u even lastig vallen?	may I bother you a moment?
er valt niets van te zeggen	nothing can be said about it

Opvallen means 'to be striking, conspicuous'.

het viel me op, dat hij niet gekomen was	I was struck by the fact that he had not come
hij is een opvallend lange man	he is a conspicuously tall man
een buitenlands accent valt onmiddellijk op	a foreign accent is noticeable immediately

Meevallen and *tegenvallen* have no exact equivalents in English. *Meevallen* means something like 'to turn out better than expected', and *tegenvallen* 'to prove disappointing, turn out poorly, be worse than expected'.

drie maanden geleden kon ik geen Nederlandse spreken maar nu valt het wel mee	three months ago I couldn't speak any Dutch, but now it's going better (now it's easier)
het werk viel niet mee	the work was worse (than I'd expected)
het weer viel hem mee	the weather was not so bad after all (he thought)
ik hoopte te komen, maar dat viel tegen	I hoped to come, but that didn't work out
het weer viel erg tegen	the weather turned out to be terrible
trouwens de hele reis is ons tegengevallen	in fact, the whole trip was disappointing (we thought)

Hebben

Hebben 'to have' we have seen in many expressions:

ik heb honger (dorst, slaap)	I am hungry (thirsty, sleepy)
hij heeft het warm (koud)	he is hot (cold)
je hebt gelijk	you are right
ik heb het druk	I am busy
zij hebben het over zaken	they are talking about business
ik heb zin in een kopje koffie	I'd like to have a cup of coffee
dat heeft geen zin	there's no sense in that
de hoeveelste hebben we vandaag?	what is the date today?
hoe laat heb je het?	what time do you have?
ik heb het half vijf	I have 4:30

Some expressions with *hebben*, where the duration of a state is denoted, have an aspectual counterpart with *krijgen* to denote the beginning of that state:

hij krijgt het warm (koud)	he is getting hot (cold)
je krijgt gelijk	you turn out to be right
ik krijg het druk	I'm getting busy
zij krijgen het over zaken	they get to talking about business

Such lists of unpredictable meanings of common words could be multiplied almost without end. Everyday words like *zitten, hebben, doen* are as puzzling to an outsider as our common 'put', 'get' and 'do' are to speakers of other languages. This is why it is a waste of time to consult a dictionary that does not properly illustrate a variety of typical meanings of such words in context.

Vocabulary

apart	separate
de automaat	machine, automat
begrijpelijk	comprehensible
bewaren	to keep
bezetten	to occupy
bezitten (bezat-bezaten, bezeten)	to possess
het bezwaar	objection
bijwonen	to attend
bovendien	besides
het buitenland	abroad (i.e., any country but one's own)
eenvoudig	simple
eerstvolgend	next
de flat	apartment
gelukkig	fortunate
gewoonlijk	usual
het gezicht	face; sight, view
groeien	to grow
heus	really
iemand (prec. by adj.)	person
de informatie	information
de jam	jam
het landschap	landscape
de lucht	sky
nagaan (ging, gegaan)	to find out
de namiddag	afternoon
nou, en of!	and how!
de ochtend	morning
onlangs	not long ago
de plaats	(here) seat
het potlood	pencil
raken	to become
redden	to save, manage
de reiziger	traveler
de richting	direction, towards
stampvol	chock full
de stilte	silence
de toepassing	application
van toepassing zijn	to apply
vanuit	from
verstaanbaar	understandable
het vertrek	departure
verwerken	to process
de woonkamer	living room

Exercises

Supply the proper form of the appropriate verb:

kennen or *weten:*	Ik ...... mijn les goed
	Ik ...... niet waar hij is
	...... u zijn naam?
	...... u hem niet?
leven or *wonen:*	waar ...... u?
	hij ...... lang geleden
	wij ...... tien jaar in Zaandam
betekenen or *bedoelen:*	wat ...... dat woord?
	wat ...... u daarmee?
	dat ...... niets
	dat bord daar ...... 'Verboden'
verstaan or *begrijpen:*	...... u wat ik zeg?
	u moet langzamer spreken, ik ...... u niet
	Ik ...... niet waar u het over hebt

Practice sentences

1 Ik kan al vrij goed Nederlands lezen. Maar als ik praat, is het niet helemaal verstaanbaar.
2 Heus? Dus het is je niet tegengevallen.
3 Wij proberen Nederlands te leren, maar wij kennen de taal nog niet goed.
4 Het gebruik van de woorden is wel eens heel anders dan in 't Engels.
5 Mijn broer, die leraar is, zit sinds vorig jaar aan een school in Alkmaar.
6 Wie was die kerel met wie je voor het stadhuis stond te praten? Zijn gezicht komt me bekend voor.
7 Ik heb hem onlangs in Amsterdam gezien.
8 Voordat wij eten, zit ik gewoonlijk in de woonkamer even mijn krant te lezen.
9 Heb je soms zin in een boterham? Nou, en of! Ik heb honger.
10 Zij had het over haar kinderen, geloof ik.
11 Er vindt aanstaande zondag een bijzonder concert plaats, dat ik graag zou willen bijwonen.
12 De trein is stampvol en alle plaatsen zijn bezet. Om dit uur is dat onbegrijpelijk.
13 Ik vind hem een vervelend iemand, want hij herhaalt alles wat hij zegt.
14 Ik houd erg veel van brood met jam. Ik vind brood met jam erg lekker. Ik ben er eenvoudig dol op.
15 Mag ik u even lastig vallen? Ik zou heel graag een vraag willen stellen.
16 Dit is de enige regenjas die ik bezit.
17 Mijn vader heeft veel van de wereld gezien, maar ik ben nooit in het buitenland geweest.
18 Bij het ontbijt eet men in Nederland gewoonlijk brood met kaas, vlees of jam.
19 Een paar maanden geleden kon ik geen woord Nederlands verstaan, maar in de laatste tijd is het makkelijker geworden.
20 Er groeit veel gras langs de sloten. Met die blauwe lucht vandaag is dat een mooi gezicht.
21 Typisch voor het Hollandse landschap zijn de sloten en het gras.
22 Wij bewaren het zout en de peper in de kast.
23 Hij heeft dat alles in één dag voor elkaar gekregen?
24 Het is vervelend als er nooit een potlood te vinden is.
25 Ik heb er geen bezwaar tegen, als u de kranten apart wilt sturen.
26 De kranten moeten naar het buitenland worden gestuurd. We moeten nagaan hoeveel dat kost.
27 Hoe redden jullie dat toch in zo'n kleine flat? O, dat valt wel mee.
28 Het restaurant is stampvol. Dat valt een beetje tegen. Zo'n beroemd restaurant raakt om dit uur altijd wel vol.
29 Ik moet je even lastig vallen, omdat ik niet weet waar het zout en de peper zijn.
30 Wat betekent dat woord 'bezet'? Dat kan ik me niet herinneren.

Dialogue

Gesprek met de computer

The following little tongue-in-cheek confrontation, adapted slightly from the version that appeared in *NRC Handelsblad,* looks forward to the time when the Dutch train traveler can ask the station computer for timetable information.

De computer (C): *Inlichtingen-automaat Eindhoven. U kunt dag- en uurinformatie krijgen over vertrektijden van Intercity-treinen. Intercity-treinen rijden vanuit Eindhoven in vier richtingen: Den Bosch, Venlo, Weert, Tilburg. Van toepassing voor u is*
De reiziger (R): Den Bosch.
C: *Richting Den Bosch. Vandaag?*
R: Ja. Vandaag, vandaag.
C: *Eerstvolgende vertrektijden?*
R: – (stilte) – Namiddags. Negen uur.
C: *Antwoordt u alstublieft duidelijk met 'ja' of 'nee'. Eerstvolgende vertrektijden?*
R: Negen uur. Ja. Jà!
C: *Antwoordt u alstublieft duidelijk met 'ja' of 'nee'. Eerstvolgende vertrektijden?*
R: Ja? – Nee, néé!
C: *Richting Den Bosch. De eerstvolgende vertrektijden zijn: 11 uur zes, 11 uur zesendertig, en 12 uur zes. Wilt u meer inlichtingen?*
R: Nou heb ik het verkeerd gedaan hè, 'k had moeten zeggen namiddags. Sorry hoor ...
C: *Antwoordt u alstublieft duidelijk met 'ja' of 'nee'. Wilt u meer inlichtingen?*
R: Ja.
C: *Zelfde richting?*
R: Ja.
C: *Zelfde uur?*
R: Ja.
C: *Vandaag. Ochtend, middag, avond.*
R: Avond.
C: *Avond. Welk uur tussen vijf en twaalf?*
R: Elk uur – tja – negen uur.
C: *Uw antwoord kan niet verwerkt worden.*
R: Ja!
C: *Wilt u het uur duidelijk uitspreken? Welk uur tussen vijf en twaalf?*
R: Néégen, negen uur.
C: *Richting Den Bosch. Vandaag. Vertrektijden zijn: 8 uur zesendertig, 9 uur zes, 9 uur zesendertig. Wilt u meer inlichtingen?*
R: Nee.
C: *Goedemorgen.*

Translation practice

What time does Ceciel arrive here?

She said her plane arrived at 8:30.

Is that the flight from New York?

I don't know. She just gave me the flight number, and I don't know what that means.

Do you mean you don't know what city she left from? That I don't understand.

I just know she lives not far from New York. But we can ask. I'm going to –

Wait a minute. I hear the loudspeaker.

I hear something, but I can't understand a word.

They're saying that the flight from New York is delayed because of snow. It arrives at 10:30.

And that's her flight. That's disappointing. A hundred and fifty thousand flights a year at Schiphol, and our flight is late!

Maybe more than one flight per year is delayed! But it's not so bad as you think – now we have time for a cup of coffee.

You're right. I'd like a cup of coffee too. But I don't remember where.

I know where it is. I know Schiphol very well.

28 Word formation and derivation

Compounding

Nouns can be compounded from the stem of a verb, an adjective, adverb or preposition, but most frequently they are simply two or more nouns joined into one word. The basic element of such a word is always the last one, and hence the gender of a compound is always decided by the last element. The stress is regularly on the first element, though there are a few exceptions which we will mark with a stress sign. Following are some examples of compounds:

slaap-	'sleep'	*kamer*	'room'	*slaapkamer*	'bedroom'
woon-	'live'	*kamer*	'room'	*woonkamer*	'living room'
ziek	'sick'	*het huis*	'house'	*het ziekenhuis*	'hospital'
buiten	'outside'	*het land*	'country'	*het buitenland*	'abroad'
voor	'in front of'	*kant*	'side'	*voorkant*	'front'
achter	'in back of'	*kant*	'side'	*achterkant*	'back'
stad	'city'	*het huis*	'house'	*het stadhuis*	'city hall'
het stadhuis	'city hall'	*toren*	'tower'	*stadhuistoren*	'city hall tower'

Derivation by suffixes

Many nouns, adjectives and verbs are formed by the addition of a suffix to another part of speech; we have already seen the great numbers of new nouns that can be formed by the addition of the diminutive suffix *-je*. Some other important suffixes are:

1 Nouns are formed from verbs by the addition of *-ing*, usually indicating the result of an action.

ervaren	'to experience'	*ervaring*	'experience'
bewegen	'to move'	*beweging*	'motion, movement'
regeren	'to rule'	*regering*	'government'
uitdrukken	'to express'	*uitdrukking*	'expression'
verwarmen	'to heat'	*verwarming*	'heating'

2 Abstract nouns are formed from adjectives or nouns by the suffix *-heid*, the plural of which is *-heden*.

waar	'true'	*waarheid*	'truth'
eenzaam	'lonely'	*eenzaamheid*	'loneliness'
een	'one'	*eenheid*	'unit(y)'
mogelijk	'possible'	*mogelijkheid*	'possibility'
schoon	'beautiful'[1]	*schoonheid*	'beauty'

3 Agent nouns are formed by the addition of *-er (-der* when the stem ends in *r)*, occasionally *-aar*.

schrijven	'to write'	*schrijver*	'writer'
huren	'to rent'	*huurder*	'tenant'
bakken	'to bake'	*bakker*	'baker, breadman'
leren	'to teach, learn'	*leraar*	'teacher'
handelen	'to deal'	*handelaar*	'dealer'

The feminine equivalent of these agent nouns is formed by adding an additional *-ster* or -es:

schrijver	'writer'	*schrijfster*	'woman writer'
zwemmer	'swimmer'	*zwemster*	'woman swimmer'
leraar	'teacher'	*lerares*	'woman teacher'
onderwijzer	'elementary school teacher'	*onderwijzeres*	'woman (etc.)'

4 Many verbs are formed from nouns with the addition of the infinitive ending *-en*.

fiets	'bicycle'	*fietsen*	'to cycle'
het antwoord	'answer'	*antwoorden*	'to answer'
bel	'bell'	*bellen*	'to ring' (a doorbell)
groet	'greeting'	*groeten*	'to greet'
tennis	'tennis'	*tennissen*	'to play tennis'

5 Adjectives are derived from nouns and other parts of speech by *-ig* and *-lijk*.

het geluk	'fortune'	*gelukkig*	'fortunate'
last	'load'	*lastig*	'bothersome'
nood	'need'	*nodig*	'necessary'
voor	'before, in front of'	*vorig*	'previous'
het einde	'end'	*eindelijk*	'finally'
het gevaar	'danger'	*gevaarlijk*	'dangerous'
persoon	'person'	*persoonlijk*	'personal'
vriend	'friend'	*vriendelijk*	'kind'
vrouw	'woman'	*vrouwelijk*	'feminine'

1 Poetically *schoon* means 'beautiful', but its common meaning is now 'clean'.

Stress shift in derivation

A very important feature of derivation in Dutch is the rule that the word stress often shifts toward the end of the derived word. This is especially noteworthy in (though not limited to) the common *-ig* and *-lijk:*

ongeluk	'accident'	*ongelukkig*	'accidental'
eenvoud	'simplicity'	*eenvoudig*	'simple'
toeval	'chance'	*toevallig*	'by chance'
godsdienst	'religion'	*godsdienstig*	'religious'
overeenkomst	'correspondence'	*overeenkomstig*	'corresponding'
lichaam	'body'	*lichamelijk*	'physical'
ogenblik	'moment'	*ogenblikkelijk*	'momentary'
uitdrukken	'to express'	*uitdrukkelijk*	'express'
aantrekken	'to attract'	*aantrekkelijk*	'attractive'
wetenschap	'science'	*wetenschappelijk*	'scientific'
ophouden	'to cease'	*onophoudelijk*	'ceaseless'
moedeloos	'despondent'	*moedeloosheid*	'despondency'
werkloos	'unemployed'	*werkloosheid*	'unemployment'
angst aanjagen	'to terrify'	*angstaanjagend*	'terrifying'
meelij wekken	'to awaken pity'	*meelijwekkend*	'pathetic'

Reading

The reading selection below contains numerous compound and derived words, only the simple components of which are listed in the vocabulary, for example *beoefenen* is given but not *beoefenaar* or *sportbeoefenaar*. You are also invited to guess the meanings of some of the internationally current words. All words are listed in the general vocabulary at the end of the book.

Sport in Nederland

Nederland telt 2,7 miljoen georganiseerde sportbeoefenaars, wat betekent dat van elke vijf Nederlanders er één in georganiseerd verband aan sport doet. Daarnaast beoefenen veel mensen individueel een sport, en ook zijn er veel enthousiastelingen die 'trimmen' voor het op peil houden van hun lichamelijke conditie. Fiets- en wandeltochten zijn erg in trek.

De georganiseerde sportbeoefenaars zijn actief in meer dan veertig takken van sport, die in landelijke organisaties, de sportbonden, zijn verenigd. De grootste sportbond is de Koninklijke Nederlandse Voetbalbond, die bijna een miljoen leden telt.

De voetbalsport is in Nederland zeer populair en heeft topclubs die zich met succes met de beste teams van de wereld kunnen meten. In het hardrijden op de schaats heeft Nederland vele internationale successen geboekt, in het internationale prof-tennis heeft Nederland spelers van formaat, en de nationale dames- en herenhockeyteams staan ook op wereldniveau.

Wadlopen . . .

Naast topsport, algemene wedstrijdsport, het individuele 'trimmen' en verdere sportieve recreatie wordt in Nederland ook sport beoefend door speciale bevolkingsgroepen zoals gehandicapten en bejaarden.
In de provincies vinden nog sportmanifestaties van folkloristische aard plaats. Zo is bij voorbeeld in de noordelijke provincie Friesland het zogenaamde 'fierljeppen' (vér-springen) met een polsstok over een brede sloot erg populair. Als de springer niet slaagt, tuimelt hij in het water, natuurlijk onder hilariteit van het publiek.

Vocabulary

de aard	type
de achterdeur	back door
bejaard	aged
beoefenen	to practise
beweeglijk	movable
boeken	(here) to score
de bond	league
dames- en heren-	men's and women's
doen: aan — doen	to participate in
de eetkamer	dining room
het formaat	stature
het gevaar	danger
de gedachtengang	train of thought
glimlachen	to smile
het hardrijden	race
de hebbelijkheid	peculiarity
heen: daarheen	to that place
instappen (is ingestapt)	to get in
jawel	yes (contradicting a negative)
koppig	stubborn
lekker	nice
licht	light

. . . en fierljeppen.

de manifestatie	event
meten (mat-maten, gemeten)	to measure
het niveau	level
de noodzaak	necessity
de omgeving	environment
onbeweeglijk	motionless
het onderwijs	education
ontspannen	relaxed
het peil	level
op peil houden	to keep up to the mark
het platteland	country (as opposed to city)
de poes	cat
de politie	police
de polsstok	vaulting pole
prof = professioneel	
slagen	to succeed
staan: het staat me (+ adj.)	it looks ... on me
het standbeeld	statue
de tak	branch
trek: in trek zijn	to be in demand
trimmen	to jog
tuimelen (is getuimeld)	to tumble
uitstappen (is uitgestapt)	to get out
uitzonderlijk	special
het verband	connection
verenigen	to unite
de voorgevel	façade
de wedstrijd	competition
zelfverzekerd	self-assured
de zijkant	side
zwijgen	to say nothing, be silent

Practice sentences

1 De voorgevel is de voorkant van een huis. De voorgevels van sommige oude huizen in de steden zijn bijzonder mooi.
2 Als u postzegels en luchtpostbladen nodig hebt, kan ik ze voor u halen, omdat ik toch naar het postkantoor moet.
3 Hij maakte allerlei opmerkingen, maar wij hebben eenvoudig niet naar hem geluisterd.
4 Het politiebureau is twee straten verder, aan de linker kant van de straat.
5 Er is nog een mogelijkheid dat we naar Scheveningen kunnen gaan voor het concert, maar er zijn moeilijkheden.
6 Ik ga maar naar een andere kapper. Mijn kapper knipt de zijkanten te kort en laat de achterkant te lang.
7 Als je wilt weten hoe laat het is terwijl je in de stad bent, kijk dan even naar de klok op de stadhuistoren.
8 Gelukkig zal het niet nodig zijn om daar in de regen heen te rijden.
9 Wij zouden graag in de stad wonen, maar het enige huis dat we konden vinden staat op het platteland.
10 Je vindt dat donkerblauw me niet goed staat? Jawel, maar een lichtere kleur staat je veel beter.
11 De poes zit onbeweeglijk voor het raam. Zijn onbeweeglijkheid doet me altijd glimlachen.
12 Zij werkt op het Ministerie van Onderwijs, en hij is onderwijzer. Een paar jaar geleden was zij ook onderwijzeres.
13 Hij is altijd al koppig geweest. Zijn koppigheid valt me erg tegen. Dat is een van zijn hebbelijkheden.
14 Bij de bushalte voor het station stap je in, en aan de vierde halte moet je uitstappen.

15 De hoofdstad van Nederland is Amsterdam, maar de ministeries zijn in Den Haag en omgeving.
16 Ons huis heeft een woonkamer, eetkamer, keuken, twee slaapkamers en een badkamer.
17 Er zijn drie grote ramen aan de voorkant, en een achterdeur en twee kleinere ramen aan de achterkant.
18 Ik wilde wit of lichtgrijs papier, maar ze hadden alleen maar dit lichtblauwe briefpapier met de enveloppen.
19 De hond is onbeweeglijk, want hij slaapt.
20 Zij glimlachte toen ik zei dat het gevaarlijk was. Ja, zij is erg zelfverzekerd.
21 Het is absoluut noodzakelijk om je lichamelijke conditie op peil te houden.
22 Als ik een middag aan sport gedaan heb, voel ik me lekker ontspannen.
23 In Friesland heeft onze leraar aan 'fierljeppen' gedaan. Hij vond het uitzonderlijk moeilijk.
24 Het standbeeld van Willem de Zwijger staat in Den Haag.
25 Ik kan jouw gedachtengang echt niet volgen.

Translation practice

Hello Michèle! What are you doing here in the park?

Hello Theo. Well, I'm jogging, and I see you're doing the same.

Yes, I come jogging in the evening – when I'm not watching sports on the TV.

Oh, but TV is terrible for your physical condition! Take jogging, for example. It's a scientific fact that –

I know, I know. I participate a lot in sports. In the summer I play tennis, and in the fall I play soccer.

So you're a soccer player! Are you a member of a club?

Yes, I'm a member of a soccer club, and we play as often as possible. Our matches always fall on Saturdays.

On Saturdays? I belong to a women's hockey club and we play on Saturday too. By chance I've never seen you play.

We don't play here but in our own town ... Say, I hear you like *wadlopen*.

Yes, *wadlopen* is my newest sport. Last month we walked from the Frisian coast to one of the islands, Ameland.

Isn't that dangerous?

No, there's no danger if it's organized and if there's someone who has experience and who knows the way.

Wadlopen sounds too difficult for me.

It's not difficult if you're little patient. Along the way there's a lot to see!

29 Three stories

Our concluding chapter presents three short sketches as practice in reading annotated but otherwise unedited prose. Some help is offered in the notes with unusual words, idioms and difficult constructions, but all other new words are relegated to the general vocabulary at the end of the book. Many of the words introduced here are simply different forms of words in previous chapters; the best way to read is to go through the story and try to guess at as much you can before you start looking things up.

Clare Lennart, whose real name was Clara van den Boogaard-Klaver (1899-1972), for years delighted readers of the daily *Utrechts Nieuwsblad* with her occasional sketches of the life she observed around her. Many of the best of these have since been published in the collections *Pluk een roos, Een mus op je vensterbank,* and *Het paard lacht*. Our stories come from the first and third of these.

There is an appropriateness in allowing these three stories to conclude our introduction to the Dutch language – and therefore to Dutch culture as well. Clare Lennart is a painter with words, and like her ancestors in previous centuries she shows to a remarkable extent the Dutch habit of careful observation and the artists' ability to find uniqueness in the simplest everyday things.

In the first of these sketches she evokes the feelings associated with simply 'having a cup of coffee', a gracious and unhurried ritual that even the modern industrialized world has not yet succeeded in eradicating from life in the Netherlands.

In the second she watches a girl waiting on a train platform and enjoys the private game of inventing a story to fill out what she observes. Although some of her assumptions may strike us today as a bit dated, her skill in giving us a quick picture of a personality can provide a great deal of enjoyment – comparable to her own satisfaction at seeing whether her private story was right or not.

The third sketch is a little masterpiece of writing that in a few brief lines paints a vivid picture of the moody changeability of the Dutch climate. But it does more than this: in evoking a single scene on an alternately rainy and sunny afternoon in Utrecht, she shows how the 17th-century painters' intensely Dutch style of blending intimacy and grandeur is still alive in Dutch culture today.

Het kopje koffie

Het kopje koffie is een van de kleine vreugden in het leven, die bij het verstrijken van de jaren hun glans niet verliezen, zelfs naarmate men ouder wordt intensere vreugde verschaffen[1]. Dat geldt ook wel voor de koffie, die je thuis voor je huisgenoten en jezelf zet. Iedere dag opnieuw is vooral het kopje koffie van elf uur een stimulans om de melancholie en matheid van de vroege morgenuren te overwinnen.

Maar eigenlijk wil ik het hier toch hebben over het kopje koffie, dat je buitenshuis gebruikt, in een café, op een terrasje, tijdens de pauze in schouwburg of concertgebouw, in de stationswachtkamer. Het verkwikkende zit hem[2] dan niet alleen in de koffie zelf, maar evenzeer in de entourage. In het ontspannende van weg te zijn uit de eigen omgeving, in een vakantieachtig gevoel, in het geamuseerd kijken naar de andere bezoekers en soms naar de voorbijgangers op straat, in de pittige koffiegeur, waarvan de lokaliteit doortrokken behoort te zijn[3]. Lang niet ieder café of restaurant, waar koffie verkrijgbaar is, geeft je deze sensatie van welbehagen. Het ontspannen gevoel is zeer essentieel en dus moet er in het café, waar je je kopje koffie komt drinken, een sfeer van gemoedelijkheid heersen. In geen enkel opzicht[4] moet je je bedreigd voelen, niet door overmatige chic of hautaine obers[5], niet door al te overvloedig licht of kil aandoend meubilair, niet door opzichtige schemerlampen, door tapijten, waar je nauwelijks een voet, laat staan een vuile voet, op durft zetten[6], niet door opdringerige muziek. Het goede café is doodsimpel, het mag zelfs gerust[7] een beetje schunnig zijn, evenwel niet louche[8]. Er mogen best foeilelijke[9] schilderijen of andere versierselen aan de muren hangen, als ze maar geen indruk maken van protserigheid. Net als over een goed oud gezicht moet over het hele café (eigenlijk zou ik liever koffiehuis willen zeggen) een pâte[10] van levenswijsheid, ervaring en tolerantie liggen.

Er mag gerust nog wat anders dan koffie geschonken worden, maar het is wel noodzakelijk, dat de bezoekers hier voornamelijk komen om hun kopje koffie te drinken, dit dus in tegenstelling tot de kroeg, waar men komt om een borrel. Het is natuurlijk prettig als de koffie goed is, maar strikt noodzakelijk is dat niet eens. De sfeer is zeker van even groot belang als de kwaliteit van de consumptie.

Goede cafés kunnen niet gemaakt, niet ontworpen worden. Ze ontstaan, ze worden geboren uit een aantal elementen, waarvan men sommige nauwelijks een naam kan geven. Een bepaald soort licht, een geur, een stemming, een beetje weemoed, een beetje onverschilligheid, een vleug laisser-aller[11], een aardige ober. Er moet een zekere bedrijvigheid heersen, maar het stemmengerucht mag niet luider worden dan een hommelachtig gezoem[12]. Je moet er je eigen gedachtengang kunnen vervolgen, een krant of boek kunnen lezen en je verstaanbaar kunnen maken zonder te schreeuwen. De bezoekers moeten gewone mensen zijn, zo'n beetje van allerlei slag[13], in geen geval mensen, die zich uitsloven om op te vallen[14].

Misschien ben ik erfelijk belast[15], of laat ik liever zeggen erfelijk gezegend en daardoor zo verslingerd aan het kopje koffie buitenshuis. Ik herinner me uit mijn kindertijd hoe mijn moeder een uitgangetje altijd zo wist te arrangeren, dat er 'ergens een kopje koffie drinken' aan te pas kwam[16]. Er heerste in ons gezin permanent geldgebrek, maar dat kopje koffie nam ze er af. In de uitspanning, in

de boerenherberg, in de stationswachtkamer. Nog zie ik de wachtkamer van het station Zwolle voor me. Een donkere, wat holle ruimte, een plafond met veel ornament, het buffet met al zijn glinsteringen, je moest er soms uren wachten op boemeltreinen, die diep de provincie ingingen, maar het was er op een of andere manier gezellig. Wij kregen er altijd warme saucijsjes[17], nog voor mijn gevoel een gebak, dat hoort bij[18] een stationsrestauratie. En mijn moeder, smal en tenger, tevreden uitrustend van het te drukke huishouden, dronk er haar kopje koffie.
Zeer ongeëmanicipeerd vind ik[19] het niet prettig om alleen in een café te zitten. Een gevoel van eenzaamheid bedreigt dan mijn welbehagen. Het kopje koffie wordt ook bijna te duur voor mensen, die niet delen in de algemene welvaart. Dat neemt niet weg[20], dat ik een uitnodiging om 'even ergens een kopje koffie te gaan drinken' maar moeilijk af kan slaan.

Notes

1 *zelfs naarmate ... vreugde verschaffen* in fact provide a more intense joy the older one gets
2 *zit hem* is to be found
3 *doortrokken hoort te zijn* ought to be pervaded
4 *in geen enkel opzicht* in no respect whatever
5 *overmatige chic of hautaine obers* overdone stylishness or haughty waiters
6 *tapijten, waar je ... op durft zetten* rugs on which you hardly dare put a foot, let alone a dirty foot
7 *het mag gerust ... zijn* it's all right for it to be
8 *een beetje schunnig, evenwel niet louche* a bit shabby so long as it's not really unsavory

De stationsrestauratie.

9 *foeilelijk* hideous
10 *pâte* mellow glow
11 *een vleug laisser-aller* a dash of casualness
12 *een hommelachtig gezoem* a soft bee-like buzzing
13 *zo'n beetje van allerlei slag* of more or less all types
14 *zich uitsloven om op te vallen* do their utmost to be conspicuous
15 *erfelijk belast zijn* to have a hereditary taint
16 *er ... aan te pas kwam* was part of it
17 *warme saucijsjes* spicy sausage baked in bread dough, sausage rolls
18 *het hoort bij* it belongs with
19 *zeer ongeëmancipeerd vind ik* being very unemancipated, I think
20 *dat neemt niet weg, dat* that doesn't alter the fact that

Gezichten

Verhalen bedenken[1] bij gezichten is een spelletje, dat ik van jongs af[2] graag heb gespeeld. Er zijn natuurlijk gezichten, die niet anders te vertellen hebben dan dat de mensen, die ze mee door het leven dragen, aan een eigen geschiedenis[3] nauwelijks zijn toegekomen. Ze hebben alleen maar gladjes, rustigjes, braafjes[4], volgens algemeen gangbare patronen geleefd. Maar veel gezichten zijn duidelijk door ervaringen en emoties getekend.
Zonder moeite lees je[5] er[6] de verhalen van haat[7], liefde, wrok, zachtzinnigheid, onnozelheid, verdriet, eenzaamheid, koppigheid, originaliteit en vele andere menselijke hartstochten en hebbelijkheden van af. Ik win nooit iets bij wedstrijden, maar als men ooit op het idee zou komen een wedstrijd uit te schrijven[8] in het bedenken van een passend verhaal bij een gezicht, zou ik misschien wel een kansje hebben. Als je dit spel zomaar voor jezelf speelt is het natuurlijk bijna nooit mogelijk te controleren of er van al je bedenksels iets klopt[9]. De mensen gaan langs je heen, 'ships that pass' in de nacht zowel als overdag. Ze zitten met je in een treincoupé of in een restaurant, je staat enkele minuten met ze bij een bushalte of je passeert ze op straat, ze spelen mee in een orkest, in een strijkje of treden op als solist. Ik heb zelfs wel eens een verhaal bedacht bij een gezicht van iemand, die alleen maar als figurant optrad in een film. Een enkele maal evenwel[10] is het mogelijk je fantasie-spinsels aan de werkelijkheid te toetsen en het geeft dan altijd een gevoel van voldoening als blijkt, dat je goed hebt geraden.
Dezer dagen overkwam mij dat. Ik was als gewoonlijk weer te vroeg aan het station. Het was smoorheet en ik ging op een van de banken op het perron zitten om te wachten tot mijn trein zou komen. Na enkele minuten nam een meisje van omstreeks 20 jaar naast mij plaats en mijn eerste gedachte was: wat gek, ze is uitgesproken lelijk en toch heeft ze de allure[11], het onbekommerde en zelfverzekerde van een mooi of in ieder geval aantrekkelijk meisje.
Mijn buurvrouw op de bank was van het 'grofbotterige'[12] type, meer dan normaal lang, met een dikke bos slordig geknipt stroblond haar. Ze had mooie diepblauwe ogen met lange wimpers, maar het effect daarvan ging verloren door een[13] grote, hoge, het smalle gezicht dominerende neus. Echt wel een uiterlijk om je als meisje zorgen over te maken[14]! Zij scheen dat evenwel absoluut niet te doen. Achterover geleund, geheel ontspannen, de lange, overigens goed ge-

vormde benen ver vooruit, zat ze op de bank. Ze streek niet een keer over haar ruige[15] haardos, ze scheen zich niet bewust te zijn van haar omgeving, zich er[16] totaal niet om te bekommeren wat de mensen van haar dachten. Om haar mond lag een glimlach en haar ogen keken over[17] de vakantiebedrijvigheid op het perron heen in een ver verschiet. Ik dacht: een van de twee, òf ze kan iets uitzonderlijk goed, zodat ze niet mooi hoeft te zijn – zwemmen b.v. of hockey – òf iemand is heel erg verliefd op haar.

Toen aan het begin van het perron een trein binnenliep – niet de mijne – stond ze op en liep met lange passen de stroom reizigers, die was uitgestapt, tegemoet[18]. Ik kon haar gestalte gemakkelijk volgen met mijn blik. Ik zag haar een arm opheffen en zwaaien en een ogenblik later hield een man haar in zijn armen. Verzonken in een lange kus, verstilden ze, stolden ze als het ware tot onbeweeglijkheid midden in de stroom van reizigers, die zich splitste en om[19] het liefdespaar heenboog als was het[20] een standbeeld.

Zij kwamen pas weer in beweging toen alle reizigers verdwenen waren. Ik zag ze, vast omstrengeld, langs mijn bank komen. Hij leek een doodgewone man, heel wat ouder dan zij en iets kleiner. Maar zij liepen licht en zeker, geleund in elkaars omhelzingen[21] en met de verrukkelijke eensgezindheid, die de verliefdheid schept.

Notes

1 *Verhalen bedenken* thinking up stories
2 *van jongs af* since childhood
3 *een eigen geschiedenis* a history of their own
4 *gladjes, rustigjes, braafjes* smoothly, calmly, respectably
5 *lees je ...... af: aflezen* to read
6 *er ...... van = van de gezichten*
7 *haat, liefde, wrok, zachtzinnigheid, onnozelheid, verdriet* ...... hate, love, resentment, gentleness, innocence, grief ......
8 *uitschrijven,* to announce (a competition)
9 *kloppen,* to be correct
10 *een enkele maal evenwel,* once in a while, however
11 *allure,* air
12 *grofbotterig,* rawboned
13 *ging verloren door een ...... neus* was spoiled by a ...... nose that dominated ......
14 *om je als meisje zorgen over te maken* for a girl to worry about
15 *ruig,* shaggy
16 *er ...... om = wat de mensen* etc.
17 *over ...... heen* over (direction)
18 *tegemoetlopen,* to walk towards
19 *om ...... heen* around (direction)
20 *als was het* as if it were
21 *omhelzing,* embrace

Regenboog

Altijd weer als ik, komend uit het smalle Schalkwijkstraatje, de ruimte van het plantsoen[1] bereik, word ik getroffen door het uitzonderlijk mooie stadsbeeld. Je ziet de brug die met een flauwe boog de singelgracht overspant, het open hekwerk van de leuningen[2], het hoge geboomte, voornamelijk kastanjes en beuken. In de zomer spreiden de breed uitgegroeide, zwaar belommerde kruinen[3] van deze oude bomen een diepe schaduw. Nu je in de winter het zo evenwichtig opgebouwde takkenskelet[4] kunt zien zijn ze zeker niet minder mooi, krachtig en tegelijk van een verfijnde sierlijkheid. Dit alles wordt iets dromeriger, iets vager, iets onwezenlijker weerkaatst in de donkere spiegel van het water[5].

Op de achtergrond zie je het begin van de Maliebaan[6], breed en voornaam met zijn zes rijen linden, terzijde links het lage Maliehuis, rechts de huizen van de Maliesingel. Niettegenstaande het drukke verkeer heeft de twintigste eeuw tot nu toe dit stadsbeeld niet kunnen annexeren. Het doet op het eerste gezicht negentiende-eeuws aan[7] door de asymmetrische parkaanleg met de gebogen en rond lopende lijnen[8], door de vele bomen die met hun kruinen nog hoog boven de huizen uit reiken.

Toch vindt men hier en daar in de huizenbouw ook sporen van de achttiende eeuw. Het Maliehuis zelf dateert al van 1697 zoals op een gevelsteen te lezen staat.

Het verkeer dat om het rond heen[9] draait of de Maliebaan in buigt[10] lijkt, gezien van over het water, nietig. Zo zullen ook de rijtuigen, de arresleeën[11] van vorige

De Maliebaan in Utrecht.

generaties zich als kleurig speelgoed verloren hebben in het ruimte scheppende perspectief.
De afgelopen week bracht mijn boodschappenronde me op dit punt omstreeks het middaguur. Tussen de buien door[12] scheen even de zon. Het schuin vallende licht gaf aan het hele beeld een intense glans, evenwel niet goudachtig zoals de avondzon doet, eerder flikkerend wit als pas gepoetst zilver, hier en daar met parelmoeren reflexen[13].
Ik bleef zoals ik hier meestal doe even staan om van mijn geliefd stadsgezicht te genieten. Witte eendjes rimpelden het water en deden de verzonken wereld uiteen vloeien tot een contourloos kleurenveld dat zich na hun doortocht geleidelijk herstelde[14].
Ik ging de brug over en kon nu de Maliebaan afzien tot het eind van zijn ene kilometer. De huizen van de voorste gedeelte lagen in schaduw, maar voorbij de Nachtegaalstraat trof het zonlicht de gevels zodat ze schitterend wit in die helle glans van tussen twee buien stonden[15].
Ik dacht: Als ik nu een schilder was en ik rende naar huis om dit beeld precies zoals ik het nu zie op een of andere manier vast te leggen, dan zou bijna niemand er de Maliebaan in herkennen. De huizen hadden hun afzonderlijkheid verloren. Zij vloeiden samen tot één lichtend complex, iets als een grillig gevormd kasteel met torentjes en balkons, opgetrokken uit zilver en parelmoer, nauwelijks nog aards[16]. Men zou er de hemelpoort in kunnen zien, de sneeuwkoningin zou er kunnen wonen of de grote tovenaar uit het verhaal van de gelaarsde kat[17]. En terwijl ik verbluft naar deze wonderlijke metamorfose stond te kijken vormde zich boven dit zilveren verschiet[18] een regenboog. Eerst waren de kleuren nauwelijks zichtbaar, maar de lucht verdonkerde al weer en zij wonnen geleidelijk aan kracht. Na korte tijd stond, scherp afgetekend tegen het violetgrijs van de hemel, een brede veelkleurige boog die het glanzend vergezicht afrondde en het nog toverachtiger deed schijnen[19].

Hoe kunnen schilders en schrijvers en trouwens alle mensen ooit uitgekeken raken op[20] de werkelijkheid! Zij is de allergrootste fantast. Op duizenderlei wijzen weet zij het wereldbeeld te variëren. Door een lichtval, een kleine verschuiving, een vernuftig arrangement maakt zij er telkens iets verrassend nieuws van, iets dat je nog nooit eerder hebt aanschouwd en dat je met bewondering vervult. En zo nu en dan doet zij een grote toer, maakt iets dat je maar eens in je leven te zien krijgt. Van gewone Utrechtse huizen tovert zij zilveren paleizen, ze zet een prachtige regenboog op, strooit handen vol juwelen uit over het water, tovert met de zon, met wolken, met mist, sneeuw, regen, ijzel.

De mens kan aan deze duizendvoudige verscheidenheid een facet toevoegen door te kijken[21] met zijn strikt eigen ogen. Als hij echter waanwijs[22] meent de grote schepping die de werkelijkheid is, te kunnen negeren en er zijn eigen kleine scheppinkjes voor in de plaats stelt, dan verdwijnt uit zijn bedenksels onherroepelijk de adem van het leven. Ze worden dood en onbelangrijk.
Maar voorzover ik na kon gaan[23] was ik de enige die werkelijk keek naar het toverachtig tafereel van de zilveren paleizen, omvat door een regenboog. Even later trok de lucht al weer dicht[24] en kletterde de regen.

Notes

1 *het plantsoen* public garden
2 *het open hekwerk van de leuningen* the open grillwork of the railings
3 *de breed uitgegroeide, zwaar belommerde kruinen* the broad crowns with their heavy foliage
4 *het zo evenwichtig opgebouwde takkenskelet* the skeleton of branches constructed so harmoniously
5 Two sentences from the original story have been omitted here.
6 *de Maliebaan* a broad, tree-lined street in Utrecht
7 *het doet ... negentiende-eeuws aan* it makes ... a nineteenth-century impression
8 *de gebogen en rond lopende lijnen* the lines running in curves and circles
9 *om het rond heen* around the traffic circle
10 *de Maliebaan in buigt* turns into the Maliebaan
11 *de rijtuigen, de arresleeën* the carriages, the sleighs
12 *tussen de buien door* in between the showers
13 *parelmoeren reflexen* iridescent reflections *(paarlemoer* mother of pearl)
14 *deden de verzonken wereld ... geleidelijk herstelde* made the sunken world (i.e., the reflections on the surface) scatter into a featureless field of color that after their passage gradually recovered
15 *De huizen van het voorste gedeelte ... tussen twee buien stonden* (this description brings to mind the dramatic spots of sunlight on a shadowed landscape that were the trademark of the painter Jacob van Ruisdael, 1628-1682)
16 *nauwelijks nog aards* scarcely earthly any more
17 *de gelaarsde kat* Puss in Boots
18 *dit zilveren verschiet* this silvery panorama
19 *deed het nog toverachtiger schijnen* made it look even more magical
20 *uitgekeken raken op* to get tired of looking at
21 *door te kijken* by looking
22 *waanwijs* opinionated
23 *voorzover ik na kon gaan* as far as I could tell
24 *de lucht trok al weer dicht* the sky clouded over again

A list of the most useful strong and irregular verbs

The word *is* before the past participle indicates that *zijn* is used in the perfect tenses rather than *hebben:* The word *is* in parentheses indicates that *zijn* is used in the perfect tenses when destination is specified (see Chapter 14, p. 99) or when used intransitively.

1	bijten	beet, beten	gebeten	to bite
	blijven	bleef, bleven	is gebleven	to stay
	glijden	gleed, gleden	is gegleden	to slide
	kijken	keek, keken	gekeken	to look
	krijgen	kreeg, kregen	gekregen	to get
	lijken	leek, leken	geleken	to look like
	rijden	reed, reden	(is) gereden	to ride
	rijzen	rees, rezen	is gerezen	to rise
	schijnen	scheen, schenen	geschenen	to appear, shine
	schrijven	schreef, schreven	geschreven	to write
	snijden	sneed, sneden	gesneden	to cut
	stijgen	steeg, stegen	is gestegen	to rise
	verdwijnen	verdween, verdwenen	is verdwenen	to disappear
	vermijden	vermeed, vermeden	vermeden	to avoid
	wijzen	wees, wezen	gewezen	to point out
	zwijgen	zweeg, zwegen	gezwegen	to be silent
2a	bieden	bood, boden	geboden	to offer
	gieten	goot, goten	gegoten	to pour, cast
	kiezen	koos, kozen	gekozen	to choose
	schieten	schoot, schoten	geschoten	to shoot
	verliezen	verloor, verloren	verloren	to lose
	vliegen	vloog, vlogen	(is) gevlogen	to fly
	vriezen	vroor, vroren	is gevroren	to freeze
	verbieden	verbood, verboden	verboden	to forbid
2b	buigen	boog, bogen	gebogen	to bend
	druipen	droop, dropen	gedropen	to drip
	fluiten	floot, floten	gefloten	to whistle
	kruipen	kroop, kropen	(is) gekropen	to crawl

	ruiken	rook, roken	geroken	to smell
	schuiven	schoof, schoven	geschoven	to push
	sluiten	sloot, sloten	gesloten	to close
3a	binden	bond, bonden	gebonden	to tie
	drinken	dronk, dronken	gedronken	to drink
	beginnen	begon, begonnen	is begonnen	to begin
	klinken	klonk, klonken	geklonken	to sound
	krimpen	kromp, krompen	is gekrompen	to shrink
	springen	sprong, sprongen	(is) gesprongen	to jump
	vinden	vond, vonden	gevonden	to find
	winnen	won, wonnen	gewonnen	to win
	zingen	zong, zongen	gezongen	to sing
	zinken	zonk, zonken	is gezonken	to sink
3b	gelden	gold, golden	gegolden	to be valid
	schenken	schonk, schonken	geschonken	to give, pour
	trekken	trok, trokken	getrokken	to pull
	zenden	zond, zonden	gezonden	to send
	zwemmen	zwom, zwommen	(is) gezwommen	to swim
4	nemen	nam, namen	genomen	to take
	breken	brak, braken	(is) gebroken	to break
	komen	kwam, kwamen	is gekomen	to come
	spreken	sprak, spraken	gesproken	to speak
	stelen	stal, stalen	gestolen	to steal
5a	geven	gaf, gaven	gegeven	to give
	eten	at, aten	gegeten	to eat
	lezen	las, lazen	gelezen	to read
	meten	mat, maten	gemeten	to measure
	treden	trad, traden	is getreden	to step
	vergeten	vergat, vergaten	(is) vergeten	to forget
5b	bidden	bad, baden	gebeden	to pray
	liggen	lag, lagen	gelegen	to lie
	zitten	zat, zaten	gezeten	to sit
6	dragen	droeg, droegen	gedragen	to wear, carry
	graven	groef, groeven	gegraven	to dig
	slaan	sloeg, sloegen	geslagen	to strike
	varen	voer, voeren	(is) gevaren	to sail
7a	blazen	blies, bliezen	geblazen	to blow (breath)
	houden	hield, hielden	gehouden	to hold
	laten	liet, lieten	gelaten	to let
	lopen	liep, liepen	is) gelopen	to walk, run

	roepen	riep, riepen	geroepen	to call
	slapen	sliep, sliepen	geslapen	to sleep
	vallen	viel, vielen	is gevallen	to fall
7b	bederven	bedierf, bedierven	(is) bedorven	to spoil, to go bad
	helpen	hielp, hielpen	geholpen	to help
	scheppen	schiep, schiepen	geschapen	to create
	sterven	stierf, stierven	is gestorven	to die
	werpen	wierp, wierpen	geworpen	to throw

Miscellaneous

gaan	ging, gingen	is gegaan	to go
hangen	hing, hingen	gehangen	to hang
vangen	ving, vingen	gevangen	to catch
bewegen	bewoog, bewogen	bewogen	to move
scheren	schoor, schoren	geschoren	to shave
wegen	woog, wogen	gewogen	to weigh
zweren	zwoer, zwoeren	gezworen	to swear
worden	werd, werden	is geworden	to become

Irregular

doen	deed, deden	gedaan	to do
staan	stond, stonden	gestaan	to stand
zien	zag, zagen	gezien	to see
weten	wist, wisten	geweten	to know
slaan	sloeg, sloegen	geslagen	to hit

Irregular verbs of various types:

bakken	bakte, bakten	gebakken	to bake, fry
braden	braadde, braadden	gebraden	to roast
brengen	bracht, brachten	gebracht	to bring
denken	dacht, dachten	gedacht	to think
hebben	had, hadden	gehad	to have
heten	heette, heetten	geheten	to be called
jagen	joeg, joegen	gejaagd	to chase
kopen	kocht, kochten	gekocht	to buy
kunnen	kon, konden	gekund	to be able
lachen	lachte, lachten	gelachen	to laugh
moeten	moest, moesten	gemoeten	to have to
mogen	mocht, mochten	gemoogd, gemogen	to be permitted to
plegen	placht, plachten	—	to be accustomed to[1]
scheiden	scheidde, scheidden	gescheiden	to separate

1 Past tense: 'used to'.

vouwen	vouwde, vouwden	gevouwen	to fold
vragen	vroeg, vroegen	gevraagd	to ask
waaien	woei, woeien/waaide(n)	gewaaid	to blow
wassen	waste, wasten	gewassen	to wash
willen	wilde (wou), wilden	gewild	to want to
zeggen	zei, zeiden[2]	gezegd	to say
zijn	was, waren	is geweest	to be
zoeken	zocht, zochten	gezocht	to look for
zullen	zou, zouden	–	(future auxiliary)

2 The form *zegde(n)* is common amoung Flemish speakers.

English translations of the practice sentences

Chapter 3

avenues and streets, hands and feet, houses and churches, books and newspapers, knives or forks, men or animals, beds and chairs;

rooms eggs ships children glasses cities days umbrellas;

three keys, four children, brothers and sisters, fathers and mothers, cups or glasses, streets with stores, families with children, two garages and two churches in three streets, four songs in two days, three windows and two doors or two windows and three doors, two cities and five villages, three days and three nights, four beds with two blankets; cities or villages, three cups and three spoons, four cities in two provinces, three women and four girls.

Chapter 4

1 Those eggs are small.
2 The man is in the house.
3 The milk is in the bottle, and the bottle of milk is in the kitchen.
4 This house has two windows and two doors.
5 The matches are in the box on the table.
6 Here is a box of matches.
7 This city is large, but that one is small.
8 Five glasses and five cups are clean.
9 That man has four children: three daughters and one son.
10 The library is in this street.
11 The coffee is in a cup, but the milk is in a glass.
12 A cup of coffee or a glass of milk?
13 A man has two eyes and two ears.
14 Coffee for mother and father, but milk for the children.
15 The buildings in this city are large.
16 The cat is in the kitchen.
17 This knife is for the bread.
18 The woman has a piece of soap.
19 This city has a library and four churches.
20 This house is large, but the rooms are small.

Chapter 5

1 He stays two days.
2 The children are knocking on the door.
3 He is a student in Amsterdam.
4 We do not read the books at home, but in the library.
5 They are building a house in the city.
6 Do you read the newspaper (are you reading the newspaper)?
7 I am renting a room in Molenstraat. It is not large.
8 We do not live in the city.
9 Do you hear the radio?
10 Yes, I hear something. No, I don't hear anything.
11 He drinks a glass of water.
12 We are always at home.
13 The mirror falls on the floor.
14 I drink coffee and tea without milk (cream), but with sugar.
15 He is writing a letter to a friend.
16 She walks to the city.
17 Do you smoke cigarettes or a pipe?
18 Thank you for the coffee. Thank you for everything.
19 Thank you very much! Thanks you for all those books! You're welcome.
20 The breadman (baker) has bread, rolls and cookies today. Two rolls, please.
21 I knock on the door, but he is not at home.
22 She is buying tea and coffee in the city.
23 The water in the canals is green.
24 Are the children all at home?
25 I walk from the house to the library.
26 We buy bread, but hardly ever rolls or cookies.
27 We are renting two rooms, but they are not large.
28 Those cups are not large enough.
29 He throws the book on the chair.
30 She is buying blankets for the beds.

Chapter 6

1 The garden is behind the house.
2 Now we are going down town (to town).
3 What do you need? I need a coat.
4 Do you have enough money? No, I have no money. I need a few guilders.
5 We live next to the church.
6 Speak slowly, please. I do not understand you.
7 Are you almost ready? Yes, now I am ready.
8 Here is the tram stop. We are waiting here for the streetcar (tram).
9 I see the streetcar already. It is on time today.
10 On the corner is the store, behind the church.
11 The building next to the church is the library.
12 Look in that show window there! That coat is nice, and not expensive.
13 We look at all kinds of coats, but they are all too expensive.
14 How about a cup of tea? Yes, I'm thirsty.
15 He doesn't eat any apples. He never eats apples.
16 That bicycle there in the show window is not cheap, it is expensive.
17 The cupboard is behind that table there.
18 He talks a lot. He talks too much.

19 I don't think it's cheap.
20 I am waiting for a friend, but he is not on time.
21 Beside the closet, above the table, is a bookshelf.
22 Are you eating a sandwich? Yes, I'm hungry.
23 I don't have any time. I'm going down town.
24 Do you understand it? No, he doesn't understand it.
25 I meet Jan in the store.
26 He needs a coat, but he doesn't have enough money.
27 These books are all too expensive.
28 Behind the door is a cupboard, and in this cupboard are the plates, cups and saucers, glasses, knives, forks and spoons.
29 The room has two windows and one door.
30 Do you think it's expensive?

Chapter 8

1 Good afternoon, Mr. Roes! Good evening, Mrs. Theunisse.
2 It is nice weather today.
3 Yes, it is a nice day.
4 The cold weather doesn't come until later.
5 The little flowers are much prettier than the big ones.
6 The real little flowers are not so pretty.
7 Red flowers are always prettier than white flowers.
8 I like to cycle in the summer, but I like it even more in the fall (autumn).
9 He likes best to read a novel.
10 This bread is expensive, but rolls are even more expensive.
11 The more expensive bread is not always the best.
12 Those other flowers are the prettiest.
13 Isn't the soup getting too thick? No, the thicker the better.
14 That is nothing new.
15 He is an important man. Yes, he is a very well-known musician.
16 In front of the house we see a few tall trees.
17 Those trees have green leaves in the summer and no leaves in the winter.
18 In the fall they have yellow and red leaves.
19 His name is Theunisse, or something like that.
20 Rich people wear expensive clothes.
21 Piet is a tall fellow, just as tall as I am.
22 Another glass of milk? Yes, please.
23 The largest rivers in the Netherlands are the Rhine, the Meuse, the Waal and the IJssel.
24 The whole book is very difficult. No, it is an easy book.
25 Go ahead and eat one of those delicious oranges.
26 On the left side of the street you see the post office.
27 In the late fall we get a lot of rain.
28 Those large trees in front of the house are very pretty.
29 This stale bread doesn't taste good.
30 I don't have many books, but he as still fewer books.

Chapter 9

1 I am looking forward to that trip to the Netherlands.
2 That is very nice of you.
3 Piet Zeilstra lives in Utrecht now. Do you know him?
4 Naturally. We both work at the same office.

5 And Mrs. Zeilstra, do you know her too?
6 No, I don't know her. That's too bad. (It's a shame.)
7 I still remember that trip.
8 She lives in Zwolle – no, I'm wrong – she lives in Deventer.
9 The house is big enough for all of us. They certainly have room for you and me and the whole family.
10 They live with Mr. and Mrs. Mulders.
11 They always talk about him a lot.
12 Take that letter to the mailbox for me, will you? Put it in the box for me (mail it for me).
13 Do you have the suitcase all ready for me?
14 No, at the moment I do not have it ready yet.
15 I'm sorry, but it is not ready yet. My apologies.
16 There, now everything is taken care of!
17 Even he knows that. She is much smarter than he is.
18 The glass is broken. She doesn't say anything to him.
19 At the moment the children are at school.
20 That I don't know yet.
21 They often pay us a visit.
22 Many people are reading this book, but I don't think it's interesting.
23 Is the post office in this street? I don't see it.
24 I meet her every day in the store.
25 I'm sorry, but the typewriter is not working.
26 Mr. De Roode repairs typewriters. I know him well.
27 Does Gerrit always work with you? No, we don't work together.
28 I don't see her often. She works during the day.
29 The keys are on the table. Give them to her tomorrow.
30 Are you looking forward to the trip? No, I'm against that trip.

Chapter 10

1 Today we're going by train to Arnhem.
2 Our railroads are very good. Our trains almost always run on time.
3 In our little country the trains go pretty fast.
4 'Are yours in the U.S. good too?' he asks.
5 'Our country is big, and the trains are perhaps less good.' she replies.
6 This compartment is already occupied. I see somebody's suitcase. That is another passenger. The train is full.
7 You're right, the train is leaving exactly on time.
8 Now we're going by bus to my family.
9 Which way now? The bus stop is right in front of the station.
10 Our whole family is home this evening. How nice. Are they expecting me?
11 Every week she drives to her family in Friesland and back.
12 Every day he drives to (his) work.
13 My brother's car is not black but red. That is his only car.
14 My wife always takes the big highway to The Hague.
15 Which car is his? That one there behind the factory.
16 My warm coat is still hanging in the closet. In the spring I don't need it.
17 He always walks around with a pipe in his mouth and the newspaper under his arm.
18 Their new house is for sale. For much too low a price!
19 What kind of house is it? I mean, is it bigger than ours?
20 Who are they selling their house to?
21 Why don't they take their own car? Their car is for sale again.
22 He comes (he is coming) by bicycle. At any rate he is coming.
23 Is she coming by train? No, she's coming in her car.
24 Doesn't he have his own typewriter? Yes, but his doesn't use it.
25 He and his friend drive from Leeuwarden to Staveren every day.

26 Which way? Just go this way.
27 Whose house is this? I don't know. Ours is around the corner.
28 She is always right. No, you are wrong. Yes, you are right.
29 Jan, where is your coat? Mr. Teeuw, is this your coat?
30 Which coat is yours? This one is mine.

Chapter 11

1 How long are you staying in the Netherlands? A year?
2 No, not a whole year; not more than nine or ten months.
3 Is this the first time you've been in the Netherlands? No, this is (already) the second time.
4 What's today's date? August seventeenth, 1987.
5 We figure the distances in kilometers. Leiden is for example fifty-three kilometers from Utrecht, and twenty-seven kilometers from Gouda.
6 The who of us are going. Are there four of you?
7 She has about ten rolls (ten rolls or so, nine or ten rolls).
8 I'll drop by your place this week (yet).
9 He is coming in two weeks. I'll come a week from Monday (Monday week).
10 We figure (calculate) the weights in kilograms. A kilogram is a thousand grams.
11 But we also figure the weights in pounds. A Dutch pound is not the same as an American or English pound.
12 An English or American pound is sixteen ounces, but a Dutch pound is five ounces.
13 An English or American pound has 450 grams, and a Dutch pound has 500 grams.
14 Two pounds are a kilogram, so a pound is 500 grams and an ounce is a hundred grams.
15 How far is it (still) to Amsterdam? Eight or ten kilometers.
16 She buys a kilogram and a half of potatoes. No, she's only buying half a kilogram.
17 We buy meat by the 'ounce'. You go in a store and say 'Four ounces of ground meat, please'.
18 The butcher says 'Yes ma'am', two ten per ounce, that is eight guilders and forty cents'.
19 You give him ten guilders, and he gives you the meat and a guilder and sixty cents.
20 It is Saturday. We're going to the market today.
21 The stands are in long rows behind the city hall.
22 Here they're selling vegetables and fruit (fruit and vegetables). We'll get three kilograms of potatoes and a kilogram of apples.
23 Do you have a couple of tens on you? I'm sorry, I only have a twenty-five.
24 We need some oranges too. How much do they cost today?
25 Now we go that way. They have cheese there. A pound will certainly be enough.
26 On the other side of the canal, under the tower, they have really beautiful flowers.
27 A bouquet of tulips is not so expensive. Do you have change for a fifty?
28 It is spring, and all the flowers are rather cheap today.
29 The yellow and white roses are also very nice today.
30 Now I only have some change left. We'll look for a bit and then go home.

Chapter 13

1 I studied at the university of Amsterdam. I took courses there.
2 We cycled all the way from Haarlem to Enkhuizen yesterday.
3 Have you ordered the cheese and margarine at the grocer's?
4 Yes, but I have not paid yet.
5 I repeated it, but he did not answer.
6 I have not smoked at all this morning.
7 Yesterday she promised me a long letter.
8 He sent me a postcard and explained everything.

9 I met her daughter during a party in Middelburg.
10 Which company has built that new factory just outside the city?
11 We thanked them for a sociable evening.
12 Many thanks for the pleasant evening!
13 He washed the cups and saucers and put them on the table.
14 The children were playing downstairs.
15 Yesterday evening I listened to the radio at home.
16 Yesterday afternoon I caught a cold.
17 The fire burned nicely.
18 My parents lived a long time. They always lived in Maastricht.
19 We followed (took) the main highway from Utrecht to Arnhem.
20 In Holland I did a lot of cycling.
21 I do not know how much money I have. I have not counted it yet.
22 He has just paid the bill.
23 She ordered a new coat, but she hasn't paid for it yet.
24 The children were playing outside. Weren't they playing upstairs?
25 Many people passed, but nobody heard me.
26 She developed the photos herself.
27 She put her brother's newspapers on the table.
28 I met Mrs. Schuringa at the grocery store.
29 I threw the old letters and papers in the fire.
30 I have never cycled so much as here in The Netherlands.

Chapter 14

1 Yesterday the two of us were sitting in the living room.
2 We stayed home, because the weather was cold.
3 Yesterday's snow still lay on the ground.
4 I read a book and now and then looked at the people in the street.
5 Everyone wore his warmest clothes and walked past quickly.
6 The sky was cloudy and the sun hardly shone at all.
7 We saw hardly any children outside.
8 It has already gotten quite a bit colder.
9 Yes, it froze hard during the night.
10 Some boys walked past with skates.
11 Each of them held skates in his hand.
12 They disappeared around the corner.
13 Have you ever skated?
14 Yes, but I have forgotten my skates.
15 I have left them at home.
16 We drank our cup of coffee and walked to the frozen canal.
17 Many boys and girls were already on the ice, others put their skates on.
18 More and more children and also older people come to the canal.
19 Most of the people came from the city.
20 We forgot the cold and looked at the skaters with interest.
21 They have found an excellent spot.
22 We stayed a half hour and then walked back.
23 The water is already frozen, because it is winter and it has gotten much colder.
24 He went outside and disappeared around the corner.
25 She has never helped me enough.
26 I read a book now and then, but that book I have never read.
27 They haven't eaten anything (they didn't eat anything).
28 After a couple of hours they came back.
29 They hung their coats in front of the fire.
30 I was born in 1957.

Chapter 15

1 Have you ever been to Breda?
2 He asked for the address, but I did not know it.
3 The children found the money in the street.
4 'What have you done with that money?' I asked. 'We bought some candy', they said.
5 I said 'I looked everywhere, but I have not found my scarf yet'.
6 He laughed and said, 'Hasn'it it always hung on the hook in the closet?'
7 Yesterday I drank a whole bottle of milk.
8 'I didn't do it', he said, 'because I have had no time'.
9 There were a lot of people in the street. They came from the offices and stores and went home.
10 They stood at the stop and waited for the streetcar (tram).
11 They have been standing in the cold now for a half hour.
12 Have you always been bothered by the cold?
13 The bus is late today, because it snowed.
14 She thought of him often, and wrote him many letters.
15 He has had the chance, but he has never done it.
16 We went to a reasonably-priced restaurant and had a tasty meal.
17 The meal consisted of meat, potatoes and vegetable. It was a perfectly ordinary Dutch meal.
18 Last week I finally sold my old motor bike.
19 A month ago I bought around ten handkerchiefs. Have you seen them?
20 I watched TV all evening.
21 He went with a friend of his; what was his name again?
22 Our city hall looks like a church. Well, I'll be!
23 I brought her some fruit.
24 How long have you been looking for your handkerchieves? I've been looking for an hour.
25 They are probably in the closet, because I washed them yesterday.
26 She bought some new ties and socks for me.
27 He laughed at my new tie, but not at the new shirt.
28 We sold our car, because gas (petrol) was too expensive.
29 We went down town and saw an excellent film.
30 My father died suddenly. It was in yesterday's paper.

Chapter 16

1 Can you lend me a few guilders?
2 Do you want some milk? You have to look in the refrigerator.
3 Hello (good morning, etc.)! I would like to have some herring.
4 How much did you have to pay for this camera?
5 Above all you must not drop those cups.
6 I had my hair cut (got a haircut) yesterday.
7 You don't need to go all the way to the center of town to buy the tickets for the concert.
8 That doesn't matter at all to me.
9 He asked for help, but nobody wanted to help him.
10 She talked without listening to me. That was not nice of her. That was particularly unkind.
11 No one wanted to do that for him.
12 I really wanted to go to Belgium last week.
13 I have always wanted to visit Ghent and Bruges.
14 He has often had to go to Flanders.
15 I would like (to have) a little more tea.
16 May I smoke here? No sir, that is not permitted here.

17 Can you repair these shoes today? Yes sir, we can.
18 Do the children have to go to the concert too? No, that isn't necessary.
19 She wanted to come to show you her new scarf.
20 He talked a lot, but I wasn't able to understand him. In fact, I have never been able to understand him.
21 You must look carefully; otherwise you can't see it.
22 Can you see him coming now?
23 I'm sorry, but I didn't hear him speak.
24 Can I go by way of (via) Breda? Yes, but it would be better to go by way of Tilburg.
25 I would like to visit a Dutch farm sometime.
26 You really shouldn't talk so fast. Nobody can understand you.
27 She wanted to come by plane. She has always wanted to come by plane.
28 One of the tires has a leak. Can you repair it?
29 I just had the other tire repaired.
30 You don't need to pay to swim here. It is free.

Chapter 17

1 Tomorrow we will see how much time we have.
2 I am about to leave (on the point of leaving).
3 I would like to have another cup of coffee.
4 Could you wait just a bit? At the moment I am writing.
5 Might I use the typewriter for a bit this afternoon?
6 Certainly, I probably won't need it anyway.
7 Then I would like to use it. I intend to write a few letters.
8 I didn't know what 'limonade', meant, because I had never bought that here.
9 That is the name of various drinks made of fruit juice (fruitjuice drinks); it doesn't need to be made of lemon.
10 We will need some more money. Yes, probably so.
11 What does that blue sign with the white bicycle mean?
12 That is a bicycle path. You may not walk there. In other words, walking is forbidden there.
13 I have (already) been in the Netherlands for six weeks now, but by chance I hadn't seen a sign like that yet.
14 You are not used to our traffic signs yet.
15 By tomorrow you will have heard that.
16 Next Tuesday I will have to go to Nijmegen.
17 We will have to try that next week.
18 The next streetcar (tram) does not come until about twenty minutes later.
19 I don't know my way around this neighborhood. Can you by any chance show me the way to Van der Maas' bicycle shop?
20 Let's see. Oh yes. You follow this street a ways and then you come to a canal.
21 You go over the bridge, then left, and then it's right straight ahead. You can't miss it.
22 Van der Maas is right opposite the big church.
23 Watch out! You must not get lost in our house. Since May we have been living on the third floor.
24 What do you mean, 'tweede verdieping'?
25 That means about the same as 'two flights up'. The first 'verdieping' is therefore one flight up.
26 But in the U.S. the first floor is usually also the lowest. That we call the 'begane grond' (ground floor) here.
27 For example, the second 'verdieping' is the third story for you.
28 The day after tomorrow I'm going on the train to Den Bosch.
29 The traffic in Amsterdam is probably pretty busy.
30 Next week I'm going to buy a map. Next Wednesday I'm going to buy a copy of that book.

Chapter 18

1 Now listen. You've got to be sure and understand this well.
2 Would you mind closing that window?
3 Why not just give me an example of what you mean?
4 You are looking for a second-hand car, aren't you? Why not read the advertisements?
5 Oh, I look in the ads now and then.
6 Have a look here in the paper. Just what you're looking for, isn't it?
7 Will you just sign this please, sir?
8 Just close the door, will you? Mind closing the door?
9 That was a very confusing situation.
10 He didn't understand it, but he signed it anyway.
11 I think I'll just go watch TV.
12 In the ordinary spoken language we say 'cheap', but in the stores they prefer to say 'inexpensive'.
13 Something like that will probably no longer be possible in this day and age.
14 Shall I just go have a look for you?
15 The word *'heden'* no doubt sounds ordinary, but it really is formal.
16 Please just go and have a seat there in the hall.
17 The interview was in the paper, after all.
18 For heavens' sake close the window! I'm cold.
19 In the spoken language one scarcely ever speaks of a *'rijwiel'*.
20 I'd just go ahead and buy that coat.
21 I'm just going to give her a call. You do know her phone number, don't you?
22 In my opinion that is entirely correct. I think that's entirely right.
23 She heard what you said all right, but she still didn't understand it.
24 The expression *'des avonds'* instead of *'s avonds'* is used from time to time in very official language.

Chapter 19

1 My friend called me up yesterday and invited me to spend an evening with him.
2 'Shall I bring my wife along?' I asked.
3 O.K.! I suggest the following: You go along with us to my brother's in Middelburg to wish him a happy birthday. His birthday is on Monday.
4 'We'll have to take along our raincoats', said my wife.
5 We took the train to Dordrecht. 'But we'll have to change in Rotterdam', I remarked.
6 An hour later we arrived at our friend's place in Zeeland.
7 'Do come in!' he said.
8 We sat in the living room talking a while. He offered us a cup of tea.
9 'I have just called up my brother', he said, 'we can visit him right away'.
10 We left and arrived a few minutes later at his brother's.
11 It was a pleasant evening. We had brought a few presents along.
12 'We have to leave (we ought to go)! said my wife finally. 'We can postpone that a little longer', I answered.
13 'But we have to get up early tomorrow'. 'No, we won't get home so terribly late'.
14 We spent another fifteen minutes at my friend's brother's, and then left.
15 We had no desire to leave yet.
16 'You must come back next year!' said our host. 'That's a date' we said, and returned home.
17 He came in the room and closed the door.
18 She has had to clean the room.
19 Just call me tomorrow, then you can make an appointment with me.
20 'She was disappointed', he remarked.
21 She hasn't put on her new gloves yet.

22 We had to postpone our visit a bit. We have had to postpone our visit a bit.
23 He put on his shoes. He took off his raincoat.
24 Did you put on your best raincoat?
25 We take the train to Rotterdam, change in Delft, and spend the day with friends in Rijswijk.
26 We called him up and congratulated him.
27 Since 1945 Rotterdam has undergone many changes.
28 In the train we sat talking.
29 We got up early and left, because we had a date to visit Mrs. Verbruggen.
30 I lost my coat. I finally got rid of that old coat.

Chapter 20

1 He asked whether I was perhaps interested in music.
2 Did you know that a friend of yours had called up today? He was talking about a new car (he mentioned a new car).
3 The mirror that has always hung there on the wall fell yesterday.
4 Before Beatrix became queen, she was called Princess Beatrix.
5 When he was at our place yesterday he made a date with us.
6 She didn't say when she would bring it.
7 When we were talking about birthdays at coffee yesterday, I heard that your birthday is today.
8 I'll just ask whether this is the right train.
9 That blue and red sign means that you may not park here.
10 Wouldn't it be nice if we took a trip to Antwerp sometime?
11 Yes, I think that's fine, at least if it isn't too expensive.
12 When he had said that to me, he immediately took his coat and went out the door.
13 He came, in spite of the fact that he had a cold.
14 I didn't bother to send you the catalogue, because you said that you did not want to buy any second-hand books.
15 I think those saucers belong there in the cupboard.
16 Whose are they? They are Mrs. Roes's.
17 After they were gone we could finally go to bed.
18 De you know where I can find Henk? I'm sorry, but I don't know where he is.
19 Although I express myself fairly well in Dutch, I always have to watch out to avoid mistakes.
20 When she and her father are together, they talk without stopping.
21 They no doubt have a lot to tell each other.
22 When I read that story, I thought it as very good.
23 I heard yesterday that you had made a trip to Antwerp.
24 If I had just made more money, it wouldn't be necessary to buy a used car.
25 When I came in, she got up and left.
26 You're not allowed to park where you see a red and blue sign by the side of the street.
27 They work without a break. I don't know how they can work so long without resting.
28 You don't know what I did with the dictionary? You know, after all, it's always on the top shelf.
29 The city hall is very interesting, because it is very old.
30 He was talking about his new house.

Chapter 21

1 If you want to send a package to the U.S., you have to declare the contents at the post office.
2 I don't believe I've made your acquaintance yet.

3 In Holland you can get various kinds of cheese, but the two main kinds are Gouda and Edam.
4 Your daughter is a secretary at a large office in Amsterdam, if I am not mistaken.
5 The children are making such an awful noise that I can't work any longer.
6 Yes, I think that's annoying too. Shouldn't they actually be at school?
7 At the barber's, at least at the one in Haarlemmerstraat, you can get a haircut in a half hour.
8 Are you going along the day after tomorrow to that exhibition of paintings in the museum?
9 I think it would really be worth the trouble.
10 It would certainly be nice, but I can't do it Monday because I have to be at the office during the day. I'm sorry.
11 He is proud of the pictures he took when he was on vacation. And they are excellent, too.
12 I can well imagine that she finds her work as a secretary pleasant. According to her (she thinks) it is pleasant work.
13 The tablecloth you gave us when we married we're still using.
14 You bought eight guilders and forty cents worth, you give me a ten, and get one sixty back.
15 Will you tell me how you did it?
16 She is married to a professor at the university of Groningen.
17 I didn't know she was married until she told me.
18 If I'm not mistaken, you promised me yesterday that you would do it.
19 Do you know by any chance how long he has postponed his visit? Are you aware of how long he has postponed his visit?
20 He told me what he did when all those people arrived.

Chapter 22

1 Company is (i.e. visitors are) coming this evening.
2 We'll have to get around to buying some cups and saucers.
3 There is a dish of apples on the table. Do you want one of them?
4 No thank you, I have already had one of them.
5 Thank you for all your help. I did not even have to ask you for it.
6 It looks as though we're going to get snow. – Great! – Do you think so? I'm dreading it.
7 There was a fire yesterday. Did you read about it in the paper?
8 I'd eat some fruit if I were you. Or don't you like it?
9 If you don't like fruit, what do you like, then?
10 That is something we have heard a lot about.
11 What do you think of it? I am against it.
12 I'll have another cup of coffee, but after that I really have to leave.
13 There is still a piece of paper left over. What shall we use it for?
14 Here is the book that I have now read twenty-two chapters of.
15 Do you only have one towel? There are supposed to be two of them.
16 He took his bicycle, jumped on it, and rode away.
17 What does that make you think of?
18 You're right, it would be nice to eat in a restaurant in town. I hadn't thought about that.
19 You are reading today's paper. Is there anything interesting in it?
20 No, hardly anything has happened. There is nothing in here except a few things about the government.
21 I can't say anything else about it because I don't know anything at all about it yet.
22 You must remember that it can be very dangerous.
23 I am counting on the fact that you'll call (on your calling) me up tomorrow.
24 Remember to bring the money along.
25 What kind of a man is he? I can't say anything about that.

26 There used to be three trees in front of the house, but now only one of them is left. What happened?
27 It's no easy job, you mustn't laugh about it.
28 The weather looks marvelous today.
29 When I opened the cupboard, three glasses fell out of it.
30 There are always a lot of children playing in the park.

Chapter 23

1 I found a little store on the corner and called him up.
2 A little ways past our house you can see where they're building.
3 I only have a ten-guilder bill.
4 You probably can't change that. Yes I can.
5 On that little table in the corner there is a box of teaspoons.
6 We are taking a trip to one of the towns in the neighborhood.
7 The cat has a little bell on so that the birds hear him (it).
8 A short time ago I could still hardly speak any Dutch. I talked very cautiously.
9 The children are always crazy about sweets. Shall we just take some pieces of chocolate along?
10 Every day we get a large bottle of milk and two small ones from the milkman.
11 He has a very nice wife, but I still think she talks a little too much.
12 We sat an hour or so in the sun, because it's been so cloudy this week.
13 With our glass of 'limonade' they brought us a little dish of cookies.
14 What kind of a thing is that? For heavens sake, throw that dirty box away (get rid of that dirty box) immediately!
15 Take another piece of cake! I don't see a bit of it any more.
16 Will you bring a roll of film along for me? I'd like to take some pictures.
17 We talked a moment about our trip.
18 The boys are playing soccer in the street with a little ball.
19 Do you want (to have) a bite to eat? Or shall we just have lunch down town (in town)?
20 I don't have any guilders, but I do have a pocketful of 'kwartjes' and 'dubbeltjes'.
21 In the cities many people speak a little (bit of) English, but in the villages they don't speak any English at all.
22 That book is not mine, but I'm going to read it anyhow.
23 I have to buy a new comb and some razor blades.
24 After work we went to our café and had a drink.
25 On Saturday I have to take care of a couple of errands first.
26 He walks very carefully, with tiny little steps, as if he's afraid of falling.
27 As soon as this shower is over we can go on.
28 You'll have to come and visit our city sometime. We really have a gem of a town-hall tower!
29 That's an awfully expensive restaurant. In the evening there's a string ensemble playing there.
30 You don't have to do it at all. It was just an idea.

Chapter 24

1 Last week he was appointed leader of his political party. The party is being led by someone with great talent.
2 The water is pumped by the mills out of the ditches and canals to the rivers.
3 When the light had been turned out, the film was shown.
4 She was called to the telephone and didn't come back.
5 Much more wine is drunk in France than here.
6 No French is spoken here.
7 But German is spoken here.

8 There is a knock at the door. Who is there (who is it)?
9 Big cars are not to be had here. There's no sense looking for them.
10 It's true the letter is signed by Frits, but I see that it was written by Anna.
11 We will be picked up by our friends in Amsterdam.
12 Suddenly a lot of noise was heard, and immediately after that there was shouting outside. The whole matter has never been explained.
13 A lot of milk is drunk in the U.S.
14 Milk is not sold in bottles but in plastic.
15 Every year a lot of automobile accidents happen on our highways.
16 In the Netherlands an awful lot of fruit is imported every year.
17 Our visit to Brussels has to be postponed a bit. Brussels has a long history.
18 The two people who were injured in the automobile accident were immediately taken to the hospital.
19 In Flanders (or: in Dutch-speaking Belgium) Flemish and Dutch books are read.
20 The 'Afsluitdijk' was built between 1927 and 1932. It has an important function.
21 In general people work hard in that factory. At the moment they are especially busy.
22 He is still busily talking.
23 This letter wasn't written by Kees.
24 In the Netherlands many Flemish novels are read. But the number has gone down in recent years.
25 After everybody had looked for my scarf, it was finally found in the drawer.
26 The water for many cities near the coast is pumped from the dunes.
27 Oranges must be imported from other countries.
28 In the IJsselmeer dikes are being built on a large scale. A considerable number were built there.
29 In general a trip like that can be made in a day and a half.
30 Only Dutch is spoken here. No English is spoken here.

Chapter 26

1 At 11 a.m. people drink coffee in the Netherlands.
2 If you take those letters to the mailbox this evening before 7:30, they will be delivered tomorrow morning at 11 a.m.
3 In the winter it usually gets dark here at five o'clock.
4 We get our mail earlier than you do. The mailman usually comes at about eleven o'clock in the morning.
5 I will pick you up tomorrow morning at twenty to ten.
6 The next train leaves at 12:21 and arrives in Eindhoven at about five past one.
7 If you want to see a sea of cars, you ought to be in Amsterdam about five o'clock!
8 The film begins at quarter over the hour and is over in three quarters of an hour.
9 She dialed the number, but it was busy.
10 You got a call a quarter of an hour ago from your mother.
11 The train arrives at 2:40 at platform two.
12 I would like to drop by for a minute this evening at about 7:30. Would that by any chance be all right?
13 Fine. We come home in the evening about 5:30, we eat at 6:30 and are finished at a quarter past seven. And we don't go to bed until eleven o'clock.
14 So we'll see you (each other) again at 7:30, O.K.? So long!
15 I have to have my watch back this afternoon before 5:30. Will you let me know when you have repaired it?
16 She didn't stop swimming until four o'clock. And this evening she wants to go on!
17 The traffic is very busy, because we came right in the rush hour.
18 At five o'clock it is really dangerous in the big cities, because there are so many cars.
19 We get up at 7:30, take the bus that leaves at 8:35, and arrive just before 9:00.
20 If we miss that bus we have to wait, because the next one doesn't leave until ten to nine.

21 The window is closed around the noon hour. It doesn't open again until around one.
22 What time do you have? It is now twenty to two. Oh, then my watch is slow.
23 It's only a quarter after seven. That clock in the station is fast.
24 Let's go to the pub around five o'clock. The beer there is of excellent quality.
25 The clock in the tower always says six o'clock. Yes, but that clock dates from the sixteenth century!
26 The train is a half hour late. In this waiting room there's nothing but a coffee machine.
27 Let's have a cup of coffee in the station restaurant while we're waiting.
28 The waiter will keep track of how many cups of coffee we've had.
29 At about four they went to the sidewalk café to enjoy the nice weather and the quiet atmosphere. And to watch the passersby.
30 At about nine-thirty there is an intermission of fifteen minutes (a quarter-hour intermission).

Chapter 27

1 I can already read Dutch fairly well. But when I talk, it's not entirely understandable.
2 Really? So it didn't turn out to be too hard (too much) for you.
3 We are trying to learn Dutch, but we don't know the language well yet.
4 The use of the words is sometimes very different from English.
5 My brother, who is a teacher, has been at a school in Alkmaar since last year.
6 Who was that fellow you were talking to in front of the city hall? His face looks familiar.
7 I saw him recently in Amsterdam.
8 Before we eat I usually sit in the living room for a bit and read my newspaper.
9 Would you care for a sandwich? And how! I'm hungry.
10 She was talking about her children, I think.
11 Next Sunday there is a special concert (a special concert is taking place) which I would like to attend.
12 The train is chock full, and all the seats are taken. At this hour of the day, that's puzzling.
13 I think he's (a) boring (man), because he repeats everything he says.
14 I like bread and jam very much. I think bread and jam are very good. I'm simply crazy about it.
15 May I bother you a moment? I would like very much to ask a question.
16 This is the only raincoat I own.
17 My father has seen a lot of the world, but I have never been abroad (out of the country).
18 For breakfast, people in Holland usually eat bread and cheese, meat, or jam.
19 A few months ago I couldn't understand a word of Dutch, but recently it has become easier.
20 A lot of grass grows (is growing) along the ditches. With that blue sky today, that's a lovely scene.
21 Typical of the Dutch landscape are the ditches and the grass.
22 We keep the salt and pepper in the cupboard.
23 He has taken care of all that in one day?
24 It's annoying when there's never a pencil to be found.
25 I have no objection to your sending the newspapers separately (I don't object if you want to send ...).
26 The newspapers must be sent abroad (out of the country). We have to find out how much that costs.
27 How on earth do you manage in such a little apartment? Oh, it isn't all that bad.
28 The restaurant is crowded. That's a little disappointing. A famous restaurant like that always gets full around this hour.
29 I have to bother you a moment, because I don't know where the salt and pepper are.
30 What does that word 'bezet' mean? I can't remember.

Chapter 28

1 The façade is the front of a house. The façades of some old houses in the cities are especially pretty.
2 If you need stamps and air letters I can get them for you, because I have to go to the post office anyhow.
3 He made all kinds of remarks, but we simply didn't listen to him.
4 The police station is two blocks further, on the left side of the street.
5 There is still a possibility that we'll be able to go to Scheveningen for the concert, but there are difficulties.
6 I'm just going to another barber. My barber cuts the sides too short and leaves the back too long.
7 If you want to know what time it is while you're down town, take a look at the clock on the city hall tower.
8 Fortunately it will not be necessary to ride there in the rain.
9 We would like to live in the city (in town), but the only house we could find is in the country.
10 You think dark blue doesn't look good on me (become me)? Oh yes, but you look much better in a lighter color.
11 The cat is sitting motionless in front of the window. His motionlessness always makes me smile.
12 She works in the Ministry of Education, and he is an elementary-school teacher. A few years ago she was a teacher too.
13 He has always been stubborn. His stubbornness is a big disappointment to me. That's one of his pecularities (that's one of his little ways).
14 At the bus stop in front of the station you get in, and you have to get out at the third stop.
15 The capital of the Netherlands is Amsterdam, but the ministeries are in The Hague and surroundings (in and around The Hague).
16 Our house has a living room, dining room, kitchen, two bedrooms and a bathroom.
17 There are three large windows in front, and a back door and two smaller windows in back.
18 I wanted white or light gray paper, but they only had this light blue airmail paper with the envelopes.
19 The dog is motionless, because he is asleep.
20 She smiled when I said it was dangerous. Yes, she is very self-assured.
21 It is absolutely necessary to keep your physical condition up to snuff.
22 When I've played sports for an afternoon, I feel nice and relaxed.
23 In Friesland our teacher did some *'fierljeppen'*. He thought it was especially difficult.
24 The statue of William the Silent is in The Hague.
25 I really can't follow your train of thought.

Dutch-English vocabulary

A

aan, to, on, at
aanbevelen (beval – bevalen, bevolen), to recommend
aanbieden (bood, geboden), to offer
aandoen (deed, gedaan), to affect, give an impression
aandraaien, to turn on
aangenaam, pleasant
aangezien, in view of the fact that
aankomen (kwam – kwamen, is gekomen), to arrive
de aankomst, arrival
aankondigen, to announce
aannemen (nam – namen, genomen), to accept
aanschouwen, to witness
aanstaande, next
aansteken (stak – staken, gestoken), to light
het aantal, number
aantrekkelijk, attractive
aantrekken (trok, getrokken), to put on
de aanvraag, request
aanzienlijk, considerable
de aard, type
de aardappel, potato
het aardewerk, pottery
aardig, nice, pleasant
absoluut, absolutely
de academie, academy
acht, eight
achter, behind
de achterdeur, back door
de achtergrond, background
de achterkant, back; *aan de a.*, in back
achterlopen (liep, gelopen), to be slow (of a clock)
achterover, over (backwards)
achttien, eighteen
actief, active
de activiteit, activity
de adem, breath
de administratie, administration
het adres, address
de advertentie, advertisement
af (postposition), down; *af en toe*, now and then
afbranden, to burn down
afgelopen, over (ended)
afgesproken, agreed, O.K.
afgetekend, drawn
afhalen, to pick up
afhangen (hing, gehangen) van, to depend on
aflezen (las, gelezen), to read (from)
afronden, to round off
afslaan (sloeg, geslagen), to refuse
de Afsluitdijk, the Barrier Dam
de afspraak, appointment, date
afspreken (sprak – spraken, gesproken), to make an appointment, agree
de afstand, distance
afzonderlijk, separate
de agent, policeman
het akkerland, farmland
al, all
al, already; *al dan niet*, whether or not
algemeen, general; *over 't a.*, in general
allebei, both
alleen, alone, only; *a. maar*, only
allemaal, all
aller- + superl., most – of all
allerlei, all kinds of
alles, everything
allure, air
als, as
als, if, when
alsmaar (almaar), right on, more and more; a. *rechtdoor*, straight ahead
alstublieft, please
altijd, always
Amerika, the U.S.
Amerikaans, American
amuseren, to amuse
ander, other
anderhalf, one and a half
anders, otherwise

de angst, anxiety
annexeren, to annex
het antwoord, answer
antwoorden, to answer
apart, separate
de appel, apple
het appelsap, cider
april, April
de arbeid, work
de arm, arm
het arrangement, arrangement
de arreslee, sledge
asymmetrisch, asymmetrical
het atelier, workshop
augustus, August
de auto, car; *het auto-ongeluk*, automobile accident
de automaat, machine
de autoweg, highway
de avond, evening

B

het baantje, job
het bad, bath
de badkamer, bathroom
bakken (bakte, gebakken), to bake, fry
de bakker, baker, breadman
de bal, ball
het balkon, balcony
de band, tire, tyre
de bank, bank; bench
het bankbiljet, banknote
de basis, basis
de bazin, mistress
het bed, bed
bedanken, to thank; *hartelijk bedankt*, thank you very much
bedenken (bedacht), to think up
het bedenksel, something thought up
de bediening, service (in restaurant)
bedoelen, to mean
het bedrag, amount
bedreigen, to threaten
de bedrijvigheid, bustle
bedroefd, sad
het beeld, image
het been (plur. *beenderen)* bone; (plur. *benen)* leg
een beetje, a little
de begane grond, ground floor
het begin, beginning
beginnen (begon, is begonnen), to begin
de beginner, beginner
begrijpelijk, comprehensible
begrijpen (begreep, begrepen), to understand
behalve, except, besides
behoren (tot), to belong (to); to need to
beide, both
bejaard, elderly
bekend, known; *b. staan als*, to be known as
bekommeren (zich) om, to be concerned about
bekwaam, capable
de bel, bell
het belang, importance
belangrijk, important
de belangstelling, interest; *b. hebben voor*, to be interested in
belasten, to burden
België, Belgium; *Belg*, Belgian
bellen, to ring (a doorbell)
belommerd, leafy
beloven, to promise
beneden, below, downstairs; *naar b.*, downstairs (direction); *hier, daar b.*, down here, there
benoemen, to appoint
de benzine, gasoline, petrol
beoefenen, to practise, carry on
bepaald, certain
bereiken, to reach
berekenen, to figure
beroemd, famous
beslist, certain
het besluit, decision
best, best, very well, dear (in letter)
bestaan (bestond, bestaan), to exist; *b. uit*, to consist of
bestellen, to order, deliver (mail)
het bestuur, government
betalen, to pay
betekenen, to mean
de betekenis, meaning
de beuk, beech tree
bevallen, to please
de bevolking, population
bevroren, frozen
bewaren, to keep
beweeglijk, mobile
bewegen (bewoog, bewogen), to move
bewolkt, cloudy
bewonderen, to admire
bewust, conscious
de bezem, broom
bezet, occupied, busy
bezetten, to occupy
de bezetting, (military) occupation
bezitten (bezat – bezaten, bezeten), to possess
de bezitting, possession
het bezoek, visit, company; *een b. brengen*, to pay a visit

bezoeken (bezocht, bezocht), to visit
het bezwaar, objection
de bibliotheek, library
bieden (bood, geboden), to offer
het bier, beer; *het biertje,* glass of beer
bij, near, with, at the house of
bijna, almost; *b. niet,* hardly at all; *b. nooit,* hardly ever
bij voorbeeld (b.v.), for example
bijwonen, to attend
bijzonder, special, especially
binden (bond, gebonden), to tie
binnen, inside; *naar b.,* in (direction)
het Binnenhof, court at Parliament building in The Hague
binnenkomen (kwam – kwamen, is gekomen), to come in
binnenlopen (liep, is gelopen), to come in
de bioscoop, movies
het blad (plur. *bladeren),* leaf; (plur. *bladen),* tray
de bladzijde, page
blaffen, to bark
blauw, blue
blijken (bleek, is gebleken), to appear
blijven (bleef, is gebleven), to stay
de blik, glance
het blik, can
de bloei, flowering
de bloem, flower
de bodem, soil
het boek, book
boeken, to write an entry, book
de boekenplank, bookshelf
de boemeltrein, local train
de boer, farmer
de boerderij, farm
de boerenherberg, country inn
de bon, ticket
de bond, league
de boodschap, errand, message
de boog, curve
de boom, tree
de boot, boat
het bord, plate, sign
de borrel, glass of *jenever*
de bos, bouquet, head (of hair)
het bos, forest
de boter, butter
de boterham, sandwich
Bourgondisch, Burgundian
de bouw, construction
bouwen, to build
boven, above, upstairs; *naar b.* upstairs (direction); *hier, daar b.,* up here, there
bovenaan, at the top
bovendien, besides
bovenkomen (kwam – kwamen, gekomen), to come up
bovenste, top (most)
braaf, respectable
de brand, fire
branden, to burn
breed, wide
breken (brak – braken, gebroken), to break
brengen (bracht, gebracht), to bring
de brief, letter
het briefje, bill, banknote
de briefkaart, postcard
het briefpapier, stationery
de brievenbus, mailbox
de broer, brother
de bromfiets, (small) motor bike
het brood, bread
het broodje, roll
de brug, bridge: de b. over, over the bridge
bruin, brown
het buffet, counter
de bui, shower
buigen (boog, gebogen), to bend, turn
buiten, outside; *naar b.,* outside (direction)
buitenkerkelijk, without church affiliation
het buitenland, abroad
de buitenlander, foreigner
buitenlands, foreign
buitenshuis, outside the house
het bureau, office, desk
de bus, bus, box
de bushalte, bus stop
de buur, neighbor
de buurt, neighborhood
de buurvrouw, neighbor

C

het cadeau, present
het café, café
de catalogus, catalogue
de cent, cent
het centrum, center
de chocolade, chocolate
de chocolademelk, chocolate milk
de citroen, lemon
de collectie, collection
het college, course, class; *een c. volgen,* to take a course
complex, complex
concentratie, concentration
het concert, concert
concertgebouw, concert hall
de conditie, (physical) condition

constitutioneel, constitutional
de consumptie, what is eaten and drunk
de contour, contour
controleren, to check
cultureel, cultural
de cultuur, culture
de cultuurgrond, cultivated land

D

daar, there; *d. heen, d. naar toe*, there (direction); *d. vandaan*, from there
daar, since, because
de dag (plur. *dagen)*, day
dagelijks, daily
het dak (plur. *daken)*, roof
dames- en heren-, men's and women's
dan, then
dan, than
danken: dank u wel, thank you very much; *niets te d.*, you're welcome
de das, necktie
dat (pronoun and conjunction), that
dateren, to date
de datum, date
de dauw, dew
de, the
december, December
het deel, part
deelnemen (nam – namen, genomen), to participate
de deken, blanket
delen, to share
denken (dacht, gedacht), to think; *d. aan*, to think of; *erom d.*, to remember; *doen d.*, to make think
derde, third
dergelijk, like that
dertien, thirteen
dertig, thirty
de deur, door; *de d. uit*, out the door
deze, this, these; *dezer dagen*, the other day
dezelfde, the same
dicht, close, closed; *d. doen*, to close
dicht, close, tight; *d. bij*, close to
dichtbevolkt, heavily populated
dichttrekken (trok, getrokken), to close up
die (demonstrative and relative), that, those, which
de dienst, service; *tot uw dienst*, you're welcome
diep, deep
het dier, animal
de dijk, dike
dik, thick, fat
het ding, thing
dinsdag, Tuesday
direct, right away
dit, this
de dochter, daughter
het doel, goal
doen (deed, gedaan), to do; *aan ... doen*, to participate in; *d. denken*, to make one think
dol op, fond of, crazy about
domineren, to dominate
donderdag, Thursday
donker, dark
doodgewoon, perfectly ordinary
doodsimpel, as simple as can be
door, through, by, because of
doorbrengen (bracht, gebracht), to spend (time)
doorgaan (ging, is gegaan) met, to keep on
de doortocht, passage
de doos, box
het dorp, village
dorst hebben, to be thirsty
het dozijn, dozen
draaien, to turn, dial
dragen (droeg, gedragen), to carry, wear
de drank, drink
drie, three; *met z'n drieën*, the three of them
drinken (dronk, gedronken), to drink
dromerig, dreamy
droog, dry, stale (bread)
droogleggen, to reclaim by draining
druk, busy; *het d. hebben*, to be busy; *druk aan 't ...*, busily ...ing
het dubbeltje, ten-cent coin
duidelijk, clear
de duif, pigeon, dove
de duim, thumb
het duin, dune(s)
Duits, German
Duitsland, Germany
de duizend, thousand; *duizenderlei*, thousands of kinds of
duizendvoudig, thousand-fold
duren, to last
durven, to have the nerve to
dus, so, this way, thus
duur, expensive
dwars door, right across
d.w.z. = dat wil zeggen, i.e., that is

E

echt (wel), really
een, a, an, one
de eend, duck
de eenheid, unit(y)

eenmaal, once
eens, once, sometimes
de eensgezindheid, unanimity
eenvoudig, simple
eenzaam, lonely
de eenzaamheid, loneliness
eerder, before, rather
eergisteren, day before yesterday
eerst, first
eerstvolgend, next
de eetkamer, dining room
de eeuw, century
het effect, effect
het ei (plur. *eieren*), egg
eigen, own (adjective)
eigenlijk, actual
het eiland, island
het einde, end
eindelijk, finally
het eindje, little ways
de eis, demand
elektrisch, electrical
het element, element
elf, eleven
elk, each
elkaar, each other; *voor e.*, in order, taken care of; *voor e. krijgen*, to take care of of; *uit e.*, apart
de emotie, emotion
en, and
Engeland, England
Engels, English
enig, only
enige, some
enkel, nothing but
enkele, some; *een e. maal*, now and then
de enthousiasteling, someone who is enthusiastic
de entourage, setting
de enveloppe, envelope
enz. = *enzovoort*, etc.
er, there; *er is*, *er zijn*, there is, there are
erg, very
ergens, somewhere
erkennen, to admit
ervaren (ervoer, ervaren), to experience
essentieel, essential
de etalage, show window
eten (at – aten, gegeten), to eat
Europa, Europe
even, just, just as, a bit
eventjes, a moment
evenwel, however
evenwichtig, balanced
evenzeer, just as much
het exemplaar, copy

F

de fabriek, factory
het facet, facet
de familie, family
het fantasie-spinsel, something imagined
de fantast, visionary
februari, February
het feest, party
het feit, fact
feliciteren, to congratulate
de fiets, bicycle; *met de f.*, by bicycle
fietsen, to cycle
de fietsenhandelaar, bicycle dealer
de fietsenwinkel, bicycle shop
het fietspad, bicycle path
de figurant, bit player
fijn, fine
de film, film
het filmpje, roll of film
de firma, company
de flat, apartment
flauw, faint
de fles, bottle
flikkeren, to flicker
flink, quite a; *f. koud*, pretty cold; *f. schudden*, shake well
fluiten (floot, gefloten), to whistle
foeilelijk, ugly as sin
folkloristisch, folkloristic
de fooi, tip
het formaat, stature
formeel, formal
de foto, photograph
het fototoestel, camera
de fout, mistake
Frankrijk, France
Frans, French
het fruit, fruit

G

gaan (ging, is gegaan), to go; *hoe gaat het?* how are you?; *g. zitten*, to sit down
de gang, hall
gangbaar, accepted
de garage, garage
de gastheer, host
het gat (plur. *gaten)*, hole
geacht, (in letter) dear
het gebak, pastry
gebeuren, to happen
het gebied, territory, area
het geboomte, trees
de geboorteplaats, birthplace
geboren, born
het gebouw, building
het gebrek, lack
het gebruik, use

gebruiken, to use, take
de gedachte, thought
de gedachtengang, train of thought
het gedeelte, part
gedurende during
geel, yellow
geen, no (not any)
het gehakt, ground (minced) meat
gehandicapt, handicapped
geheel, whole, entire
geïndustrialiseerd, industrialized
gek, odd
het geld, money
het geldgebrek, lack of money
gelden (gold, gegolden), to be true, valid
geleden, ago
geleidelijk, gradual
geliefd, beloved
gelijk hebben, to be right
het geloof, belief
geloven, to believe
het geluk, happiness, fortune
gelukkig, happy, fortunate
gelukwensen, to congratulate
gemakkelijk, easy
de gemeenschap, community
gemiddeld, on the average
gemoedelijk, good-natured
de generatie, generation
genieten (genoot, genoten) van, to enjoy
genoeg, enough
Gereformeerd, Orthodox Reformed
het gerucht, sound
gerust, easily
de geschiedenis, history
het gesprek, conversation; *in g.,* (the line is) busy
de gestalte, form
de geur, fragrance
het gevaar, danger
gevaarlijk, dangerous
het geval, case; *in ieder g.,* at any rate
de gevel, façade
de gevelsteen, inscription tablet
geven (gaf-gaven, gegeven), to give; *het geeft niet*, it doesn't matter
het gevoel, feeling
geweldig, tremendous
gewend aan, used to
het gewest, territory, region
gewestelijk, regional
het gewicht, weight
gewoon, ordinary, just
gewoonlijk, usual
gezellig, pleasant, sociable
het gezicht, face, view; *op het eerste g.*, at first sight
het gezin, family (parents and children)
het gezoem, humming
gezond, healthy
gisteren, yesterday; *gisteravond,* yesterday evening
gladjes, smoothly
de glans, luster
glanzen, to shine
het glas (plur. *glazen),* glass
de glimlach, smile
glimlachen, to smile
glinsteren, to gleam
godsdienstig, religious
goed, good, well, right
goederen (pl.), goods
goedkoop, cheap
gooien, to throw
het goud, gold
goudachtig, gold-like
gouden, golden
de Gouden Eeuw, the Golden Age (the 17th century)
graag: g. (plus verb), to like to; *ik zou (wou) g.,* I would like to; comp. *liever,* superl. *liefst*
de gracht, canal (in a town)
het gram, gram
het gras, grass
gratis, free
de grens, border
grijs, gray
grillig, capricious
groeien, to grow
groen, green
de groente, vegetables
de groep, group
de groet, greeting
groeten, to greet
grofbotterig, rawboned
de grond, floor, ground
groot, large
grotendeels, largely
de gulden, guilder
het gymnasium, secondary school, High School

H

de haak, hook
het haar, hair
haar (object and possessive), her
de haardos, head of hair
haast, almost
haasten (zich), to hurry
de haat, hate
de hal, (large) hall
halen, to catch (a train)
half, half
de halte, stop

de hand, hand
de handdoek, towel
de handel, trade
de handelaar, dealer
handelen, to deal
de handschoen, glove
hangen (hing, gehangen), to hang
de hap, bite
hard, fast, hard, loud
het hardrijden, race
de haring, herring
het hart, heart
hartelijk, cordial
de hartstocht, passion
hautain, haughty
de haven, port, harbor
de hebbelijkheid, peculiarity
hebben (had, gehad), to have; *honger, dorst, slaap, gelijk h.*, to be hungry thirsty, sleepy, right; *het warm, koud, druk h.*, to be hot, cold, busy; *het over iets h.*, to talk about something; *zin h. in*, to care to
de hectare, hectare (about 2½ acres)
heden, today
hedendaags, present-day
heeft, (see *hebben)*
heel, very all; *de hele dag*, all day
heen, away
de heer, gentleman; Mr.
heersen, to prevail
het hekwerk, fencing
hel, bright
helaas, unfortunately
heleboel, whole lot
helemaal, entirely; *h. niet (niets)*, not (nothing) at all
helpen (hielp, geholpen), to help
hem, him
de hemel, sky, heaven
de hemelpoort, gate of heaven
hen, them
de herberg, inn
heren-, men's
de herfst, fall
herhalen, to repeat
de herhaling, repetition
herinneren (aan), to remind (of); *zich h.*, to remember
herkennen, to recognize
herstellen, to recover
Hervormd, (Dutch) Reformed
het, the (neuter), it
heten (heette, geheten), to be called
hetzelfde, the same
heus, really
hier, here
hiernaast, next door
hij, he
de hilariteit, hilarity
de historicus, historian
hoe, how, the (with comparative)
de hoed, hat
de hoek, corner
hoeveel, how much
hoeveelste: de h. hebben wij? what is the date?
hoeven, to need to
hoewel, although
het Hof, Court
hol, empty
Holland, Holland
Hollands, Dutch
de hommel, bumblebee
de hond, dog
honderd, hundred
honger hebben, to be hungry
het hoofd, head; *hoofd-*, main
de hoofdstad, capital
het hoofdstuk, chapter
hoofdzakelijk, main
hoog, high, tall
hoogachtend, sincerely
de hoogachting: met de meeste h., sincerely yours
hoor, (interjection)
hopen, to hope
horen, to hear, belong
het horloge, watch
de hospita, landlady
het hotel, hotel
houden (hield, gehouden), to hold; *h. van*, to like
huilen, to cry
het huis, house
de huisgenoot, house-mate
het huishouden, household
de huizenbouw, the way houses are built, construction
de hulp, help
hun, their, them
huren, to rent
de huurder, tenant

I

het idee, idea
ieder, every, any
iedereen, everyone
iemand, someone
iets, something, somewhat
het ijs, ice, ice cream
de ijskast, refrigerator
de IJssel, the IJssel River
het IJsselmeer, the IJssel Lake (the former Zuiderzee)
de ijzel, icy glaze

ik, I
importeren, to import
in, in
individueel, individual
de indruk , impression
de industrialisatie, industrialization
de industrie, industry
de informatie, information
informeren, to find out
de ingang, entrance
ingewikkeld, complicated
de inhoud, contents
de inlichtingen (pl.), information
inpakken, to wrap up
instappen, to get in
intens, intense
de Intercity, express train
interessant, interesting
interesseren (zich) voor, to be interested in
internationaal, international
het interview, interview
de inwoner, inhabitant
is, (see *zijn*)

J
ja, yes
het jaar, year
jagen (joeg, gejaagd), to chase, hunt
de jam, jam
jammer, too bad; *wat j.*, what a shame
januari, january
jarig zijn, to have a birthday
de jas, coat
jawel, yes (affirmation of negative)
jee!, heavens!
jij, you (familiar)
jong, young
de jongen, boy, fellow
jongs: van j. af, from childhood
jou, you (familiar)
jouw, your (familiar)
juffrouw, Miss
juist, exactly
juli, July
jullie, you (familiar, plur.), your
juni, June
het juweel, jewel

K
de kaart, ticket (also *het kaartje)*, map
de kaas, cheese
het kabinet, cabinet
het kalf (plur. *kalveren)*, calf
het kalfsvlees, veal
de kam, comb
de kamer, room, (parliament) chamber
het kanaal, canal
kans, chance
de kant, side; *die k. uit*, that way
het kantoor, office; *op k.*,at the office
kapot, broken
de kapper, barber
het karakter, character
de kassa, cashier's desk
de kast, cupboard, closet
de kastanje, chestnut tree
het kasteel, castle
de kat, cat
de keer, time
de kelner, waiter
kenmerkend, characteristic
kennen, to know
de kennis, acquaintance; *k. maken met*, to make acquaintance, meet
de kerel, fellow
de kerk, church
de kerstmis, Christmas
de keuken, kitchen
kiezen (koos, gekozen), to choose, elect
kijken (keek, gekeken), to look; *even k.*, let's see; *kijk eens!* look! there you are!
kil, chilly
het kilo, kilo(gram)
de kilometer, kilometer
het kind (plur. *kinderen)*, child
de kindertijd, childhood
klaar, ready
klein, small
het kleingeld, change
de kleren, clothing
kletteren, to rattle
de kleur, color
kleurig, colorful
klinken (klonk, geklonken), to sound
de klok, clock, bell
het klontje, lump (of sugar)
kloppen, to knock; to be correct
knap, clever
knippen, to cut (with scissors)
de koe (plur. *koeien)*, cow
de koek, cake
het koekje, cookie, biscuit
de koets, coach
de koffer, suitcase
de koffie, coffee; *bij de k.*, (morning) coffee
het koffiehuis, coffee house
koken, to cook
komen (kwam – kwamen, is gekomen), to come
de koning, king
de koningin, queen
koninklijk, royal
het koninkrijk, kingdom

te koop, for sale
kopen (kocht, gekocht), to buy; *voor ... k.*, to buy ... worth
de koper, purchaser
het koper, copper
het kopje, cup
koppig, stubborn
kort, short
kosten, to cost
de kou, cold (noun); *k. vatten*, to catch cold
koud, cold; *het k. hebben*, to cold
de kraam, stand, stall
de kracht, strength
krachtig, strong
de krant, newspaper
krijgen (kreeg, gekregen), to get
de kring, circle
de kroeg, bar, pub
de kroon, crown
de kruidenier, grocer
de kruin, treetop
kunnen (kon – konden, gekund), to be able to
de kus, kiss
de kust, coast
kwalijk: neem(t u) me niet k., I'm sorry, my apologies
de kwaliteit, quality
het kwart, quarter
het kwartier, quarter hour
het kwartje, 25-cent piece
kwetteren, to chirp
kwijt zijn, to have lost, to be rid of
kwijtraken (is kwijtgeraakt), to lose, to get rid of

L

de la, drawer
laag, low
de laan, avenue
laat, late
laatst, last
lachen (lachte, gelachen) om, to laugh at
het land, country
de landbouw, agriculture
landelijk, rural
het landschap, landscape
lang, long, tall; *dagenlang* for days; *l. niet*, far from
langs, along, by; *langs komen*, to drop by
langzaam, slow
de last, load; *l. hebben van*, to be bothered by
lastig, bothersome; *l. vallen*, to bother
laten (liet, gelden), to let, have (something done); *l. vallen*, to drop; *l. zien*, to show; *laat staan*, let alone
het lawaai, noise
leggen, to lay
-lei, kinds of
leiden, to lead
lek zijn, to leak
lekker, tasty, delicious, nice and; *l. vinden*, to like
lelijk, ugly
lenen, to lend
de lengte, length
de lepel, spoon; *het lepeltje*, teaspoon
de leraar, teacher
leren, to teach, learn
de les, lesson
leuk, delightful; *wat l.*, how nice
leunen, to lean
de leuning, railing
leven, to live; *leve de koningin*, long live the queen
het leven, life
levensbeschouwelijk, having to do with belief
de levensbeschouwing, belief, convictions
lezen (las – lazen, gelezen), to read
het lichaam, body
het licht, light
licht, light
lichten, to shine
de lichtval, play of light
het lid (plur. *leden*), member
het lied (plur. liederen), song
de liefde, love
liefst, (see *graag)*
liever, (see *graag)*
liggen (lag – lagen, gelegen), to lie
lijken (leek, geleken), to seem; *l. op*, to resemble
de lijst, list
de limonade, fruit drink
de linde, linden
linker, left
links, left
linksaf, to the left
de liter, liter
de lokaliteit, place
het loket, ticket window
de loop, course
lopen (liep, is gelopen), to walk, run
louche, unsavory
de lucht, air, sky
de luchthaven, airport
de luchtpost, airmail
het luchtpostblad, air letter
de lucifer, match
luid, loud

de luidspreker, loudspeaker
luisteren, to listen

M

de or *het maal*, time
de maaltijd, meal
de maand, month
maandag, Monday
maar, but
maart, March
de Maas, the Meuse River
de maat, size
maatschappelijk, social
de macht, power
maken, to make; *een reis (tocht) m.*, to take a trip
makkelijk, easy
de man, man
de manier, way
de manifestatie, event
de mantel, coat
de margarine, margarine
de markt, market; *op de m.*, at the market
de massa, crowd
het materiaal, material
de matheid, dullness
mee, along
meebrengen (bracht, gebracht), to bring along
meegaan (ging, is gegaan), to go, come along
het meelij, medelijden, pity
meenemen (nam – namen, genomen), to take along
meer, more; *niet m.*, no longer
het meer, lake
de mees, titmouse
meespelen, to play along
meestal, mostly
meevallen (viel, is gevallen), to turn out better than had been expected
mei, May
het meisje, girl
mejuffrouw, miss
mekaar, each other
de melancholie, melancholy
de melk, milk
de melkboer, milkman
de melodie, melody
men, one, people
meneer, (see *mijnheer)*
menig, many a
de mens, person; (plur.) people
menselijk, human
de mensheid, humanity
merken, to notice
het mes, knife
met, with, at, on, by; *m. andere woorden*, in other words; *m. z'n tweeën (etc.)*, the two of us (etc.)
de metamorfose, metamorphosis
meten (mat – maten, gemeten), to measure
de meter, meter
het meubilair, furnishings
mevrouw, Mrs., ma'am
m.i. (mijns inziens), in my opinion
de middag, afternoon
de middeleeuwen, Middle Ages
middeleeuws, medieval
midden in, in the midst of
mij, me
mijn, my
mijnheer (meneer), Mr., sir
het miljoen, million
min of meer, more or less
de minister, minister; *de minister-president*, prime minister
het ministerie, ministry
de minuut, minute
misschien, maybe, perhaps
missen, to miss
de mist, fog
modern, modern
moe, tired
moedeloos, despondent
de moeder, mother
moeilijk, difficult
de moeite, trouble; *de m. waard*, worth the trouble
moeten (moest, gemoeten), to have to
mogelijk, possible
mogen (mocht, gemoogd), to be allowed to
de molen, mill
de monarchie, monarchy
de mond, mouth
mooi, nice, pretty
morgen, tomorrow; *m. ochtend*, tomorrow morning
de motor, motor, motorcycle
de mouw, sleeve
de munt, coin
het museum, museum
de musicus, musician
de muur, wall
de muziek, music

N

na, after
naaien, to sew
de naam, name
naar, to; *n. toe*, to; *n. de stad*, down town, to town
naarmate, as

naast, next to, beside
de nacht, night
nadat, after
nagaan (ging, gegaan), to find out
namelijk, you see, i.e.
namiddag, afternoon
nastreven, to pursue
nat, wet
natuurlijk, naturally
nauwelijks, scarcely
Nederland, the Netherlands
Nederlander, Dutchman
Nederlands, Dutch
nee, no
de neef, cousin, nephew
neerzetten, to place
negen, nine
negentien, nineteen
negentig, ninety
negeren, to ignore
nemen (nam – namen, genomen), to take
nergens, nowhere
net, just; *n. zo*, just as
het net, net(work)
netjes, nice, neat
het netnummer, area code
de neus, nose
niemand, nobody
niet, not; *n. waar*, isn't it, don't we (etc.), *n. eens*, not even; *n. meer*, no longer
nietig, insignificant
niets, nothing; *n. anders*, nothing else
niettegenstaande, notwithstanding
nieuw, new
het nieuws, news
het nieuwsbericht, news report
het niveau, level
nodig, necessary; *n. hebben*, to need
noemen, to name, call
nog, still; *n. niet*, not yet; *n. steeds*, still (more emphatic); *n. een*, another; *n. even*, for a moment; *n. maar*, only ... left
nogal, rather
de nood, need
de noodzaak, necessity
noodzakelijk, necessary
nooit, never
noord-, north
noordelijk, northern
het noorden, North
de Noordzee, North Sea
normaal, normal
nou, en of, and how
november, November
nu, now, now that
het nummer, number

O

o.a. = *onder andere*, i.a. = among others
de ober, waiter
de ochtend, morning; *morgen o.*, tomorrow morning
de oefening, practice
of, or, whether
officieel, official
de officier, officer
ofschoon, although
het ogenblik, moment; *op 't o.*, at the moment
oktober, October
om, around, at; *om te*, in order to
omdat, because
de omgeving, surroundings
de omhelzing, embrace
omstreeks, about
omstrengelen, to entwine
omvatten, to contain, enclose
onbekommerd, unconcerned
onbeweeglijk, motionless
onbewoonbaar, uninhabitable
ondanks, in spite of
onder, under, among; *o. ons*, between us
ondergaan (onderging, ondergaan), to undergo
ondergaan (ging, is gegaan), to set
ondernemen (ondernam – ondernamen, ondernomen), to undertake
het onderonsje, tête-à-tête
onderweg, on the way
het onderwijs, education
de onderwijzer, teacher
het ongeluk, accident
ongeveer, about
onherroepelijk, irrevocable
onlangs, a short time ago
onmiddellijk, immediately
onnozel, innocent
ons, us
ons, onze, our
het ons, 'ounce' (100 grams)
het ontbijt, breakfast; *bij het o.*, at breakfast
ontbijten (ontbeet, ontbeten) to have breakfast
onthouden (onthield, onthouden), to remember
onthutst, dismayed
ontmoeten, to meet
ontspannen, relaxed
ontstaan (ontstond, ontstaan), to originate
ontwerpen (ontwierp, ontworpen) to design
ontwikkelen, to develop

ontzettend, terribly; *o. veel*, an awful lot of
onverschillig, indifferent
onwezenlijk, unreal
het oog, eye
ooit, ever
ook, also; *o. weer*, now, again (trying to recollect); *o. niet*, not – either
de oom, uncle
het oor, ear
oostelijk, eastern
het oosten, East
op, on, at
opdat, so that
opdringerig, obtrusive
open, to open
opendoen (deed, gedaan), to open
openen, to open
de opening, opening
opgeven (gaf – gaven, gegeven), to declare
opheffen (hief op, opgeheven), to raise
ophouden (hield, gehouden) met, to stop
opmerken, to notice, remark
de opmerking, remark
opnemen (nam – namen, genomen), to absorb
opnieuw, again
oppassen, to watch out
oprichten, to erect
oproepen (riep op, opgeroepen), to evoke
opruimen, to clean up
opschrijven (schreef, geschreven), to write down
opstaan (stond, gestaan), to get up
de opstand, revolt
optreden (trad, getreden), to appear (in a performance)
optrekken (trok, getrokken) to erect
opvallen (viel, is gevallen), to be noticeable, striking
opvallend, noticeable
opzetten, to set up
het opzicht, respect
opzichtig, showy
opzoeken (zocht, gezocht), to visit
oranje, orange (color)
de orde: in o., all right
organisatie, organization
organiseren, to organize
het orgel, organ
de originaliteit, originality
het orkest, orchestra
het ornament, ornament
de os, ox; *als een os slapen*, to sleep like a log
oud, old
de ouders, parents
ouderwets, old fashioned
over, over, about, by way of, left over, in (a length of time)
overal, everywhere
overdag, during the day
de overeenkomst, correspondence
het overhemd, shirt
overigens, by the way
de overkant, other side
overkomen (overkwam, is overkomen), to happen to
overmatig, excessive
overmorgen, day after tomorrow
overschatten, to overestimate
overspannen, to span
overstappen, to change (vehicles)
oversteken (stak – staken, is overgestoken), to cross
overvloedig, excessive
overwinnen (overwon, overwonnen), *to conquer*

P

het paar, a pair; *een p.*, a few, a couple
het paard: te p., on horseback
het pakje, package
het paleis, palace
de pan, pan
het papier, paper
de paraplu, umbrella
het park, park
de parkaanleg, park layout
parkeren, to park
het parlement, parliament
parlementair, parliamentary
de partij, party
pas, just, not until
de pas, step
te pas komen, to enter the picture
pas op, look out
pasen, Easter
de passagier, passenger
passen, to be suitable
passeren, to pass
de pâte, mellow glow
het patroon, pattern
de pauze, intermission
de peer, pear
het peil, level; *op p. houden*, to keep up to snuff, scratch
de pen, pen
de peper, pepper
per, by, per
permanent, permanent
het perron, train platform

de pers, press
de persoon, person
de piano, piano
de pijp, pipe
pittig, pungent
de plaats, place, room, seat; *in p. van*, instead of
plaatsnemen (nam – namen, genomen), to take a seat
plaatsvinden (vond, gevonden), to take place
het plafond, ceiling
het plakje, slice
het plan: van p. zijn, to intend
de plank, shelf
het plantsoen, public garden
het plastic, plastic
het platteland, country; *op het p.*, in the country
het plein, square
de plek, spot
plotseling, suddenly
het podium, podium
de poes, cat
poetsen, to polish
de polder, polder, reclaimed land
de politie, police
het politiebureau, police station
politiek, political
de polsstok, vaulting pole
pompen, to pump
het pond, pound
de poort, gate
populair, popular
de post, mail
de postbode, mailman
het postkantoor, post office
de postzegel, postage stamp
de pot, pot
het potlood, pencil
prachtig, fine, splendid
praktisch, practical
praten, to talk; *p. over*, to talk about
precies, exactly
prettig, agreeable, pleasant
de prijs, price
prima, first rate
de prins, prince
de prinses, princess
proberen, to try
professioneel, professional
de professor, professor
het programma, program
het projekt, project
protestants, protestant
protserig, pretentious
Provinciale Staten, Provincial Council
de provincie, province
de psychologie, psychology
het publiek, public
het punt: op het punt om te, about to

R

raadplegen, to consult
het raam, window
raar, odd, funny
raden (raadde, geraden), to guess
de radio, radio; *op de r.*, on the radio
raken, to become
de Randstad, the western urban complex
rechtdoor, straight ahead; *steeds r.*, right straight ahead
rechter, right
rechts, right; *naar r.*, to the right
rechtsaf, to the right
de recreatie, recreation
redden, to save; to manage
de rede, speech
de reflex, highlight
de regen, rain
de regenboog, rainbow
regenen, to rain
de regenjas, raincoat
regeren, to rule
de regering, government
reiken, to reach
de reis, trip; *een r. maken*, to take/make a trip
reizen, to travel
de reiziger, traveler
rekenen op, to count on
de rekening, bill
rennen (is gerend), to dash
repareren, to repair
de republiek, republic
de residentie, residence (of the royal family or the government)
het restaurant, restaurant
de restauratie, restaurant
de richting, direction
de Ridderzaal, the Knights' Hall, parliament building
de rij, row
rijden (reed, is gereden), to ride, to drive
rijk, rich
het rijk, empire
de rijksdaalder, two and a half guilders
de Rijn, the Rhine River
het rijtuig, carriage
het rijwiel, bicycle
de rijwielhandelaar, bicycle dealer
rimpelen, to wrinkle
de ring, ring
de rivier, river
roepen (riep, geroepen), to call, shout
roken, to smoke
de rol, role

de roman, novel
het rond, traffic circle
de ronde, round
rondom, around
de rondvaart, boat tour
rood, red
de room, cream
rooms-katholiek, Roman Catholic
de roos, rose
de route, route
ruig, rough, shaggy
ruim, spacious
de ruimte, space
de rust, rest
rusten, to rest
rustig, quiet

S

samen, together
de samenleving, society
samenvloeien (is samengevloeid), to flow together
de saucijs, sausage in dough
de schaal, dish, scale
de schaats, skate
schaatsenrijden (reed, gereden), to skate
de schaatsenrijder, skater
het scheermes, razor
het scheermesje, razor blade
scheiden (scheidde, gescheiden), to separate
schelen: het kan mij niet s., it doesn't matter to me
de schemerlamp, floor lamp
schenken (schonk, geschonken), to pour
het schepje, spoonful
scheppen (schiep, geschapen), to create
scheren (zich), to shave (oneself)
scherp, sharp
schijnen (scheen, geschenen), to seem, shine
schikken, to be convenient, all right
de schilder, painter
het schilderij, painting
het schip (plur. *schepen)*, ship
schitteren, to sparkle
de schoen, shoe
de school, school; *op s.*, at school
schoon, clean; beautiful
de schoonheid, beauty
schoonmaken, to clean
de schouwburg, theater
schreeuwen, to yell
de schrijfmachine, typewriter
de schrijftaal, written language
schrijven (schreef, geschreven), to write
de schrijver, writer
het schoteltje, saucer
schudden, to shake
schuin, diagonal
schunnig, shabby
de secretaresse, secretary
de sensatie, sensation
september, September
de sfeer, atmosphere
sierlijk, graceful
de sigaret, cigarette
de sinaasappel, orange
het sinaasappelsap, orange juice
sinds, since
de singel (gracht), (former) moat, broad canal
de situatie, situation
de sjaal, scarf
het skelet, skeleton
slaan (sloeg, geslagen), to strike
slaap hebben, to be sleepy
de slaapkamer, bedroom
de slag, stroke, type
slagen (is geslaagd), to succeed
de slager, butcher
slapen (sliep, geslapen), to sleep
slecht, bad, poor
de sleutel, key
de sloot, ditch
slordig, sloppy
sluiten (sloot, gesloten), to close
smaken, to taste
smal, narrow, slight
smoorheet, stiflingly hot
de sneeuw, snow
sneeuwen, to snow
snel, fast
de snelweg, highway
snijden (sneed, gesneden), to cut
het snoepje, sweets, candy
de soep, soup
de sok, sock
de solist, soloist
sommige, some
soms, sometimes
het soort, kind, type
Spanje, Spain
sparen, to spare
speciaal, especially
het speelgoed, playthings
het spel, game
spelen, to play
spijten: het spijt me, I'm sorry
het spitsuur, rush hour
splitsen, to split
het spoor, trace
het spoorboekje, book of railroad timetables

de spoorweg, railroad
de sport, sports
sportief, having to do with sports; in good humor
de spreektaal, spoken language
spreiden, to spread
spreken (sprak – spraken, gesproken), to speak
springen (sprong, gesprongen), to jump
staan (stond, gestaan), to stand; *het staat mij*, it looks good on me
de staat, state
het staatshoofd, head of state
de stad (plur. *steden*), city; *de s. in*, into the city; *naar de s.*, down town, to town
het stadhuis, city hall
het stadsbeeld, cityscape
het stadsgezicht, view (of a city)
stampvol, chock full
het standbeeld, statue
de Staten-Generaal, States General (parliament)
het station, station
steeds, always; *s. meer*, more and more
het stelsel, system
de stem, voice, vote
de stemming, mood
de ster, star
sterk, strong
sterven (stierf, is gestorven), to die
stil, calm
de stilte, quiet
de stimulans, stimulus
de stoel, chair
de stoet, procession
stofzuigen, to vacuum
stollen, to congeal
stomen, to dry clean
stoppen, to stop
de straat, street
straffen, to punish
straks, pretty soon
het strand, beach
strijken (streek, gestreken), to stroke, rub
het strijkje, string ensemble
strikt, strict
stroblond, straw-blond
stromen, to flow
de stroom, stream
de student, student
studeren, to go to a university, to study
de stuiver, five-cent coin
het stuk, piece; *een s. of*, about; *aan één s. door*, ceaselessly
stuk, broken, not working
sturen, to send
het succes, success
de suiker, sugar
synthetisch, synthetic
het systeem, system

T

de taak, task
de taal, language
tachtig, eighty
de tafel, table
het tafellaken, tablecloth
het tafereel, scene
de tak, branch
talentvol, talented
talloos, countless
het tapijt, carpet
te, to, too
tegelijk, at the same time
tegemoet, towards
tegen, to, against; *tegen ... op*, up against; *er tegenop zien*, to dread
tegenover, opposite
de tegenstelling, contrast
tegenvallen (viel, is gevallen), to be disappointing, turn out badly
tegenwoordig, (adj.) present; (adv.) nowadays
tekenen, to sign, mark
de telefoon, telephone
teleurstellen, to disappoint
de televisie (t.v.), television
telkens, each time
tellen, to count
ten, to the
tenger, delicate
tenminste, at least
tenslotte, finally
de tentoonstelling, exhibition
het terras, sidewalk café
terug, back; *t. van*, change for
teruggaan (ging, is gegaan), to go back
terugkeren, to return
terugkomen (kwam – kwamen, is gekomen), to come back
terugkrijgen (kreeg, gekregen), to get back
terugsturen, to send back
terwijl, while
terzijde, to one side
tevoren, before
tevreden, satisfied
de thee, tea
thuis, at home
de thuishaven, home port
tien, ten
het tientje, ten-guilder note
de tijd, time; *in de laatste t.*, recently
tijdelijk, temporary
tijdens, during

het tijdje, a little while
toch, (emphatic particle), still, nevertheless, anyhow
de tocht, trip; *een t. maken,* to take a trip
toekomen (kwam, is gekomen) aan, to acquire
toen, then, when
de toepassing, application; *van t. zijn,* to apply
de toer, feat
toesturen, to send (to)
het toetje, dessert
toetsen, to test
toevallig, by chance
toevoegen aan, to add to
de ton, (metric) ton
tonen, to show
de toren, tower
tot, until, to; *t. straks (ziens),* so long; *t. nu toe,* up till now
totaal, total
totdat, until
het touw, rope
de tovenaar, wizard, magician
toverachtig, magical
toveren, to produce by magic
de tram, streetcar
de tramhalte, streetcar stop
de trap, stairway
treffen (trof, getroffen), to strike
de trein, train; *met de t.,* by train
de trek: in t. zijn, to be in demand
trekken (trok, getrokken), to pull
de treurwilg, weeping willow
trimmen, to jog
de troon, throne
de troonrede, the Queen's speech
trots op, proud of
het trottoir, sidewalk
trouwen, to get married
trouwens, in fact
tuimelen, to tumble
de tuin, yard, garden
de tuinbouw, horticulture
de tulp, tulip
tussen, between
twaalf, twelve
twee, two; *met z'n tweeën,* the two of them
tweedehands, second hand
tweemaal, twice
twintig, twenty
het type, type
typisch, typical

U

u, you (polite)
uit, out of, from
uit + past part., finished –ing
uitbetalen, to pay out
de uitbreiding, expansion
uitdraaien, to turn out
uitdrukken, to express
de uitdrukking, expression
uiteen, apart
het uiterlijk, exterior
het uiterste best, utmost
de uitgang, exit; *het uitgangetje,* excursion
uitgesproken, decidedly
uitgeven (gaf–gaven, gegeven), to publish
uitgroeien, to grow out
uitnodigen, to invite
de uitnodiging, invitation
uitrusten (is uitgerust), to rest
uitschrijven (schreef, geschreven), to announce (a competition)
de uitspanning, garden restaurant
de uitspraak, pronunciation
uitspreken (sprak – spraken, gesproken), to pronounce
het uitstapje, (pleasure) trip
uitstappen, to get off
uitstekend, excellent
uitstellen, to postpone
uitstrooien, to scatter
uittrekken (trok, getrokken), to take off
er uitzien (zag – zagen, gezien) to look
uitzonderlijk, exceptional
de or *het uniform,* uniform
de universiteit, university
het uur, hour
uw, your

V

vaag, vague
vaak, often
de vaas, vase
de vader, father
het vaderland, native country
de vakantie, vacation, holidays; *met v.,* on vacation
vakantieachtig, vacation-like
vallen (viel, is gevallen), to fall; *lastig v.,* to bother
van, of, from; *v. de week,* this week
vanavond, this evening
vandaag, today
vandaan: waar (daar) v., from where (there)
vanmiddag, this afternoon
vanmorgen, this morning
vannacht, tonight, last night
vanuit, from
varen (voer, is gevaren), to go (by water)
variëren, to vary
het varken, pig
het varkensvlees, pork

vast, firmly
vastleggen, to fix
veel, much, a lot of
veelkleurig, multicolored
veertien, fourteen
veertig, forty
het veld, field
ver, far
de verandering, change
verantwoordelijk, responsible
het verband, connection
verbazen (zich), to be surprised
verbieden (verbood, verboden), to forbid
verbluft, dumbfounded
verbranden, to burn
de verdeeldheid, fragmentation
verdelen, to divide
verdienen, to earn
de verdieping, story
verdonkeren, to darken
het verdriet, grief
verdrinken (verdronk, is verdronken), to drown
verdwalen, to get lost
verdwijnen (verdween, is verdwenen), to disappear
verenigen, to unite
verfijnd, refined
vergeten (vergat – vergaten, vergeten), to forget
het vergezicht, vista
vergissen (zich), to make a mistake, be wrong
het verhaal, story
verheugen (zich), to be glad; *zich v. op.,* to look forward to
de verhouding, proportion
de verjaardag, birthday
het verkeer, traffic
verkeerd, wrong
verklaren, to explain, declare
de verkoopster, saleslady
verkopen (verkocht, verkocht), to sell
verkouden zijn, to have a cold
verkrijgbaar, available
verkwikkend, refreshing
verleden, last (week, month, etc.)
het verleden, past
verlicht, illuminated
verliefd op, in love with
de verliefdheid, being in love
verliezen (verloor, verloren), to lose
verminderen, to decrease
vernuftig, clever
veroveren, to conquer
verrassen, to surprise
verrukkelijk, delightful
verschaffen, to provide
verscheiden, different
het verschiet, distance
het verschijnsel, phenomenon
het verschil, difference
verschillen, to differ; *verschillend,* various
de verschuiving, shift
het versiersel, ornament
verslingerd aan, crazy for
verstaan (verstond, verstaan), to understand
verstillen, to become still
verstrijken (verstreek, is verstreken), to pass (time)
vertegenwoordigen, to represent
vertellen, to tell
vertonen, to show
de vertraging, delay
het vertrek, department
vertrekken (vertrok, is vertrokken), to leave
vervelend, annoying, boring
vervolgen, to pursue, continue
vervullen, to fulfill
verwachten, to expect
verwarmen, to heat
de verwarming, heating, radiator
verwarrend, confusing
verwerken, to process
verzonken, immersed
de verzuiling, Dutch form of pluralism; socal division into blocs
de vestiging, establishment
vier, four
vierkant, square
vijf, five
vijftien, fifteen
vijftig, fifty
de vijver, pond
vinden (vond, gevonden), to find, think; *vindt u niet?* don't you think so?
violet, violet
de vis, fish
Vlaams, Flemish
Vlaanderen, Flanders; the Dutch-speaking half of Belgium
vlak, flat, right; *vlakbij,* right near
de Vlaming, Fleming; Dutch-speaking Belgian
het vlees, meat
vliegen (vloog, is gevlogen), to fly
het vliegtuig, plane
vloeien, to flow
vloeken, to clash, swear
de vlucht, flight
vlug, quick, fast
voelen, to feel

de voet, foot
voetballen, to play soccer
de vogel, bird
vol, full (of)
de voldoening, satisfaction
volgen, to follow; take
volgend, next
volgens, according, to; *v. mij,* I think, in my opinion
het volk, people
voor, for, in front of; *v. elkaar,* in order; *de voorste,* foremost
vooral, above all
het voorbeeld, example
voorbij, past
de voorbijganger, passerby
voordat, before
voordelig, inexpensive
de voordeur, front door
de voorgevel, façade
het voorjaar, spring
de voorkant, front; *aan de v.,* in front
voorkomen (voorkwam – voorkwamen, voorkomen), to prevent
voorkomen (kwam – kwamen, is gekomen), to occur, appear
voorlopen (liep, gelopen), to be fast
voorlopig, temporarily
voornaam, prominent;
voornaamste, foremost
voornamelijk, mainly
het voorstel, proposal
voorstellen, to introduce, suggest; *zich v.* to imagine
voortdurend, continual
vooruit, forward
de voorzitter, chairman
voorzover, insofar as
vorig, previous
de vork, fork
vormen, to form
het vorstenhuis, dynasty
-voudig, -fold
de vraag, question; *een v. stellen,* to ask a question
vragen (vroeg, gevraagd) om, to ask for
vreemd, strange
de vreugde, joy
de vriend, friend
vriendelijk, kind, nice
vriezen (vroor, gevroren), to freeze
vrij, rather
vrijdag, Friday
de vrije-tijdsorganisatie, leisure organization
de vrijheid, liberty
vrijkomen (kwam, is gekomen), to become available
vrijwel, almost; *v. niets,* hardly anything
vroeg, early
de vrouw, wife, woman
vrouwelijk, feminine
vruchtbaar, fertile
het vruchtensap, fruit juice
vuil, dirty
het vuur, fire

W

de Waal, the Waal River
waanwijs, opinionated
waar, where; *w. naar toe (heen),* where to; *w. vandaan,* where from
waar, true
de waarheid, truth
waarom, why
waarschijnlijk, probably
waarschuwen, to warn, let know
wachten (op), to wait (for); *wacht eens even,* just a minute
de wachtkamer, waiting room
wakker, awake; *w. worden,* to wake up
de wand, wall
wandelen, to walk
wanneer, when
want, because
ware: als het w., as it were
warm, warm, hot; *het w. hebben,* to be hot
wassen (waste, gewassen), to wash
wat, what, some, something, that, how; *w. voor een,* what kind of
het water, water
de wedstrijd, competition
de week, week; *van de w.,* this week
de weemoed, melancholy
weer, again
het weer, weather
weerkaatsen, to reflect
de weg (plur. *wegen),* road
weg, gone
wegdoen (deed, gedaan), to get rid of
wegens, because of
weggaan (ging, is gegaan), to leave
weggeven (gaf – gaven, gegeven), to give away
weggooien, to throw away
weglopen (liep, is gelopen), to walk away
wegrijden (reed, is gereden), to ride away
het weiland, pasture
weinig, little (in amount)
wel, probably, certainly (emphatic); *w. eens,* now and then; *dank u w.,* thank you very much
het welbehagen, well-being

welk, which
de welvaart, prosperity
de wereld, world
het wereldbeeld, image of the world
het werk, work
werkelijk, really
werken, to work
werkloos, unemployed
werpen (wierp, geworpen), to throw
westelijk, western
het westen, West
weten (wist, geweten), to know; *w. te*, to know how to; *weet je wel?* remember?
wetgevend, legislative
wezenlijk, real
wie, who
wij, we
de wijk, district
de wijn, wine
de wijsheid, wisdom
de wijze, way
wijzen (wees, gewezen), to show
de wilg, willow
willen (wou/wilde, gewild), to want to
de wimper, eyelash
de wind, wind
de winkel, store, shop
winkelen, to shop
de winnaar, winner
winnen (won, gewonnen), to win, gain
de winter, winter; *'s winters*, in the winter
wisselen, to change
wit, white
woensdag, Wednesday
de wolk, cloud
wonden, to injure
het wonder, wonder
wonderlijk, marvelous
wonen, to live, dwell
het woonhuis, dwelling
de woonkamer, living room
het woord, word; *met andere woorden*, in other words
het woordenboek, dictionary
het woordje, little bit (of a language)
worden (werd, is geworden), to become
de wrok, resentment

Z

de zaak, affair
de zaal, auditorium
zachtzinnig, gentle
de zak, pocket
de zakdoek, handkerchief
het zakje, bag
zakvol, pocketful
zaterdag, Saturday
de zee, sea
de zeep, soap
zeer, very
zegenen, to bless
zeggen (zei – zeiden, gezegd), to say; *z. tegen*, to say to
zeker, certain, confident
zelden, seldom
zelf, self
zelfde, same
zelfs, even
zelfstandig, independent
zelfverzekerd, self-assured
zenden (zond, gezonden), to send
zes, six
zestien, sixteen
zestig, sixty
de zetel, seat
zetten, to set, make (tea, coffee)
zeven, seven
zeventien, seventeen
zich, himself, (etc.)
zichtbaar, visible
ziek, sick
het ziekenhuis, hospital
zien (zag – zagen, gezien), to see
zij, she, they
de zijkant, side
zijn, his, its
zijn (was – waren, is geweest), to be
de zin, sense; *z. hebben in*, to care for
zingen (zong, gezongen), to sing
zinken (zonk, is gezonken), to sink
zitten (zat – zaten, gezeten), to sit; *gaan z.*, to sit down
de zitting, session
zo, so, as, that way; *zo een (zo'n)*, such a
zoals, like, as
zodat, so that
zodra, as soon as
zoeken (zocht, gezocht), to look for
zogenaamd, what is called, so-called
zoiets, something like that
zolang, so long as
zomaar, just
de zomer, summer; *'s zomers*, in the summer
de zon, sun
zo'n = zo een, such a
zondag, Sunday
zonder, without
de zonkant, sunny side
zonnig, sunny
de zoon (plur. *zoons)*, son
de zorg, care
het zout, salt

zowel als, just as
zuidelijk, southern
het zuiden, the South
zullen (zou–zouden, –), will, would; *dat zal wel*, probably so
de zuster, sister
zwaaien, to wave
zwaar, heavy
zwart, black
zwemmen (zwom, gezwommen), to swim
zweren (zwoer, gezworen), to swear

English-Dutch vocabulary

A

a, *een*
about, *ongeveer; over*
according to, *volgens*
actually, *eigenlijk*
after, *na*; (time) *over*
after all, *toch*
afternoon, *de middag*; in the a., *'s middags*
ago, *geleden*
agricultural, *landbouw-*
airplane, *het vliegtuig*
all, *allemaal*; all + noun, *al*
all kinds of, *allerlei*
all the way, *helemaal*
all together, *alles bij elkaar*
to be allowed, *mogen*
along, *langs*; (take, bring), *mee*
already, *al*
although, *hoewel*
always, *altijd*
among, *onder, tussen*
and, *en*
and so on, *enzovoort*
animal, *het dier*
answer, *het antwoord*
to answer, *antwoorden*, (tr.) *beantwoorden*
Antwerp, *Antwerpen*
are, *zijn*
area, *het gebied*
area code (telephone), *het netnummer*
arm, *de arm*
to arrive, *aankomen*
as, *als*; as + adj. as, *zo* + adj. + *als*; as long as, *zolang*; as well, *ook*
to ask, *vragen*
at, *op, aan*; (time), *om*
attractive, *aantrekkelijk*
autumn, *de herfst*

B

bad, *erg*; too bad, *jammer*
to be, *zijn*; to be + past part., *worden*
beautiful, *mooi*
because, *omdat*
because of, *wegens*
beer, *het bier*
to begin, *beginnen*
Belgium, *België*
to believe, *geloven*
best, *best*
better, *beter*
bicycle, *de fiets*
to bicycle, *fietsen*
big, *groot*
bill, *de rekening*; (money), *het briefje*
bird, *vogel*
birthday, *de verjaardag*; to celebrate one's birthday, *jarig zijn*
a bit, *een beetje*
black, *zwart*
boat, *de boot*; boat tour, *de rondvaart*
book, *het boek*
bookshelf, *de boekenplank*
bottle, de fles
box, *de doos*
boy, *de jongen*
bridge, *de brug*
to bring, *brengen*
Brussels, *Brussel*
to build, *bouwen*
building, *het gebouw*
busy, *druk*
but, *maar*
to buy, *kopen*
by, *bij, aan* (etc.); (transportation), *met de*; (passive voice), *door*

C

café, *het café*
to call, *roepen, noemen*, (phone) *opbellen*; to pay a call, *op bezoek komen*
to be called, *heten*
can (to be able), *kunnen*
canal, *het kanaal, de gracht*

capital, *de hoofdstad*
car, *de auto*
to carry, *dragen*
cat, *de kat*
catalog, *catalogus*
cent, *de cent*
center (of town), *het centrum*
century, *de eeuw*
certainly, *zeker*
chair, *de stoel*
by chance, *toevallig*
change for, *terug van*
to change (transportation), *overstappen*
to chat, *praten*
cheese, *de kaas*
church, *de kerk*
cigarette, *de sigaret*
city, *de stad*
clean, *schoon*
closet (cupboard), *de kast*
clothes, *kleren, kleding*
club, *de club*
coast, *de kust*
coat, *de jas, de mantel*
coffee, *de koffie*
cold, *koud*
to come, *komen*; come back, *terugkomen*
concert, *het concert*
condition (physical), *conditie*
to congratulate, *feliciteren, gelukwensen*
corner, *de hoek*
to cost, *kosten*
of course, *natuurlijk*
to cross, *oversteken*
cup, *het kopje*
cupboard, *de kast*
to cut off, *scheiden*

D

danger, *het gevaar*
dangerous, *gevaarlijk*
daughter, *de dochter*
day, *de dag*
to be delayed, *vertraging hebben*
to develop, *ontwikkelen*
directly, *direct*
to disappear, *verdwijnen*
to be disappointing, *tegenvallen*
dish, *de schaal*
to do, *doen*
dog, *de hond*
door, *de deur*
to dread, *er tegenop zien*
to drink, *drinken*
to drive, *rijden*
dry, *droog*
Dutch, *Nederlands*; Dutch (people), *Nederlanders*

E

each other, *elkaar*
east, *het oosten*
eastern, *oostelijk*
easy, *makkelijk, gemakkelijk*
to eat, *eten*
eight, *acht*; eighteen, *achttien*; eighty, *tachtig*
electrically, *electrisch*
eleven, *elf*
employment office, *het arbeidsbureau*
end, *het einde*
England, *Engeland*
enough, *genoeg*
especially, *speciaal, in't bijzonder*
even, *zelfs*; even though, *hoewel*
evening, *de avond*; in the evening, *'s avonds*
every, *elk, ieder*
everybody, *iedereen*
everything, *alles*
for example, *bijvoorbeeld*
excellent, *uitstekend*
excursion, *de tocht, het uitstapje*
to expect, *verwachten*
experience, *de ervaring*
to explain, *verklaren*

F

fact, *het feit*
family, *de familie, het gezin*
far, *ver*
farmland, *de landbouwgrond*
fast, *snel*
father, *de vader*
fertile, *vruchtbaar*
a few, *een paar, enkele*
fifteen, *vijftien*; fifty, *vijftig*
fifth, *vijfde*
film, *de film*
finally, *eindelijk, ten slotte*
to find, *vinden*
first, *eerst*
five, *vijf*
Flanders, *Vlaanderen*
Flemish, *Vlaams*
flight, *de vlucht*
floor, *de grond*
flower, *de bloem*
for, *voor*
to forget, *vergeten*
fork, *de vork*
forty, *veertig*

four, *vier*; fourteen, *veertien*
Friday, *vrijdag*
friend, *de vriend*
friendly, *vriendelijk*
Frisian, *Fries*
from, *van*, (place) *uit*

G

to get, *krijgen*; get + past part., *laten*
girl, *het meisje*
glass, *het glas*
to go, *gaan*
Golden Age, *de Gouden Eeuw*
good, *goed*
green, *groen*
guilder, *de gulden*

H

half, *half*; half past, *half* + next hour
to hang, *hangen*
happy, *gelukkig*
harbor, *de haven*
hardly ever, *bijna nooit*
to have, *hebben*; have + past part., *laten*
to have to, *moeten*; not have to, *niet hoeven te*
he, *hij*
to hear, *horen*
hello, *daag!, dag* (+ name or form of address), *goede morgen* (etc.)
to help, *helpen*
her, *haar*
here, *hier*
highway, *de snelweg*
him, *hem*
his, *zijn*
to hold, *houden*
at home, *thuis*
hour, *het uur*
house, *het huis*
how, *hoe*; how + adj., *wat*; how much, *hoeveel*
hundred, *honderd*
to be hungry, *honger hebben*
husband, *de man*

I

I, *ik*
if, *als*
imagine!, *stel je voor!*
in, *in*; (from now), *over*
industrialized, *geïndustrialiseerd*
industry, *de industrie*
interesting, *interessant*
invitation, *de uitnodiging*
to invite, *uitnodigen*
is, *is*
island, *het eiland*

J

job, *het baantje*
to jog, *trimmen*
just, *maar, alleen maar*
just as, *net zo*

K

to keep, *bewaren*
key, *de sleutel*
kilogram, *het kilo*
kitchen, *de keuken*
knife, *het mes*
to knock, *kloppen*
to know, *weten, kennen*
known, *bekend*

L

land, *het land*
language, *de taal*
last, *laatst*; last week, *vorige week*
to last, *duren*
late, *laat*
to laugh, *lachen*
leaf, *het blad*
to leave, *laten*; (a place), *verlaten*
left, *links*; (turn) left, *linksaf*
less, *minder*
lesson, *de les*
letter, *de brief*
library, *de bibliotheek*
to lie, *liggen*
light, *licht*
like, *zoals*
like that (foll. noun), *zulk* + noun; *zo een* + noun (sg. only)
to like, *houden van, vinden*; like to, *graag* + verb: would like, *zin hebben in*
liter, *de liter*
little (not much), *weinig*; (small), *klein*
to live, *wonen, leven*
long, *lang*
to look, *kijken*; look at, *kijken naar*
to look for, *zoeken*
to look forward to, *zich verheugen op*
to lose, *verliezen*
a lot, *veel*
loudspeaker, *de luidspreker*
lunch, *de lunch*

M

to make, *maken*
match, *de lucifer*
match (sports), *de wedstrijd*
may (be permitted), *mogen*
maybe, *misschien*
me, *mij*
to mean, *bedoelen, betekenen*
to meet, *ontmoeten*
member, *het lid*
to mention, *opmerken*
milk, *de melk*
minute, *de minuut*; a minute, *eventjes, een ogenblik*
Monday, *maandag*
month, *de maand*
more, *meer*
morning, *de morgen*; in the morning, *'s morgens*; this morning, *vanmorgen*
most, *meest*
mother, *de moeder*
motorcycle, *de motor*
movie theater, *de bioscoop*
much, *veel*
museum, *het museum*
music, *de muziek*
musician, *de musicus*
must (have to), *moeten*
my, *mijn*

N

name, *de naam*
narrow, *smal*
to need, *nodig hebben*
Netherlands, *Nederland*
never, *nooit*
new, *nieuw*
newspaper, *de krant*
next, *volgend*; next door, *hiernaast*
nice, *leuk, aardig*
night, *de nacht*
nine, *negen*; nineteen, *negentien*;
ninety, *negentig*
ninth, *negende*
no, *nee*
nobody, *niemand*
north, *het noorden*
northern, *noordelijk*
not, *niet*; not a, *geen*; not yet, *nog niet*; not until, *pas als*; not any more, *niet meer*; not anything, *niets*
nothing, *niets*
novel, *de roman*
now, *nu*
number, *het nummer*

O

office, *het kantoor*
often, *vaak*
old, *oud*
on, *op*
one, *een*; one and a half, *anderhalf*; this one; *deze*
to open, *openen, opendoen*
or, *of*
orange, *de sinaasappel*
to order, *bestellen*
ordinary, *gewoon*
organized, *georganiseerd*
ought to, *moest*
our, *onze, ons*
out of, *uit*
outside, *buiten*
over, *over*; (finished), *afgelopen*; over there, *daarginds*
own, *eigen*

P

painting, *het schilderij*
paper, *het papier*; (newspaper), *de krant*
to park, *parkeren*
part, *het deel*
to participate in, *doen aan*
past, *het verleden*
pasture land, *het weiland*
patient, *geduldig*
to pay, *betalen*
people, *mensen*
photograph, *de foto*
physical, *lichamelijk*
picture, *de foto*
plane, *het vliegtuig*
platform, *het podium*
to play, *spelen*
polder, *de polder*
possible, *mogelijk*
post office, *het postkantoor*
to postpone, *uitstellen*
potato, *de aardappel*
present, *het cadeau*
probably so; probably + verb, *zal wel*
project, *het projekt*
to promise, *beloven*
to pump out, *uitpompen*
to put, *doen, leggen*

Q

quarter hour, *het kwartier*
queen, *de koningin*
quite, *heel*; quite right, *juist*

R

rain, *de regen*
to rain, *regenen*
raincoat, *de regenjas*
rather + verb, *liever*
razor, *het scheermes*
razor blade, *het scheermesje*
to read, *lezen*
ready, *klaar*
really, *echt*
to reclaim, *droogleggen*
red, *rood*
regional employment office, *het Gewestelijk Arbeidsbureau*
to remember, *zich herinneren, onthouden*
to rent, *huren*
to repair, *repareren*
request, *het verzoek*
right, *rechts*; (turn) right, *rechtsaf*
to be right, *gelijk hebben*; quite right, *juist*
river, *de rivier*
roll, *het broodje*
roll of film, *het filmpje*
roof, *het dak*
room, *de kamer*
to run, *lopen*

S

same, *zelfde*
sandwich, *de boterham*
Saturday, *zaterdag*
say!, *zeg!*
to say, *zeggen*
school, *de school*
scientific, *wetenschappelijk*
sea, *de zee*
seat, *de plaats*; have a seat, *gaan zitten*
second, *de tweede*
to see, *zien*
-self, *-zelf*
to sell, *verkopen*
to send, *sturen*
seven, *zeven*; seventeen, *zeventien*; seventy, *zeventig*
shall, *zal*
she, *zij*
ship, *het schip*
should, *moest, zou*
sign, *het bord*
to sign, *tekenen*
to sit, *zitten*
six, *zes*; sixteen, *zestien*; sixty, *zestig*
sixth, *zesde*
slow, *langzaam*
small, *klein*
to smoke, *roken*
snow, *de sneeuw*
so, *zo, dus*
soap, *de zeep*
soccer, *de voetbal*
somebody, *iemand*
something, *iets*
son, *de zoon*
to be sorry, *spijten* (impers.)
to sound, *klinken*
south, *het zuiden*
southern, *zuidelijk*
to speak (to) (tel.), *spreken met*
special, *speciaal, bijzonder*
to spend (time), *doorbrengen*
spoon, *de lepel*
spring, *het voorjaar*
stamp (postage), *postzegel*
to stand, *staan*
to start, *beginnen, starten* (vehicle)
stay, *blijven*
store, *de winkel*
straight ahead, *almaar (steeds) rechtdoor*
street, *de straat*
strong, *sterk*
student, *de student*
to study, *studeren*
suddenly, *plotseling*
sugar, *de suiker*
suitcase, *de koffer*
summer, *de zomer*; in the summer, *'s zomers*
Sunday, *zondag*

T

table, *de tafel*
to take, *nemen*; (transportation), *gaan met*; (photograph), *maken*
to talk about, *praten over*; talk to, *praten met*
tea, *de thee*
to tell about, *vertellen van/over*
ten, *tien*
tenth, *de tiende*
terrible, *slecht*
than, *dan*
to thank (for), *bedanken (voor)*; thank you, *dank u (je) wel, bedankt*
that (demonstr.), *die, dat*; (conj.), *dat*
the, *de, het*; the ... the ..., *hoe ... hoe*
The Hague, *Den Haag*
their, *hun*
them, *hun, hen, ze*
then, *dan*
there, *daar, er*
they, *zij*

thing, *het ding*
to think, *denken, vinden*
third, *de derde*
to be thirsty, *dorst hebben*
thirteen, *dertien*; thirty, *dertig*
thousand, *duizend*
three, *drie*
through, *door*
to throw, *gooien*; throw away, *weggooien*
Thursday, *donderdag*
ticket, *de kaart, het kaartje*
time, *de tijd*; what time is it, *hoe laat is het*
timetable, *het spoorboekje*
to, *naar*; (hour), *voor*; (in order) to, *te*
today, *vandaag*
too, *te*; too much, *teveel*
too, also, *ook*
tour, *de tocht*; (canals), *de rondvaart*
town, *de stad*
trade, *de handel*
traffic, *het verkeer*; traffic sign, *het verkeersbord*
train, *de trein*
to travel, *reizen*
tree, *de boom*
trip, *de reis*
to try, *proberen*
Tuesday, *dinsdag*
to turn, *draaien*; turn on, *aandraaien*; (become), *worden*
TV, *de t.v., televisie*
twelve, *twaalf*
twenty, *twintig*
two, *twee*

U

umbrella, *de paraplu*
under, *onder*
to understand, *verstaan, begrijpen*
until, *tot*
us, *ons*
to use, *gebruiken*
to be used to, *gewend zijn aan*

V

vacation, *de vakantie*; on vacation, *met (op) vakantie*
vase, *de vaas*
very, *heel, erg, zeer*
to visit, *bezoeken* (place), *opzoeken* (pers.)
visitor, *de bezoeker*

W

to wait (for), *wachten (op)*
to walk, *lopen*
to want, *willen*
warm, *warm*
to wash, *wassen*
to watch, *kijken naar*; watch out!, *pas op!*
water, *het water*
way, *de weg*; which way, *welke kant*
we, *wij*
to wear, *dragen, aanhebben*
weather, *het weer*
Wednesday, *woensdag*
week, *de week*; a week from ..., *... over een week*
welcome: you're welcome, *niets te danken*
well, *goed*; (interj.) *nou, ja*
west, *het westen*
western, *westelijk*
wet, *nat*
what, *wat*; what kind of, *wat voor*; what time, *hoe laat*
when, *als, toen*
where, *waar*
which, *welk*, (rel. pron.), *die*
while, *terwijl*
whole, *heel*
will, *zullen*
windmill, *de molen*
window, *het raam*
winter, *de winter*; in the winter, *'s winters*
to wish, *willen (wou)*
with, *met*; (at home of), *bij*
without, *zonder*
women's, *dames-*
word, *het woord*
work, *het werk*
to work, *werken*
would, *wou*; would like, *wou graag*
to write, *schrijven*
to be wrong, *zich vergissen*

Y

year, *het jaar*
yellow, *geel*
yes, *ja*
yesterday, *gisteren*
you, *jij,u*; you're welcome, *niets te danken*
your, *jouw, uw*

Photographs courtesy of:

- ANP-foto
- ANWB, 's-Gravenhage
- Het Concertgebouw nv, Amsterdam
- Friesch Dagblad, Leeuwarden
- Kring van Draaiorgelvrienden, Enschede
- Ministerie van Financiën, 's-Gravenhage
- Nationaal Bureau voor Toerisme, 's-Gravenhage
- N.V. Nederlandsche Spoorwegen, Utrecht
- Peek & Cloppenburg, Leiden
- De Porceleyne Fles anno 1653, Delft
- PTT-Centrale Directie, 's-Gravenhage
- Reederij Plas, Amsterdam
- Rijksmuseum-Stichting, Amsterdam
- Studio André Ruigrok, Landsmeer
- VVV/Tourist Office, Amsterdam
- VVV/Tourist Office, 's-Gravenhage
- Jos van der Wiel/photographer, Amsterdam

Text credits

- Mies Bouhuys, *Voorjaar*, uit: Mies Bouhuys, *Vandaag*, Utrecht, z.j. (Bruna en Zn.)
- *Op het Gewestelijk Arbeidsbureau*, uit: J. Hulstijn en M. Schellart, *Makkelijk praten*, Amsterdam, 1978 (Meulenhoff Educatief)
- *Op Schiphol*, uit: *Dutch by Radio* (Radio Wereldomroep)
- Clare Lennart, *Het kopje koffie*, *Gezichten*, uit: Clare Lennart, *Pluk een roos*, Den Haag, z.j. (Nijgh en Van Ditmar)
- Clare Lennart, *Regenboog*, uit: Clare Lennart, *Het paard lacht,* Den Haag, z.j. (Nijgh en Van Ditmar).
- *Het meisje dat wou zien hoe mooi zij was,* uit: *Sprookjes van de Lage Landen*, 1972 (De Bezige Bij).